古代歷史文化研究輯刊

七 編

王明蓀 主編

第 3 冊

李唐、回紇、吐蕃三邊關係之探討
——以肅、代、德宗時期爲中心

林冠群 著

國家圖書館出版品預行編目資料

李唐、回紇、吐蕃三邊關係之探討——以肅、代、德宗時期
為中心／林冠群 著 — 初版 — 新北市：花木蘭文化出版社，
2012〔民101〕
目 2+154 面；19×26 公分
（古代歷史文化研究輯刊 七編；第 3 冊）
ISBN：978-986-254-813-4（精裝）
1. 唐史 2. 外交史 3. 回族 4. 吐蕃
618   101002373

ISBN-978-986-254-813-4

9 789862 548134

古代歷史文化研究輯刊
七 編 第 三 冊   ISBN：978-986-254-813-4

李唐、回紇、吐蕃三邊關係之探討
——以肅、代、德宗時期為中心

作　　者　林冠群
主　　編　王明蓀
總 編 輯　杜潔祥
出　　版　花木蘭文化出版社
發 行 所　花木蘭文化出版社
發 行 人　高小娟
聯絡地址　新北市永和區中正路五九五號七樓
　　　　　電話：02-2923-1455／傳眞：02-2923-1452
網　　址　http://www.huamulan.tw 信箱 sut81518@gmail.com
印　　刷　普羅文化出版廣告事業
初　　版　2012 年 3 月
定　　價　七編 24 冊（精裝）新台幣 38,000 元

李唐、回紇、吐蕃三邊關係之探討
——以肅、代、德宗時期爲中心

林冠群　著

作者簡介

林冠群，1954 年出生於台北市。祖籍福建林森。政大東語系土耳其文組學士、政大邊政所碩士、文大史學所博士，美國印地安那大學阿爾泰學系訪問學者。歷任政治大學民族系教授；中正大學歷史系教授兼主任、代理院長。現任文化大學史學系教授兼史學系主任、文學院代理院長。專攻唐代吐蕃史、藏族史、中國民族史、隋唐史。著作有《吐蕃贊普墀松德贊研究》、《唐代吐蕃史論集》、《唐代吐蕃歷史與文化論集》、《唐代吐蕃史研究》。

提　要

　　李唐由於安史之亂，國力隳壞，榮景不再。當時正值肅、代、德宗三位皇帝在位，內有安史叛眾與宦官、方鎮；外有吐蕃、回紇諸外族之虎視眈眈；唐室危如累卵。幸有郭子儀、李泌等猛將謀臣策劃「聯回抗蕃」政策，此項政策，歷經肅、代、德宗三位皇帝，其間有著相當曲折的變化，其過程與演變對唐朝均有莫大的影響。例如吐蕃為當時亞洲一等一的強國，剽悍好戰，對外採擴張政策，打遍天下無敵手，於西元七六三年竟直入長安，代宗逃出京師，狼狽不堪。吐蕃順勢在長安成立傀儡政權，雖僅歷時十三天，但在國史已首開紀錄，大放異彩。反觀回紇一反北方游牧民族每乘中原動亂入兵中原的規律，出兵助唐。凡此種種，於我國史冊上，確是罕見。本文透過民族史的方法，即盡量以吐蕃、回紇之史料與觀點，檢討此時期唐、回、蕃三邊關係的互動情形。

目次

第一章　前　言

　　近代國內研究中國邊疆問題者，大率可分爲四類：一、以自然科學方法，致力於邊疆地理地質，與動植礦等物產，及交通景況之調查與研究；二、以人文科學方法，從事邊區人種、語言與文化之調查與研究；三、以社會科學方法，從事邊區政治、經濟、外交等情勢之調查與研究；四、以史學方法，從事邊疆歷史與其他有關問題之查考與研究，此四者同具相當的貢獻與影響。然究之實際，中國邊疆之所以形成今日景況，泰半爲歷史演進結果。〔註1〕且現代中國乃由歷史上之華夏（後形成漢族）爲主幹，以及與其相對的夷狄戎蠻（今稱爲邊疆民族），經數千年之涵化、融合而成的國家。〔註2〕是故，欲探究真正的中國歷史，就不可忽略邊疆民族的歷史，及其與中原農業朝廷的關係，使得國內各民族間，對歷史的觀念能獲得統一，消除彼此間的隔閡，進而瞭解「內地如無邊疆之擁護不會有完整的國土，邊疆如不與內地相依爲命，也不能獨立生存」的道理，以促進彼此間的團結與合作，破除外國所主導的民族分離運動，確保我國領土的完整。因此舉凡「中國歷史以漢族爲主體」、「中國歷史是漢族形成史」等尖銳論調，均已不適於今日之國情，亦不符歷史事實。因所謂的「漢」，本乃朝代名稱，並非民族專稱，〔註3〕傅樂成教授云：「至遲從夏朝開始，中國的歷史上即已有民族混合的記載，時爲西元前一十一世紀。」〔註4〕馮承鈞氏

〔註1〕羅香林：〈中國歷代籌邊之善策〉，頁1。文載《歷史之認識》。
〔註2〕劉師義棠：《中國邊疆民族史》，頁1。
〔註3〕劉師義棠：《維吾爾研究》，頁375。
〔註4〕傅樂成：〈中國民族與外來文化〉，頁383。文載《漢唐史論集》。

亦云：「漢種爲歷史種族，凡歷史種族皆爲雜種。」〔註5〕可見我中國民族不論在血統上和文化上，均滲混有許多外來的因素，至今已混化至不可分析之程度。試問所謂的「漢族」，究指今日中國境內的何種民族？彭友生氏在《新民族史觀》一書中說得好：「漢以前既無人以『漢』來名種族，劉邦稱帝，亦不自標爲『漢』民族。武帝之打匈奴，唐太宗之征西域，宋人之抗遼金，均未標示『漢民族』字樣，一部二十五史似乎找不出『漢民族』三字。朱元璋討元檄文中僅見『驅除胡虜，恢復中華』，國父興中會時的誓詞亦是『中華』二字。爲什麼後世的人要漢朝的『漢』字來對邊疆同胞的分野與歧視？」〔註6〕更何況近年來，我國邊疆地區不但遭受到外國的侵略，邊疆民族更受到外人的慫恿，竟有倡導獨立自治者。推究其因，即某些外國陰謀家，利用我國「大漢民族」的本位心理，挑撥刺激邊疆民族所致。因此彭友生氏更進一步說：「中國五千年歷史，是宗族融和史，不是民族鬥爭史」〔註7〕亦即在中國歷史所發生的戰爭，是一種宗族融合的戰爭，非民族間的生存鬥爭。基於此因，筆者擬從與外族接觸最多的唐朝著手，研究其與回紇（即今日新疆維吾爾族）、及吐蕃（即今藏族）之關係，尤在其演變的關鍵期間，即肅、代、德宗三位皇帝時期（西元756～804年），探討其演變之過程，冀對「宗族融和」的史觀，能獲得進一步之論證。此爲引發筆者欲探討本文動機之一。

有唐一朝，在中國歷史上，可謂武功鼎盛、廣拓疆域之朝代。但其維持亞洲霸主之時間，却相當短暫。從太宗貞觀四年（西元630年）平東突厥起，至高宗顯慶二年（西元657年）平西突厥止，還算能維持全勝之局面。殆自高宗顯慶年以後，四周之邊族，皆叛服無常，唐朝剿不勝剿，不復太宗時期兵威之盛。尤其至玄宗末年，安史亂作，更使李唐之國力隳壞無遺，幾無能力對付國內亂事，需賴聯結以回紇爲主之外援，遂導至政治上、經濟上、社會上及對外關係上之連鎖惡化反應。此時之吐蕃，早於太宗時期已完成立國的規模，並向外擴展，故於此際，利用唐之內亂，聯結南詔，擴張至今陝西省中部，隨時侍機進犯長安。唐朝處此內憂外患之局勢下，遂有聯結回紇以內助平定安史，外抗吐蕃進犯之政策產生。以唐代肅、代、德宗時期，唐朝內部的紊亂，如果未能把握此項政策，唐祚覆滅乃可預期。有關「聯回抗蕃」

〔註 5〕 馮承鈞：〈唐代華化蕃胡考〉，頁 63～64。文載《東方雜誌》二七卷‧十七號。
〔註 6〕 彭友生：《新民族史觀》，頁 28～29。
〔註 7〕 書同前，頁 22。

政策，可謂濫觴於肅宗；至代宗大力執行，而德宗初則反對，甚至欲與回紇干戈相見，與吐蕃親善。貞元三年（西元 787 年），吐蕃刼盟於原州平涼川，德宗遂採納李泌之議，又確立了「聯回抗蕃」政策。此項政策，歷經肅、代、德三位皇帝，其間有著相當曲折的變化，其過程和演變，對唐朝均有莫大的影響。按回紇乃繼突厥之後，雄視於北荒之邊族，為歷代漠北游牧民族，與我關係最為親善，且打破過去吾國內亂外患歷史上的循環律，一反傳統，千里赴義者。〔註 8〕凡此種種，在我國史冊上，確是罕見。通常歷代邊族，皆屬利用中原朝廷內亂之時，稱兵南下牧馬，以達其政治上和經濟上之需求。據我國農業社會傳統的看法，均認為此乃游牧民族天性貪婪，傾於盜窃，不講信義道德所致。而唐朝在天寶之亂時，竟有與虎謀皮之舉；回紇之反應，亦甚為微妙，居然與唐聯軍，為唐立下汗馬功勞，且未乘唐國力衰弱之時，大舉內寇，其原因何在？另唐代吐蕃，在近乎二百年始終對唐朝採取擴張侵擾的政策，且其手段，誠可謂無所不用其極，唐朝受其影響相當鉅大，其所以不斷侵擾李唐之原因又何在？有關唐、回、蕃三邊關係，雖有多位學者論及，然其論點與看法，仁智之見，可謂眾說紛紜，到底在中唐時期，唐之「以夷制夷」政策，「聯回抗蕃」是明智，抑或不智，其眞象又如何？以上所述，是為筆者寫作動機之二。

　　本文內容共分六章，第一章為前言。第二章為唐代前期三邊關係之演變。內分四節：一、李唐獨強之局面；二、吐蕃突起；三、回紇繼興；四、安史亂對李唐內外形勢之影響。其中探討自唐太宗以來，至唐玄宗天寶亂前，三邊關係之演變過程，以作縱切面之瞭解，同時述及三者內部之初期形勢，作為肅宗以後，三邊關係相互傾軋的背景敘述。第三章為肅宗時期的三邊關係。內分四節：一、李唐所採政策；二、回紇助唐；三、吐蕃落井下石；四、回紇、吐蕃之間接關係。說明肅宗即位時之形勢，肅宗之意圖及措施；回紇助唐之造因、經過及影響；吐蕃長期維持彊勢，並對唐採擴張侵擾政策之原因；繼則論吐蕃與回紇之間的關係。第四章為代宗時期的三邊關係。共分四節：一、代宗在位之時代背景；二、回紇勢陵李唐；三、吐蕃猖獗入侵；四、僕固懷恩事件，探討代宗時期之內政與外交之概況；回紇勢陵李唐之情形，及其在登里可汗領導下，內部之情勢；吐蕃在犀松德贊領導下之內部情勢，并逼使代宗出奔陝州之經過與影響；次論僕固懷恩在唐、回關係中扮演的角色，

及其叛唐對三邊關係之影響，造成回、蕃間關係的逆轉。第五章爲德宗時期的三邊關係。分六節：一、李唐政策之轉變；二、朱泚事件；三、吐蕃背盟；四、李唐「聯回抗蕃」政策之確定；五、吐蕃四面受敵；六、回紇勢力衰頹。說明德宗時期，李唐內政、外交政策之轉變，又受朱泚竊位事件及吐蕃反覆無信之愚弄，才恢復自肅宗以來的對內及對外的政策；最後論及吐蕃與回紇勢力衰頹的原因。第六章爲結論。

本文之寫作，係採用史學方法，將所蒐集的國內外資料，加以分析、比較、歸納。但有關回紇史料的缺乏，吐蕃史料之朦昧不全，不得不參考日人與英人的有關著作，無法獲得第一手資料，此爲本文的缺憾所在。唯有在撰寫過程中，力求公正客觀立場，希冀能把這段歷史的眞象，作一較客觀而清晰的瞭解。

第二章　唐代前期三邊關係之演變

　　唐代爲我國中古史上最強盛的朝代。依其治運之變革，略可分爲三個時期，第一期由開國（西元 618 年）至天寶十四載（西元 755 年）爲初唐鼎盛時期。第二期從安史之亂（起於天寶十四載），直至宣宗朝（西元 859 年）爲中唐之世，社會空虛，政治一蹶不振，內有宦豎之擅權，外有藩鎮之跋扈，交相爲禍，朝政腐蝕而無以自拔。第三期由懿宗朝（西元 860 年）起，至遭朱溫之篡奪（西元 907 年）止爲晚唐時期。〔註1〕就對外關係而言，亦可以此三時期來劃分。初唐鼎盛時期，亞洲之局勢，以李唐較佔優勢，尤以太宗貞觀四年（西元 630 年）平東突厥，至高宗顯慶二年（西元 657 年）滅西突厥止，東西征戰，所向無敵。從高宗顯慶年以後至玄宗天寶年間，雖有突厥餘部、吐蕃、大食等與李唐競爭，但唐尚能維持上風態勢。爾後，李唐經安史之亂的摧殘，國力大損，對外關係遂隨之變化。自此李唐與回紇、吐蕃、南詔之間，不論在政治上、經濟上、軍事上，備受彼等之牽制與侵逼，與初唐鼎盛時期之景象，截然不同。

　　按回紇係於玄宗天寶年間，由骨力裴羅領導，打敗突厥烏蘇可汗，斬殺拔悉密頡跌伊施可汗收其部，又收葛邏祿部，再殺突厥白眉可汗，才成爲北荒盟主。但在太宗朝至玄宗初年間，回紇仍與北荒游牧民族，爭奪塞外的霸主權，但依然受突厥餘部之威脅。故當時北荒之局勢，尚爲朦混不清，回紇不能算是強權。而吐蕃早在唐太宗貞觀年間，即已顯現出強大的實力，足以與唐抗衡。是故，此時期之回紇與李唐、吐蕃之間，尚非處於對等關係，但爲將此時期，

〔註 1〕劉伯驥：《唐代政教史》，頁 1 至頁 2。

三者內部之情勢與國力，和三者關係演變過程，作一綜合性的敘述，用爲爾後肅、代、德宗時期，李唐、回紇、吐蕃三邊關係之歷史背景，故有此章。

　　本章擬從太宗朝著手，探討李唐在亞洲大陸扮演一霸獨強之角色，回紇採依附親善於唐之策略，〔註2〕吐蕃亦承認李唐之宗主權，〔註3〕參加天可汗組織。〔註4〕進而研究吐蕃在西元六世紀時之情勢及松贊幹布（Srong-btsansgam-po）之圖強，於唐高宗至玄宗朝爲患李唐之情形，以及回紇之崛起及其所代表的意義，最後討論安史之亂，對三邊關係之影響，以爲肅、代、德宗時期，唐、回、蕃三者相互傾軋之預筆。

第一節　李唐獨強之局面

一、李唐之獨霸

　　中國民族自有史以來，就經常與外族相混化。〔註5〕也因經常與外族混化，使得易趨向於文弱的農業文化，因新血輪的加入，而振奮勃興，造成一嶄新且更具活力的朝代，如春秋戰國後之秦漢，五胡亂華後之隋唐等皆是。在我國歷史上，創下輝煌的一頁。尤以唐代爲然，其武功特盛，四境大闢，諸邊外族俱內附賓服，而李唐王室，起源於北朝胡化的漢人，〔註6〕唐太宗曾云：「自古皆貴中華，賤夷狄，朕獨愛之如一。」〔註7〕加諸大量吸收外來文化，是以造成一世界性之大帝國。

　　唐代自太宗即位後，勵精圖治，示天下至公，務以愛民爲本，開言路，任賢能，勵精吏治，整劃州縣，崇尚節儉，嚴懲貪污，〔註8〕是以貞觀四年（西元630年）以後，宇內安謐，「東至於海，南至於嶺，皆外戶不閉，行旅不齎糧」。

〔註2〕參閱劉師義棠：〈回鶻與唐朝和戰之研究〉，頁95。文載《政大學報》29期。按回紇於太宗時期，與諸部上表歸命天子，請置唐官，共尊天子爲天可汗，開參天可汗道。且多次爲唐效命，與唐聯軍討逆。由此看出其「依附親善」於唐之策略。

〔註3〕See TIEH-TSENG Li, "The Historical Status of TIBET". P12.

〔註4〕羅香林：〈唐代天可汗制度考〉，頁220至221。文載《新亞學報》第1期。

〔註5〕傅樂成：〈中國民族與外來文化〉，頁44。文載《中國通史集論》。

〔註6〕參閱陳寅恪：〈李唐氏族之推測〉。及王桐齡：〈楊隋李唐先世系統考〉等文。

〔註7〕《資治通鑑》卷一九八、太宗貞觀二十一年五月，庚辰條。

〔註8〕李震：《中國歷代戰爭史》第十二卷。頁5至頁6。

〔註9〕且「斷死刑天下二十九人，幾致刑措」、「……天下粟價率計年直五錢，其尤賤處，計年直三錢」。〔註10〕由此可見，斯時海內承平，經濟富裕，後世論治者，必稱貞觀。〔註11〕太宗又親引諸衛將軍，習射於顯慶殿，又勵以爵賞，因此將卒皆精銳善戰。〔註12〕太宗亦曾豪語：「今中國強，戎狄弱，以我徒兵一千，可擊胡騎數萬……。」〔註13〕且馬政齊肅，由牝牡三千，增殖至七十萬匹，以一縑易一馬。〔註14〕可見關係著軍事國防的馬，在當時已繁殖興盛，對唐武功之勃興，關係甚巨。是以，貞觀四年（西元630年），太宗遣李靖擊滅東突厥，擒頡利可汗，漠南地遂空，威震四夷，〔註15〕致有「諸蕃君長詣闕，請太宗為『天可汗』，乃下制，今後璽書賜西域北荒之君長，皆稱『皇帝天可汗』。蕃渠帥有死亡者，必下詔冊立其後嗣焉。統制四夷，自此始也。」。〔註16〕八年（西元634年），遣段志玄擊破吐谷渾，追奔八百餘里。〔註17〕十四年（西元640年）派侯君集平高昌，以其置西州。〔註18〕十八年（西元644年），郭孝恪伐焉耆，敗之。〔註19〕十九年（西元645年），李勣率軍奮擊高麗，高麗大潰。〔註20〕二十年（西元646年），李勣擊破薛延陀，前後斬首五千餘級。〔註21〕二十二年（西元648年），破龜茲、天竺，服契丹等。〔註22〕至高宗即位，承繼太宗遺業，於顯慶二年（西元657年）擊破西突厥。〔註23〕至此，唐之國勢，可謂「宣威遐荒，辟土服遠」。因而形成了天可汗（Tengri Kagan）之制度，一種近於維繫國際和綏關係之組織。〔註24〕而此時之天可汗為名實相符的世界共主，威令所行，北越大漠直抵貝加爾湖，西越中亞遠達伊朗高原，當時的外夷不過是中國政治

〔註9〕　《舊唐書》卷三，〈太宗本紀〉。
〔註10〕　《貞觀政要》卷八。
〔註11〕　藍文徵：《隋唐五代史》，頁20。
〔註12〕　《舊唐書》卷二、〈太宗本紀〉上。
〔註13〕　《資治通鑑》卷一九七、太宗貞觀十七年閏月，庚申條。
〔註14〕　《唐會要》卷七二、〈軍雜錄〉。
〔註15〕　同註9。
〔註16〕　《唐會要》卷百、〈雜錄〉。
〔註17〕　同註9。
〔註18〕　同註9。
〔註19〕　《新唐書》卷二、〈太宗紀〉。
〔註20〕　同註9。
〔註21〕　同註9。
〔註22〕　同註9。
〔註23〕　《資治通鑑》卷二百、高宗顯慶二年。
〔註24〕　參閱羅香林：〈唐代天可汗制度考〉，頁54～56，文刊氏著：《唐代文化史》。

勢力範圍的一環而已。〔註25〕唐初國勢之所以能達此盛境，一方面是由於太宗之英才挺出，諸賢竭誠輔弼所致；另方面亦由於當時其他諸國衰微不振，予唐可乘之機。〔註26〕是故，唐朝得以成為亞洲獨霸之盟主，於諸邊外族之地，徧置羈縻府州，形成「守在四夷」，利用降附外族協助邊防之絕對優勢。〔註27〕

二、回紇之依附

「回紇」一詞係維吾爾語文 Uygur（ اويغور ）之音譯。故凡袁紇、烏紇、韋紇、廻紇、回鶻、維吾爾等名稱，均為漢譯名稱，為漢人所稱呼。而其自有族群以來，即以 Uygur（ اويغور ）自稱。〔註28〕綜合中國史籍上，有關回紇先世的記載，可歸納為匈奴之裔，和匈奴之別裔等說法。〔註29〕而土耳其學者則認為，回紇為突厥人之一支，同源於中亞，為烏古斯（Oğuz）族所建立。〔註30〕巴克爾（E. H. Paker）在「韃靼千年史」中，甚至認為回紇種族為古代匈奴大舉向西移徙時，未隨其統治階級同往，而遺留於原處者，其人既不隸屬於阿史那氏之突厥種，亦非黠戛斯種。〔註31〕又根據吾師劉義棠教授之考證，回紇淵源於秦漢時代居於匈奴北邊，獨立成部之烏揭與丁令亞部落之結合體，與突厥有極為密切的關係。〔註32〕姑不論其為匈奴之後，或為突厥之一支，但回紇在未崛起以前，乃為突厥旗下之一部落，則無可置疑。

殆至唐太宗時期，回紇努力於自身的崛起事業。雖然每次利用機會，參與突厥內部之亂事，積極地從事於獨立與漠北盟主之爭奪，但因其族人少，部族組織未固，無法一戰而稱霸大漠南北。故對唐採取依附親善之策略，與諸部上表歸命天子，請置唐官，共尊唐天子為天可汗，開參天可汗道。〔註33〕回紇此舉在積極方面，思藉唐之助力，以夷滅突厥及薛延陀之勢力；消極方

〔註25〕康樂：《唐代前期的邊防》，頁 26。
〔註26〕陳寅恪：《唐代政治史述論稿》，頁 94。及呂思勉：《隋唐五代史》，頁 185。
〔註27〕康樂：《唐代前期的邊防》，頁 44 至頁 48。
〔註28〕劉師義棠：《維吾爾研究》，《UiĜur 名稱及其漢譯演變考》。
〔註29〕《舊唐書》卷一九五云：「回紇，其先匈奴之裔也。」《新唐書》卷二一七上：「回紇，其先匈奴也。」《文獻通考》卷三四七〈回紇〉：「回紇，其先匈奴也。」《續通志》卷六三六，〈四夷傳〉二：「回紇即回鶻。其先匈奴。」
〔註30〕土耳其文本 Hayat Küçük Ansiklopedi, İstanbul.1972-1974.頁 180～181。
〔註31〕巴克爾著・黃靜淵譯：《韃靼千年史》，頁 183。
〔註32〕劉師義棠：《維吾爾研究》，頁 94。
〔註33〕《新舊唐書・回紇傳》及《唐會要・回鶻傳》皆載。

面，則在避免唐朝阻擾其北荒霸位之爭奪。〔註34〕是以，於太宗貞觀廿三年（西元 649 年），助唐擊突厥車鼻可汗；〔註35〕高宗永徽二年（西元 651 年），與唐聯軍大破賀魯，收復北庭；〔註36〕永徽六年（西元 655 年），遣兵助討高麗；〔註37〕更於顯慶元年（西元 656 年），從蘇定方自北道討西突厥沙鉢羅可汗。〔註38〕準此，回紇於太宗朝至高宗年間，是為最忠心於唐之邊族，亦是天可汗和綏組織中，最為賣力的一員。其間雖然於高宗龍朔元年（西元 661 年）與同羅、僕骨犯邊，〔註39〕但此屬北亞游牧民族於秋冬之際，須向南方農業朝廷之邊區，索取農作物以補充食糧之不足，屬小股刼掠之行為，而且其或因天性嗜利，將掠奪視同美德，此本為其生產方法之一，故不應視為不賓服之舉措。〔註40〕

從以下之記載，吾人可獲一印象，即回紇依附親善於唐之殷切：「……奴等各有分地，不從薛延陀去，歸命天子，願賜哀憐，乞置官司，養育奴等」〔註41〕、「……生陋荒地，歸身聖化，天至尊賜爵，與為百姓，依唐若父母然，請於回紇、突厥部治大涂，號『天至尊道』，世為唐臣」〔註42〕、「……鉄勒諸部落、回紇胡祿俟利發等總統百餘萬戶，散處北漠，遠遣使人，妾身內屬，請同編列，並為郡縣，引領翹足，暴十日而仰油雲，延首求哀，沈九泉而請營魄……」。〔註43〕太宗亦逐其所請，為置六府七州，以回紇部為瀚海府，拜其俟利發吐迷度為懷化大將軍兼瀚海都督。〔註44〕回紇即在「南置郵遞、通管北方」、「以導賓貢」當中，獲取相當利益。〔註45〕可見其依附親善於唐之策略，不管在政、軍、經上，均有相當可觀的收獲。其國勢及君長之地位，因此與日俱昇。總之，回紇在此時期，雖仍未能成為氣候，但已奠

〔註34〕劉師義棠：《回鶻與唐朝和戰之研究》，頁 95。
〔註35〕《舊唐書》卷一九四上，〈突厥傳〉。
〔註36〕《舊唐書》卷一九四下，〈突厥傳〉。
〔註37〕《冊府元龜》卷九五六，〈外臣部總序〉。
〔註38〕《資治通鑑》卷二百高宗顯慶二年閏月，庚戌條。
〔註39〕《資治通鑑》卷二百高宗龍朔元年冬，十月，癸酉條。
〔註40〕參閱劉師義棠：〈回紇與李唐和戰之研究〉，頁 206，文刊氏著：《突回研究》。
〔註41〕《資治通鑑》卷一九八、太宗貞觀二十一年。
〔註42〕《新唐書》卷二一七上，〈回鶻傳〉。
〔註43〕《唐大詔令集》卷一三○、〈破薛延陀告廟詔〉。
〔註44〕同註42。
〔註45〕李符桐：《回鶻史》，頁 145。時李唐威勢鼎盛，各國均遣使入貢，奉獻貢物，絡繹不絕。而回紇控有此「參天可汗道」，導引賓貢，從中必可獲取相當利益。

下良好之基礎，成爲日後雄視漠南北之共主。

三、吐蕃之賓服

　　根據《通典》之記載，吐蕃在魏末，因中華擾亂，招撫群羌，日以強大，〔註46〕是以吐蕃強大約始於六世紀中葉。〔註47〕斯時，整個西藏地區，處於封建割據的局面，「各地小王子，各據一城寨，治理所部，又各有家臣」。〔註48〕其中主要的有：羊同（爲現今阿里），蘇毗（孫波）在長江源流區及唐古拉山一帶，璨在日克則，緋在年楚河上游，拿傑在羌塘，森波杰在拉薩河谷一帶，吐蕃王室悉補野氏部落在雅礱河河谷一帶。〔註49〕至六世紀末葉，略以雅魯藏布江爲界，北部統一於森波杰，南部統一於悉補野部。〔註50〕悉補野部在諸贊普之勵精圖治下，如拉達克王世系云：「當棄諾頌贊（即西藏民族政教史中之墀寧頌贊）時，牧地與農田相接，串連湖泊，引水廣作溝渠以利灌溉；淳滷坡地之水以作池；將水間泉水引導外出。」準此，當時一切可耕之地，顯已次第墾闢，致使悉補野部之農業在西藏高原諸部中最爲發達。〔註51〕又同書云：「當達布聶西（即法尊所云之達日寧洗）時，雜養犏牛與騾，定物價，蓄積乾草」。〔註52〕是以悉補野部之牧業，亦甚發達。因此就經濟上言，彼時彼地之悉補野部，在西藏高原可算是最繁榮的。而且其世系傳至達日寧洗時，已是第三十一代（本法尊所著），在此漫長之陵替中，其立國規模當已完備。反觀森波杰却於此時，因森波杰墀邦孫柔懦昏庸，失大臣心，〔註53〕眾叛親離，終爲達日寧洗之子曩日論贊（另有朗日論贊、論贊弄囊、論贊率弄贊等名，爲松贊幹布之父）所滅，統一了西藏高原，〔註54〕時當七世紀初葉（西元 610 至 629 年），爲唐高祖武德年間。曩日論贊雖然能吞併森波杰，但遭臣下毒害而死，導致父臣離叛，母臣作亂，羊同、蘇毗、達布、工布、娘波等地均皆叛離。此時曩日論贊之子松贊幹布（即棄宗

〔註46〕《通典》卷一九○，〈邊防六〉，吐蕃。
〔註47〕王忠：《新唐書吐蕃傳箋證》，頁 22。
〔註48〕書同前，頁 47。
〔註49〕書同前，頁 22。
〔註50〕同前註。
〔註51〕書同前，頁 19～20。
〔註52〕同前註。
〔註53〕書同前，頁 24。
〔註54〕書同前，頁 23～24。

弄贊或棄蘇農）即位，得新臣全力支持，平定內亂，敉平叛離諸部，建立一專制國君體制之大國。〔註55〕時當太宗貞觀之世。故陳寅恪氏云：「吐蕃之盛起於貞觀之世」。〔註56〕

松贊幹布既已完成統一西藏高原之霸業，即於貞觀八年（西元634年），遣使「朝貢」。〔註57〕此「朝貢」可能是唐朝自美之辭，因彼時吐蕃已是李唐西徼大國，和李唐似處於對等國之關係，吾人可從唐太宗馬上派行人馮德遐前往答禮，看出端倪。〔註58〕而且吐蕃歷史文書亦言：「……唐與吐谷渾皆來進貢……」。〔註59〕又松贊幹布聞悉突厥與吐谷渾皆尚唐公主，遂遣使隨馮德遐入朝求婚，太宗未許。〔註60〕松贊幹布疑為吐谷渾所阻，〔註61〕怒而發兵擊吐谷渾，攻黨項並破白蘭羌，陳兵二十餘萬於松州（今四川松潘縣），命使者貢金帛迎公主，並對其屬說：「公主不至，我且深入」。〔註62〕《吐蕃王朝世系明鑑》云：「致送朱砂寶石之鎧甲以求婚」；又云：「贊普致書唐主曰：若不許嫁公主，當親提五萬兵，奪爾唐國，殺爾，奪取公主！」。〔註63〕由此可見，此時吐蕃態度之悖狂，誠不似唐屬國之口脗。松贊幹布遂寇松州，太宗遣侯君集，執失思力、牛進達、劉蘭等將步騎五萬擊之。牛進達先鋒夜襲其營，斬千餘級。〔註64〕且因與唐戰事連年不能解決，內部因而發生矛盾，自殺者八人，〔註65〕松贊幹布始懼，引兵而去，遣使者來謝罪，因復請婚。太宗以吐蕃威勢正盛，武力恐難壓服，不如用和親之策以羈縻之，遂許婚。〔註66〕

貞觀十五年（西元641年），以文成公主妻之，松贊幹布率其部兵次栢

〔註55〕書同前，頁25～26。
〔註56〕陳寅恪：《唐代政治史述論稿》，頁97。
〔註57〕《舊唐書》卷一九六上，〈吐蕃傳〉。
〔註58〕《舊唐書》卷一九六上，〈吐蕃傳〉：「貞觀八年，其贊普棄宗弄讚始遣使朝貢。弄讚弱冠嗣位，性驍武，多英略，其鄰國羊同及諸羌並賓伏之。太宗遣行人馮德遐往撫慰之。」另見李霖燦：《西藏史》，頁345。又載《邊疆文化論集》三。
〔註59〕J. Bacot, Thomas et G. C. Toussaint：Documents de Touen-Houang Relatifs a Lhistoire du Tibet"頁111。轉引自王忠《箋證》頁25。
〔註60〕《舊唐書》卷一九六上，〈吐蕃傳〉。
〔註61〕上書同卷：「使者既返，言於弄讚曰：『初至大國，待我甚厚，許嫁公主。會吐谷渾入朝，有相離間，是由禮薄，遂不許嫁。』……」。
〔註62〕《新唐書》卷二一六上，〈吐蕃傳〉。
〔註63〕朱寶唐：〈七八九世紀的唐朝與吐蕃〉，頁5～6。文載《中國邊政》24期。
〔註64〕同註62。
〔註65〕《資治通鑑》卷一九五，太宗貞觀十二年八月條。
〔註66〕洪滌塵：《西藏史地大綱》，頁110。

海（今札凌海）親迎於河源（今西寧），對使者執子婿禮甚恭，初見中國服飾禮儀之美，俯仰羞縮，自慚形穢，〔註 67〕因而漸慕華風，極力模倣唐文物，致力促使其國中國化。〔註 68〕自此，吐蕃對唐甚爲恭謹。太宗伐遼東還時，松贊幹布遣其相祿東贊來賀曰：「聖天子平定四方，日月所照之國，並爲臣妾，而高麗恃遠，闕於臣禮，天子自領百萬，度遼至討，隳城陷陣，指日凱旋。夷狄纔聞陛下發駕，少進之間，已聞歸國。雁飛迅越，不及陛下速疾。奴忝預子婿，喜百常夷。夫鵝猶雁也，故作金鵝奉獻。」〔註 69〕吐蕃此時之態度，極盡阿諛卑恭，與初時有若天壤。至高宗即位，授松贊幹布駙馬都尉，封西海郡王。松贊幹布以書詒長孫無忌曰：「天子初即位，下有不忠者，願勒兵赴國討之。」並獻金珄十五種，請置太宗靈坐之前。〔註 70〕由以上觀之，吐蕃自文成公主和蕃後，對唐之態度有極大的轉變，可謂頗爲恭順。甚至在貞觀二十二年（西元 648 年）時，王玄策僅憑一檄，就能獲得吐蕃之助力，討破中天竺。〔註 71〕羅香林氏謂此爲吐蕃參加天可汗組織的證明，所以才會受王玄策之徵發。〔註 72〕法國學者 Grenard 也認爲，吐蕃雄主松贊幹布承認了李唐的宗主權。〔註 73〕而王忠氏却懷疑，松贊幹布與唐通婚將近十年，未出兵侵唐，乃由於羊同未服，吐蕃力量被吸引於西部有關。〔註 74〕總之，在太宗至高宗中期，吐蕃雖已展現其足以與唐抗衡之實力，但與唐通婚後，即對李唐相當恭順，參加了天可汗組織。是以李唐在此期間，乃得以維持其在亞洲一霸獨強之局面。

第二節　吐蕃突起

　　「吐蕃」一詞之讀法，據譚英華氏綜合各家說法，認爲主張「吐蕃」即「吐波」之說者，乃以衛藏本土聲音及語言流變之論，知波、蕃兩字之古今

〔註 67〕同註 60。

〔註 68〕李方晨：〈唐代吐蕃國〉，頁 11。文載《反攻》314 期。

〔註 69〕同註 60。

〔註 70〕同註 62。

〔註 71〕同註 62。

〔註 72〕羅香林：《唐代天可汗制度考》，頁 221。

〔註 73〕See Grenard, F. "Le Tibet, Le Pays et les Habitants" P242. 轉引自 TIEH-TSENG LI, "The Historical Status of TIBET" P12.

〔註 74〕王忠：《新唐書吐蕃傳箋證》，頁 27。

音讀（波古今音同，蕃古讀如潘），酌古準今，最得要領。譚氏以爲蕃（即波），即藏人自稱（Bod，Po， བོད）殆無可疑。至於「吐」即藏文（To，སྟོད）上部之義。〔註75〕又黃子翼氏認爲藏語吐或唐均爲崇高之意，吐蕃者蓋爲崇高的蕃（博）族之意，惟其本族人之間自可稱蕃（博，Bod，བོད），而無須再冠吐字。〔註76〕另有學者持不同意見，〔註77〕然藏族自古以來即自稱「博」བོད 殆無異議。「吐」字則爲 བོད 的意譯，爲「發聲」或「吐」。故「吐蕃」二字爲音、義兩譯之名。〔註78〕

而吐蕃之先世，據藏人自云，係爲獼猴與羅刹鬼之後裔，初始之獼猴乃觀世音菩薩的化身。換言之，吐蕃的祖先，乃觀世音菩薩化身之獼猴的子孫。〔註79〕此爲一種神話傳說，不足以採信。根據《新唐書》、《舊唐書》、《五代史》、《宋史》等之記載，均言吐蕃本漢西羌地，或西羌屬。〔註80〕《唐會要》卷九七亦云：「吐蕃者，本漢西羌之種也，不知有國之所由。」〔註81〕而西羌係源於三苗。〔註82〕三苗於堯時受舜之建議而流放於三危，即今日我國西北地區。〔註83〕三苗在遠古時期就與漢族相對抗，〔註84〕至秦平天下，蒙恬西逐諸羌出塞，〔註85〕置重兵於河南地阻擾其進入，並以西段長城隔離羌人，〔註86〕因此羌人爲漢族排擠而轉移到漢族環境邊緣——黃河上流與其西，〔註87〕向青康藏高原發展。

瞭解了吐蕃的音義及其先世，本節擬將吐蕃建國之初，西藏高原的局勢；

〔註75〕譚英華：〈吐蕃名號源流考〉，頁 260。文載《東方雜誌》第四十三卷第四號。
〔註76〕參閱黃子翼：〈藏族名稱之商榷〉。文載《邊政公論》第一卷第 7、8 期。
〔註77〕參閱姚藏元：〈藏族考源〉，文載《邊政公論》三卷 1 期。任乃強：〈吐蕃音義考〉，文載《康導月刊》五卷 4 期。丁謙：蓬萊軒地理學叢書，《唐書・吐蕃傳・地理考證》。
〔註78〕歐陽無畏：〈鉢的疆域和邊界〉，頁 132。文載《西藏研究》。
〔註79〕法尊：《西藏民族政教史》卷一，頁 2。
〔註80〕《舊唐書》卷一九六上〈吐蕃傳〉：「……本漢西羌地……」《新唐書》卷二一六〈吐蕃傳〉：「吐蕃本西羌屬。」《宋史》卷四二九〈吐蕃傳〉：「吐蕃本漢西羌地……。」
〔註81〕《唐會要》卷九七，〈吐蕃〉。
〔註82〕《通典》卷一八九〈邊防五〉，吐蕃：「西羌本，出三苗……」
〔註83〕劉師義棠：《中國邊疆民族史》，頁 392。
〔註84〕李符桐：《邊疆歷史》，頁 55。
〔註85〕《通典》卷一八九，〈邊防五〉，吐蕃。
〔註86〕姚大中：《古代北西中國》，頁 176。
〔註87〕書同前，頁 175。

吐蕃雄主松贊幹布之圖強，及吐蕃爲患李唐，作一分析。

一、吐蕃建國時西藏高原之局勢

如前所述，諸羌族爲漢族排擠後，自西北漸次向康藏移徙，移居其地。至西元六世紀初葉以前，西藏地區呈現出據地分割之局面，各地小王，各據一城寨，治理所部，又各有家臣。《後漢書》載云：「自爰劍後子孫支分百五十種，其九種在賜支河以西及蜀漢徼北外，……其五十二種衰少不能自立，分散爲附落，或絕滅無後，或引而遠去。其八十九種惟鍾最強。……發羌、唐旄等絕遠，未嘗往來。」〔註88〕《新唐書》亦載：「吐蕃本西羌屬，蓋百有五十種，散處河、湟、江、岷間……」。〔註89〕可見其種落紛雜，散居各處。西人麥唐納（Macdonald）云：西藏人確爲游牧民族，逐水草而居，更分爲無數小部落，每部落各有小酋長。又云：據西藏史，在七世紀時，西藏全境分爲十三區域，各區皆有領袖，其領袖較匪首稍佳，與鄰邦日尋干戈，爲期頗長……。〔註90〕其他外國學者有關吐蕃古史之著作中亦提及，西藏高原在六世紀初葉，是處在一種封建割據的狀態。〔註91〕斯時，西藏地區群龍無首，在各山頭及石崖上，建有很多堅固的城寨，衣物、食糧、財寶均貯存於各安全的城寨中。沒有一個小王，能贏得競爭，而且各小王的軍隊數量也少。〔註92〕而這些城寨，乃由農牧人民在其四周環繞居住，獲得保護，一旦遇有外敵入侵，全部人民就攜其財物，遷居寨中，並據寨死守。〔註93〕這些據寨的小王，均爲神授且是世襲的大家族，其祖先被認爲是由天而降，或被視爲與神聖的名山有關。〔註94〕其四周的農牧人民和土地，均爲其奴隸和私產。〔註95〕各小王間，復因放牧界限不明確，彼此間會因

〔註88〕《後漢書》卷八七、〈西羌傳〉。
〔註89〕《新唐書》卷二一六上，〈吐蕃傳〉。
〔註90〕麥唐納著，鄭寶善譯：《西藏之寫眞》，頁16～17。
〔註91〕See Giuseppe Tucci. "Tibet, Land of Snow" P24.
See David Snellgrove, Hugh Richardson. "A Cultural History of TIBET" PP.22-26.
See Stein, R. A., "Tibetan Civilization." translated by Driver J. E. PP.47-48. J. Bacot, Thomas et G. C. Toussaint："Documents de Touen-Houong Relatifs aĹhistoire du Tibet" 頁80～81，轉引自王忠《箋證》頁17。
〔註92〕See Stein, R. A., "Tibetan Civilization." PP47-48.
〔註93〕《新唐書吐蕃傳箋證》，頁31。朱寶唐：〈七八九世紀間的唐朝與吐蕃〉，頁6。
〔註94〕See Giuseppe Tucci. "Tibet，Land of Snow" P24.
〔註95〕See David Snellgrove, Hugh Richardson. "A Cultural History of TIBET" P22.

侵入的行為，而發生衝突。〔註96〕當時的吐蕃，即是在雅礱河河谷一帶（為雅魯藏布江南岸之一支流）的部落。〔註97〕其他尚有許多小王分佈在今日前藏、後藏等地區，如實力最強的森波杰，就位於拉薩河谷一帶。除此以外的小王，在當時吐蕃的眼光中，乃視為異邦。〔註98〕而實力較強的有：在阿里的羊同、在長江源流區及唐古拉山一帶的蘇毗，在青海的吐谷渾，在上黃河廣大河曲部的黨項等。其中，羊同在羌族中是最重要的一支武力，〔註99〕營游牧生活，也是爾後在吐蕃政治舞台上，扮演重要角色的原始宗教——棒教（Bonདོན）的起源地。〔註100〕蘇毗則亦為當時西藏高原的強權之一。

　　時至西元六世紀末葉，一些小王聯合起來，擁護在雅礱地區的吐蕃，作為他們的共主，〔註101〕其中出力最大的是 dBavs 和 vBro 兩族。〔註102〕此時吐蕃的贊普為第三十二世之曩日論贊，他藉著這些小王的支持，跟中藏地區其他小王爭戰，統一了以雅魯藏布江以南的西藏地區。雅魯藏布江以北，則統一於森波杰。〔註103〕森波杰國勢強盛，曾為西藏高原諸部之共主，吐蕃似曾臣服於森波杰。〔註104〕但由於森波杰內亂，森波杰統治者昏庸，失大臣心，眾叛親離，終為曩日論贊所滅，完成統一西藏高原的大業。曩日論贊雖能統一西藏高原，但吐蕃在崛起過程中，係以「聯婚政策」與諸小王建立姻親關係，即贊普娶諸小王之女，（與贊普聯婚的小王，入朝為官者，均冠上「尚」銜，是為具外戚身份之官員；「論」為外戚以外貴族入朝為官者之銜稱，亦為大臣通稱。）以獲取其支持，藉以擴充自己的力量。贊普亦指派貴族之首領，作為吐蕃政府的官員，尤其是大相一職，常由貴族擔任。在吐蕃的政權運作當中，贊普乃由大相輔佐，而吐蕃之繼承宗法，係由皇子達十三歲，即能夠騎馬、打獵作戰之時，就須讓位於皇子。但皇子距離成年仍有一段時間。這段時間，即由大相攝政，造成大權旁落於大相一族手中。而且吐蕃贊普行多妻制，於是吐蕃王廷經常陷入許多

〔註96〕See Giuseppe Tucci. "Tibet，Land of Snow" P24.

〔註97〕Ibid.P24 See David Snellgrove, Hugh Richardson. "A Cultural History of TIBET" PP23-26.

〔註98〕Ibid. P46.

〔註99〕See Hoffmann, Helmut. "Tibet：A Handbook" P.39.

〔註100〕See Stein. "Tibetan Civilization" P35.

〔註101〕See David Snellgrove，Hugh Richardson. "A Cultural History of TIBET" P22.

〔註102〕See Hoffmann Helmut. "Tibet：A Hand book" P40.

〔註103〕同註 50。

〔註104〕王忠：《新唐書吐蕃傳箋證》，頁 22。

不同家族的權力鬥爭中。〔註105〕而且這些小王的權勢非常大，自古以來就擁有自己的領地，並不是贊普所授與。另方面，由於某一小王之權勢過大，且擁有重兵的緣故，迫使王廷不得不尋求其他小王的支持，因此造成一種極不穩定的政局。〔註106〕曩日論贊統一西藏高原後，即在這種情形下，被毒害身亡。〔註107〕曩日論贊死後，吐蕃局勢大亂，父王之臣離叛，母后之臣作亂，羊同、蘇毗、達布、工布、娘波等均叛離。曩日論贊之子——松贊幹布，即在此亂局下，繼立爲贊普，展開其輝煌彪炳的一生。

二、松贊幹布之圖強

　　松贊幹布於十三歲即位。〔註108〕《新唐書・吐蕃傳》載其爲人慷慨才雄，常驅野氂牛，馳刺之以爲樂，〔註109〕可見其秉性之強悍。但以一個十三歲孩童，當無法應付內亂外患之局。此時松贊幹布即獲得強有力的娘氏（Myang）和韋氏（dBavs）兩大家族的支持與擁護。〔註110〕這些即是其父滅森波杰後所加入的氏族，稱之新臣；當時吐蕃中心部落爲父王六臣和母后三臣，是爲舊臣。〔註111〕內亂是指這些舊臣的背叛。松贊幹布得到新臣的全力支持，平定了內亂，削弱強臣，將父王之臣與母后之臣等舊氏族首領，逐出吐蕃政治舞台。〔註112〕同時對外征服了羊同、蘇毗，恢復其父曩日論贊曾建立起的舊業，進而制壓各個大家族，承認其至高無上的威權，〔註113〕建立一專制體制的大國。吾人可從松贊幹布與其臣子韋氏（dBavs）家族的盟誓中得知，松贊幹布時贊普的威權，是相當有力且穩固的。〔註114〕松贊幹布即於此時，積極地從四周鄰國，引進新的文化和技術，如由李唐引進算學與醫學；由印度引進佛教；從尼泊爾得到大量的糧食和財貨；由北面的突厥和回紇引進法律等。〔註115〕並隨其武力擴張，以聯婚手段，籠絡各征服

〔註105〕See Giuseppe Tucci. "Tibet，Land of Snow" P27.
〔註106〕Ibid. P27.
〔註107〕王忠：《新唐書吐蕃傳箋證》，頁23。
〔註108〕See Shakabpa, W. D., "Tibet, A Political History" P25.
〔註109〕《新唐書》卷二一六上，〈吐蕃傳〉。
〔註110〕See David Snellgrove, Hugh Richardson. "A Cultural History of TIBET" P27.
〔註111〕王忠：《新唐書吐蕃傳箋證》，頁17。
〔註112〕書同前，頁25。
〔註113〕See Giuseppe Tucci. "Tibet，Land of Snow" P24.
〔註114〕See David Snellgrove, Hugh Richardson. "A Cultural History of TIBET" P27-28.
〔註115〕See Stein. "Tibetan Civilization" P52.

國和諸小王，同時鞏固自己的權勢。松贊幹布先後娶有五位妻子。除李唐之文成公主和尼婆羅的雪國公主外，另有羊同王之女，Minyak 之女（出自 Ruyong 家族）和蒙（Mong）氏。〔註 116〕為便於統治起見，松贊幹布指派了六位總督（Khospon），前往衛藏、羊同、蘇毗和康（喀木），安多和突厥（Drugu）等地，實施土地分配和階級劃分。每個總督均有自己的軍隊，同時六個總督所轄的軍區，均有各自不同的制服、旗幟，連馬的顏色都不相同。〔註 117〕

　　在內政方面，確立了行政組織。所有臣佐，依其權力，劃分為三大部門。那勤日桑等一百大臣，專司贊普起居飲食之事；窮薄奔桑贊等一百大臣，鎮守四方；屯彌三補札等一百大臣，管理政治、賞、罰、昇、降、治田、灌溉、審定衡量、教育民眾等。〔註 118〕並選派大臣子弟屯彌三補札率領十七青年，赴西北印度之克什米爾習梵文、求佛經，遂仿照笈多（Gupta）字體靭製西藏文字，〔註 119〕翻譯佛經，廣弘佛教。並依佛教之十善，〔註 120〕制定法令二十條〔註 121〕為民遵守。與李唐通婚後，松贊幹布極力於中國化，派遣酋豪子弟往中國留學，以習詩書。更請中國識文之人，典其表疏。〔註 122〕為改善其人民生活，遂遣人前來中國，請予蠶種、釀酒、製陶、製乳油乾酪、碾磑等工人，又輸入中國紙、墨。因此吐蕃之產業，乃日漸發達。此外，松贊幹布對於生產、教育等事業，亦極為熱心提倡，如：引河渠之水以為灌溉，定度量衡法，分原野與人民耕種，設學校，獎勵教育，並自著牧馬種育等書。〔註 123〕因此，吐蕃全民奉行教化，國勢大為強盛，遂一躍而為亞洲強國之一。

　　對外方面，松贊幹布致力於開拓疆土。南越喜馬拉雅山，侵入印度，降藍摩（在印度西北亞薩姆格爾之北五十里，一作 Dharmaur 在泥婆羅與 Gorakhpur 之境）、泥婆羅（即尼泊爾）；侵佔西域諸國；兼併吐谷渾；憑臨隴右；並與李唐發生戰事，前後鏖戰八年。〔註 124〕可見其武功之盛，唯與李唐

〔註 116〕Ibid. P62.
〔註 117〕See Shakabpa, W. D., "Tibet, A Political History" PP26-27.
〔註 118〕法尊：《西藏民族政教史》卷一、頁 8。
〔註 119〕書同前，頁 7。
〔註 120〕佛教十善業，乃對十惡而言。一、不殺生；二、不偷竊；三、免除不貞潔行為；四、不說謊；五、不讒言；六、不凌人；七、不多言；八、不可貪；九、不遷怒；十、不狐疑。此十者順於正理，故曰十善。
〔註 121〕詳見法尊著，卷一，頁 7 至頁 8。
〔註 122〕《舊唐書》卷一九六上，〈吐蕃傳〉。
〔註 123〕劉師義棠：《中國邊疆民族史》，頁 406。
〔註 124〕See 'Gos Lo-tas ba gZon-nu-dpal, "Deb-ther sngon-po" translated by George N.

聯婚後，即賓服於李唐，直至高宗中期。吐蕃由噶爾氏（mGar）家族掌權執政後，才開始對唐展開爭鬥，爲患李唐。是以，吐蕃之眞正建立霸業，乃始於松贊幹布。

三、吐蕃之爲患李唐

吐蕃繼松贊幹布後之三位贊普（西元 650 至 755 年），皆於年幼即位，故多由大相攝政，形成世襲的大相統治王朝之局。贊普本身反無實權，僅爲王朝的象徵而已。〔註 125〕如松贊幹布於西元 649 年去世，其孫芒倫芒贊（Mang-slon-mang-btsan）繼立，年僅八歲，而由祿東贊（mGar-stong-rtsan-yul-zung）攝政。祿東贊死於西元 667 年，繼之由祿東贊子贊業多布（mGar-btsan-snya-ldom-bu）掌政，繼贊業多布爲其弟論欽陵。〔註 126〕而且論欽陵之弟，贊婆、悉干多、勃論等均握有兵權，專司一面。吐蕃即在這段大相攝政期間，國勢迅速膨脹，向四方發展，與李唐展開西域爭奪戰，成爲李唐西徼的大患。

吐蕃第一次犯唐塞，是於唐高祖武德六年（西元 623 年）四月，陷芳州（今青海東南境）。〔註 127〕至太宗貞觀十五年（西元 641 年）的松州之役，係爲試探性的行動，〔註 128〕經侯君集率兵輕擾其鋒，加諸其內部因久戰而產生矛盾，自殺者八人。〔註 129〕松贊幹布始懼，以求和親的方式，結束侵犯唐邊之舉動。從此吐蕃對唐之態度相當恭順，雙方維持了三十餘年的和平。〔註 130〕但在高宗顯慶五年（西元 660 年），吐蕃已開始蠢動，藉口吐谷渾附唐，祿東贊遣其子論欽陵將兵擊吐谷渾。〔註 131〕當時李唐竟不知青海地區戰略的重要性。因吐蕃一旦控有此地區，則唐的西部邊境：包括西域、河西、隴右、劍南一帶，全暴露

Roerich as "The Blue Annals" P.49.
〔註 125〕 See Hoffmann Helmut., "Tibet：A Handbook" P42.
〔註 126〕《張說之文集》卷十七〈撥川郡王碑〉云：「撥川王論弓仁者，源出於疋末城，吐蕃贊普之王族也。曾祖贊，祖尊，父陵，代相蕃國。」《新唐書》卷一一○〈論弓仁傳〉：「論弓仁，本吐蕃族也，父欽陵世相其國。」
〔註 127〕《新唐書》卷一，〈高祖本紀〉。
〔註 128〕 康樂：《唐代前期的邊防》，頁 63。
〔註 129〕《資治通鑑》卷一九五，太宗貞觀十二年八月條。
〔註 130〕 朱寶唐：〈七八九世紀間的唐朝與吐蕃〉，頁 6。另見洪滌塵：〈西藏史地大綱〉，頁 117。
〔註 131〕《資治通鑑》卷二百，高宗顯慶五年八月條。

在吐蕃兵鋒威脅之下。〔註132〕且吐谷渾可爲唐、蕃之間的勢力緩衝地帶，若唐能扶植吐谷渾，使之傾向於李唐，且力足以抗蕃，則形勢將爲之改觀。

但唐竟在龍朔、麟德年間，吐蕃與吐谷渾遞相表奏，各論曲直，更來求援之際，〔註133〕居然「國家依違，未與爲奪」，〔註134〕不表明態度，亦不知事態之嚴重，遂讓吐蕃吞沒吐谷渾，且打敗了薛仁貴、阿史那道眞與郭待封的援軍於大非川。此戰役影響了唐之戰力與聲威。自此以後，唐幾無力與吐蕃週旋，處處落居下風。自高宗中期起，吐蕃連歲寇邊：乾封二年（西元667年），生羌十二州爲吐蕃所破；〔註135〕咸亨元年（西元670年）夏四月，吐蕃陷西域十八州，又與于闐陷龜茲撥換城，迫使李唐放棄龜茲、于闐、焉耆、疏勒四鎮；〔註136〕儀鳳元年（西元666年）閏月，寇鄯、廓、河、芳等州（今樂都，西寧南河北岸，臨夏、臨潭）；同年秋八年已未，寇疊州（今臨潭南百八十里）。〔註137〕儀鳳二年（西元667年）五月，寇扶州之臨河鎮，擒鎮將杜孝昇；〔註138〕永隆元年（西元680年）七月，寇河源（今貴德縣）；永淳元年（西元682年）九月，寇拓、松、翼（今康定、松潘、茂縣北）等州，十月寇河源。類此侵犯唐境之行動，終唐之世仍然持續。

反觀唐廷之對策，前文已云，唐不知青海地區之重要性，又全力經營東北，連年對東北用兵，削弱國力，〔註139〕現面臨吐蕃之挑釁，李唐滿朝文武莫知所措，連高宗本人亦云：「往者滅高麗、百濟、比歲用師，中國騷然，朕至今悔之。」〔註140〕高宗更召群臣商議對策。《通鑑》卷二百二云：「上以吐蕃爲憂，悉召侍臣謀之，或欲和親以息民，或欲設備嚴守，俟公私富實而討之，或欲極發兵擊之。議竟不決，賜食而遣之。」〔註141〕李唐之所以落此地步，一方面是因高宗本人儒仁無遠略，〔註142〕另方面亦是此時之唐，國力有

〔註132〕康樂：《唐代前期的邊防》，頁64。
〔註133〕《資治通鑑》卷二○一，高宗龍朔三年五月，壬午條。
〔註134〕《舊唐書》一九六上，〈吐蕃傳〉。
〔註135〕同註133。
〔註136〕同前註。
〔註137〕同前註。
〔註138〕同前註。
〔註139〕康樂：《唐代前期的邊防》，頁65。
〔註140〕《新唐書》卷二一六上，〈吐蕃傳〉。
〔註141〕《資治通鑑》卷二○二，高宗儀鳳三年九月，丙寅條。
〔註142〕見註140。

所不逮，而吐蕃武力確實可觀。

　　至武后朝，吾人可從以下的記載看出，武后亟欲打敗吐蕃，解決西徼之邊患。垂拱三年（西元 687 年），太后欲遣韋待價將兵擊吐蕃；〔註143〕垂拱四年（西元 688 年），太后欲發梁、鳳、巴、蜑（今南鄭、鳳縣、巴中），自雅州（今西康雅安西）開山通道，出擊生羌，因襲吐蕃。〔註144〕可見武后已改變戰略，欲將被動受犯之態勢，轉爲主動攻擊，於是多次發兵討擊吐蕃。當時之局勢，對唐甚爲有利，長壽元年（西元 692 年）二月已亥，吐蕃黨項部落萬餘人內附。同年，吐蕃酋長曷蘇帥部落請內附。〔註145〕由此可知，吐蕃內部處在矛盾中，所部不穩。當時吐蕃贊普都松芒薄結（Dus-srong-mang-po-rje）（唐書作器弩悉弄）年幼，由欽陵把政，其他官族目睹噶爾氏家族掌政已有半世紀之久，〔註146〕遂起而抗爭。都松芒薄結本人對噶爾氏家族亦生不滿，隨其舅往羊同組織軍隊，討伐論欽陵。〔註147〕郭元振亦云：「吐蕃百姓疲於徭戍，早願和親；欽陵利於統兵未制，獨不欲歸款，若國家歲發和親使；而欽陵常不從命，則彼國之人怨欽陵日深，望國恩日甚，設欲大舉其徒，固亦難矣。斯亦離間之漸，可使上下猜阻，禍亂內興矣。」〔註148〕準此，吐蕃內部確實不穩。但武后所遣之將領，如韋待價、王孝傑、婁師德等，都不如太宗時諸將之勇略，故王孝傑雖能於長壽元年（西元 692 年）收復安西四鎮，但往後仍遭敗績，吐蕃繼續入寇，於萬歲通天元年（西元 696 年）寇涼州（今甘肅武威縣），俘都督許欽明；〔註149〕久視元年（西元 700 年）寇涼州，圍逼昌松縣（今古浪縣）。〔註150〕吐蕃寇邊之禍仍殷。

　　武后長安三年（西元 703 年），吐蕃贊普都松芒薄結親統兵於南詔，卒於軍中。諸子爭立，久之，國人立其子犀德祖贊（Khri-lde-gtsug-btsan）（棄隸蹜

〔註143〕《資治通鑑》卷二○四，則天后垂拱三年十一月，戊寅條。

〔註144〕上書同卷，則天后垂拱四年十二月，辛亥條。

〔註145〕上書卷二○五，則天后長壽元年五月，丙寅條。

〔註146〕祿東贊於永徽初（西元 650 年）相其國，其子尊羕多布繼於西元 667 年任大相。尊業之子欽陵於西元 685 年繼任大相，祖孫三代掌權，至西元 699 年欽陵爲吐蕃贊普討伐，兵敗自殺，mGar 氏之權勢方止。
　　　　See Hoffmann Helmut. "Tibet：A Handbook" P43.

〔註147〕王忠：《新唐書吐蕃傳箋證》，頁 47。
　　　　See Stein, "Tibetan Civilization. " P63.

〔註148〕《資治通鑑》卷二○五，則天后萬歲通天元年九月，丁巳條。

〔註149〕《舊唐書》卷一九六，〈吐蕃傳〉。

〔註150〕同前註。

贊）爲贊普，時年二歲。〔註 151〕由贊普之祖母攝政，吐蕃即於此時頻遣使入朝獻方物，並請婚。〔註 152〕中宗景龍元年（西元 707 年）四月，中宗以所養雍王守禮之女爲金城公主許嫁之，自是頻歲貢獻。〔註 153〕唐、蕃之間，因此息戰了數年，至睿宗景雲元年（西元 710 年），楊矩爲鄯州都督，吐蕃遣使厚遺之，因請河西九曲之地，以爲金城公主湯沐之所，矩遂奏與之。〔註 154〕吐蕃既得九曲（約在黃河北鄯城西南，今青海西寧），其地肥沃，堪頓兵畜牧，又與唐境接近，自是復叛，率兵入寇。〔註 155〕此固然因吐蕃得此良地，越河築橋，置獨山、九曲二軍，作爲侵擾唐邊之根據地，而稱兵入塞。實亦吐蕃內部經此數年，藉和親之策，及頻遣使求和，以掩其內部之紛擾，至此內部已呈平穩，始賡繼對唐侵擾的政策。玄宗開元二年（西元 714 年）八月，吐蕃大將坌達焉、乞力徐等率十餘萬寇臨洮軍（今甘肅岷縣），又進寇蘭、渭等州，掠監牧羊馬而去；〔註 156〕四年（西元 716 年），吐蕃圍松州；十年（西元 722 年）癸未，吐蕃圍小勃律（小勃律在大勃律西北三百里，即今克什米爾之雅辛 Yasin）；十四年（西元 726 年）十二月，吐蕃大將悉諾邏寇大斗谷（今甘肅丹山縣南），進攻甘州（今張掖縣），焚掠而去；〔註 157〕十五年（西元 727 年）九月，吐蕃大將悉諾邏恭祿及莽布支等陷瓜州（今甘肅安西縣北），執刺史田元献及王君㚟之父，進攻玉門軍（今玉門縣東），莽布支攻常樂縣（今安西縣東），未克而去；〔註 158〕同年閏九月，吐蕃贊普與突騎施蘇祿圍安西城；〔註 159〕同年冬，吐蕃寇瓜州。十六年（西元 728 年），唐與吐蕃戰於曲子城（今新疆庫車縣東）瓜州、渴波谷（今青海西）及祁連城（今張掖縣西南）等地。類此激烈的戰事，在玄宗一朝，不斷地發生，雙方有勝有負。玄宗可說傾全力經營西北，以開元之治殷實的實力作後盾，也僅能維持勝負各半的局面。吐蕃則乍服乍叛，反覆無常。終玄宗朝，就先後七次遣使求和，〔註 160〕其求

〔註 151〕同前註。
〔註 152〕同前註。
〔註 153〕同前註。
〔註 154〕同前註。
〔註 155〕同前註。
〔註 156〕同前註。
〔註 157〕同前註。
〔註 158〕《資治通鑑》卷二一三，玄宗開元十五年九月，丙子條。
〔註 159〕同前註。
〔註 160〕《新唐書》卷五，〈玄宗本紀〉。

和之時機，時常伴著軍事行動的進展而進行。直到天寶年間，賴李唐諸將的奮力作戰，在西域、河湟兩路，數敗吐蕃，吐蕃始稍殲凶焰。但吐蕃對唐之影響，可謂至鉅且大。在經濟上，李唐事吐蕃頗勞費，〔註161〕連年作戰，李唐在財政上支出頗鉅，加諸邊塞吃緊，兵員皆外調，而於沿邊設置十節度使，形成外重內輕之局，對爾後李唐影響深遠。甚且使唐無力經營東北，導至後世五代、宋受遼、金壓迫之局，可見其影響之鉅。〔註162〕

第三節　回紇繼興

回紇於貞觀初，繼突厥衰微而興，於貞觀末，取代薛延陀稱霸大漠南北。但此次的霸權維持不久，在高宗末年即爲中興的東突厥所推翻。自被推翻後，回紇遭東突厥之默啜、默棘連（即毗伽可汗）等，連續多次打擊與殺戮，〔註163〕但始終以依附於唐，以唐爲外援之策略，〔註164〕聯結諸部與突厥餘部爭鬥。直至玄宗開元天寶年間的骨力裴羅與葛勒可汗，才陸續擊敗突厥餘部，拔悉密、葛邏祿、黠戛斯，且奚、契丹亦於此時來降，於是回紇鼎盛，遂成爲大漠南北的盟主。

一、回紇民族之認識

回紇爲多部族所組成之聯族，與突厥關係至爲密切，且上承匈奴，下及蒙古，均有或多或少的血緣關係。所以欲認識其民族，因史料之殘缺，必須從其他游牧民族間之相關情形，引徵資料，加以探討。

我國北部的蒙古高原，位於北緯約四十二度三十分左右，北達北緯五十三

〔註161〕《全唐文》卷八三四獨孤及勅與吐蕃贊普書云：「金玉綺繡，問遺往來，道路相望……。」《冊府元龜》卷九七四〈外臣部襃異〉，開元七年六月條載：「……以雜綵二千段賜贊普，五百段賜贊普祖母，四百段賜贊普母，二百段可敦，一百五十段賜尜達延，一百三十段賜論乞力徐，一百段賜尚贊咄及大將軍，大首領各有差。皇后亦以雜綵一千段賜贊普，七百段賜贊普祖母，五百段賜贊普母，賜贊普母，二百段賜可敦。」同書卷九八○〈外臣部通好〉，開元二十一年正月條云：「命工部尚書李暠使於吐蕃……以國信物一萬匹，私覿二千疋，皆雜以五綵遺之。」由此可知唐事吐蕃頗勞費。

〔註162〕陳寅恪：《唐代政治史述論稿》，頁98及頁109。

〔註163〕石萬壽：〈回紇大事繫年〉，頁319。文載《政大邊政所年報》第8期。

〔註164〕回紇每與突厥戰後，皆往唐界逃竄，唐亦嘗將其置於大武軍（山西大同）北。

度五十分左右，是溫帶涼帶的範圍，處於內陸位置，距海較遠，地勢較高。其南方有陰山，東方有大興安嶺的阻隔，爲東南季風所不能到達，無法帶來較多的雨量，故其南方與東方都是沙漠地區，偶有水草。其北部地勢更高，高緯度與高地形，使其氣溫更低，冬季特長，無法從事農作。幸其北部有兩個缺口，可通北極海，故北部雨量反較南部爲多，成爲草原區。由於冬季漫長而使低溫度季節更長，故冬季水皆成冰而草皆枯萎。〔註165〕處在這種溫度低和雨量少的地區，就只能以「大空間經濟」的方式，行「逐水草而遷徙」的游牧了。因採行游牧，又不栽培牧草，也不儲備乾草以待乾旱或雪寒，僅是高度仰賴自然，順應季節的循環而輾轉於夏天和冬天的牧地之間，故對自然環境的變化極端敏感，又沒有適當應急方法，所以常於短期間內喪失其畜產。〔註166〕恩格倫（O. D. Von Engeln）亦云：「游牧民族的生活常常是極爲艱苦的。各種的需要不斷地壓迫著，資源缺乏常可發生巨大的痛苦；食物的來源非常地有限。肉類的供給不是常常可以得到的。所以當草地荒歉，牛羊銳減或嚴寒侵襲，牲畜死亡時，饑饉的情形便要立刻發生……」。〔註167〕由以上所述得知，生活在這種艱苦環境下的民族，極易培養出勇武剽悍、逞強好勝的本性。

且爲生存計，和抵償因瘟疫或嚴寒侵襲下損失的畜產，所以其刼掠行爲，在他們看來是一種不可磨滅的習慣和美德，而頓弱無能的態度便是自甘屈服。〔註168〕又因時需遷徙，並牧有大量馬匹，故其機動性強，行動敏捷，戰爭手段是攻擊，而不是防守。反之，則因不斷向新草地移動，所以一切財產，除最低限度的蓬帳和器皿以外，自他們看來都不過是一種拖累，且他們的製造器具方法極爲簡陋。〔註169〕是以發展出來的文化，在層次上要比農業文化來得粗簡。中國史家因缺乏對游牧社會的認識，和忽略其經濟特性，每站在農業文化的立場，加以批判謂：「其俗，寬則隨畜因射獵禽獸爲主業，急則人習戰攻以侵伐，其天性也，利則進，不利則退，不羞遁去，苟利所在，不知禮義」〔註170〕「夷狄譬如禽獸」、「夷狄之人，貪而好利，被髮左袵，人面獸

〔註165〕蔣師君章：《中國邊疆與國防》，頁214。

〔註166〕蕭啓慶：〈北亞游牧民族南侵各種原因的檢討〉，頁 353，文載《中國通史集論》。

〔註167〕恩格倫（O. D. Von Engeln）著、林光徵譯，《民族發展底地理因素》，頁159。

〔註168〕書同前，頁77及頁158。

〔註169〕同前註，頁157。

〔註170〕《史記・匈奴列傳》第五十。

心」〔註171〕、「突厥、善騎射，性殘忍。候月將滿，輒爲寇鈔」。〔註172〕這些都是對北亞游牧民族性格的描寫。對於來自比漠北更苦寒的西伯利亞游牧狩獵民族——回紇而言，自亦脫不了上述的寫照。《舊唐書》謂：「其象微小，其俗驍強……無君長，居無恒所，隨水草流移，人性凶忍，善騎射，貪婪尤甚，以寇鈔爲生」。〔註173〕《新唐書》謂：「其人驍彊、初無酋長，逐水草轉徙，善騎射，喜盜鈔……」。〔註174〕又謂：「夷狄資悍貪，人外而獸內，惟剽奪是視」。〔註175〕又《新、舊唐書》皆載：「突厥資其財力雄荒」、「自突厥有國，東西征討，皆資其用，以制北荒」。由此可知，回紇民族性之強悍，較之突厥爲勝，故突厥利用之以稱雄。且其勝兵五萬，人口十萬，〔註176〕在當時的漠北而言，不能算是大族，但在史籍中之記載看來，回紇極擅長「以少制多」、「以寡擊眾」，〔註177〕是其騎術精湛，戰術靈活之明證。且作戰手段殘忍，凡是在沙場對陣的敵人，皆殺戮殆盡，從無俘虜或不殺放走之情事，〔註178〕故安史叛軍一見回紇至，皆驚逃四散。〔註179〕

除上述回紇所具游牧民族之通性外，吾人可從回紇興起的過程，以及與李唐的交聘往返中，得知其與其他游牧民族性格不同的地方。回紇初時無君長，表示其仍停留於小部落之階段，依附於突厥。雖然臣屬於突厥，但從古突厥碑文中，可知突厥內部歷次亂事，回紇幾無不是積極份子，〔註180〕而且採取依附李唐之策略，與諸部上表歸命天子，請置唐官，共尊唐天子爲「天可汗」，開參天可汗道，〔註181〕而且多次爲唐效命，另外又聯繫其他部族如：

〔註171〕《前漢書》卷九四下，頁30。
〔註172〕《隋書》卷八四，〈突厥傳〉，頁2上。
〔註173〕《舊唐書》卷一九五，〈廻紇傳〉。
〔註174〕《新唐書》卷二一七上，〈回鶻傳〉。
〔註175〕同前註。
〔註176〕同前註。
〔註177〕《新舊唐書·回紇傳》均載，菩薩以五千騎破突厥十萬眾。另《資治通鑑》卷二三一德宗興元元年：「達干曰：回紇在國與鄰國戰，常以五百騎破鄰國數千騎，如掃葉耳。」
〔註178〕《資治通鑑》卷二二○，至德二載九月，壬寅條記載：「……引回紇就擊之，翦滅殆盡，賊由是氣索……」。
〔註179〕見前書同卷肅宗至德二載十月，己未條載：「……回紇自南山襲其背……賊驚顧曰：『回紇至矣！』遂潰。」
〔註180〕岑仲勉：《隋唐史》，頁295。
〔註181〕《舊唐書》卷三，太宗下及同書卷一九五，〈廻紇傳〉。

薛延陀，共攻突厥北邊。待突厥衰後，薛延陀爲漠北強族，又依附薛延陀，並伺機聯合同羅、僕骨，大破薛延陀，遂即自稱可汗，置官號皆如突厥故事。〔註182〕後突厥中興，突厥之勢復彊，迫使回紇取消可汗號，於武后年間，一部內徙附唐，〔註183〕一部臣屬突厥。〔註184〕於玄宗天寶二載（西元743年），趁東突厥內亂，聯合拔悉密，葛邏祿二部，攻滅突厥烏蘇可汗。明年再與葛邏祿聯盟，攻破拔悉密，斬其頡跌伊施可汗。自此即建牙烏德犍山（Ütükän 即鬱督軍山或都斤山，在今杭愛山之一部），自立爲可汗，並受唐冊封。又於天寶四載（西元745年），攻殺突厥白眉可汗，自此完成了一統大漠南北的霸業。在歷經百有餘年的鬥爭過程中，吾人可以了解，回紇專擅聯合其他民族，打擊主要敵人；武力有所不逮，則臣服附屬，伺機再聯合其他部族打擊之。待將主要敵人打跨後，再消滅其他民族，直到成爲大漠南北的霸主爲止。而且於此段期間，主動與唐親善，免除了李唐的阻擾。由此可知，回紇民族深具政治手腕，長於聯合鬥爭，亦可以「狡黠」一詞形容之，爲其他游牧民族所不能比擬。

　　是故其「狡黠」之特性，用於經濟方面，就會如《舊唐書》所謂「貪婪尤甚」，對有所求於己的對象，予以無情地剝削和搜刮。歷史上的北亞游牧民族，都是在漠南北一統時，或因自然環境之變遷，以武力掠奪南方農業朝廷的邊境。而邊境大都屬於寒境，非富庶之地，故所獲不多，憑其武力，亦無法深入內地。回紇能將「寇鈔」，利用李唐求援的機會，轉變成另一種型態——「賞賜，年贈，搜刮」和「互市」。〔註185〕尤其僅需派出騎兵數千，就能受唐的歡迎，到達李唐的精華區，盡情剽掠，所獲不貲。就「互市」而言，亦使唐欲罷不能，吃盡苦頭。回紇賣大量的駑馬與唐，馬價達四十匹絹，使唐朝因此連官員的薪餉都爲之滯發，〔註186〕而回紇却又到李唐邊界，與其他部落以賤價收買駑馬，再轉賣給唐朝，轉手之間，獲利無數。〔註187〕

〔註182〕《新舊唐書・回紇傳》。
〔註183〕《新唐書》卷二一七上，〈回鶻傳〉。
〔註184〕《唐會要》卷九八〈回紇〉。
〔註185〕此時期之回紇自唐獲有不定期之賞賜，及定期每年的二萬匹絹，亦許以「克城之日，子女財帛盡歸回紇」之約定。自乾元以後，雙方頻歲作絹馬交易。
〔註186〕《舊唐書》卷一九五，〈廻紇傳〉：「……時帑藏空虛，朝官無祿俸，隨月給手力，謂之資課錢……」。
〔註187〕札奇斯欽：《北亞游牧民族與中原農業民族間的和平戰爭與貿易之關係》，頁403。

由以上所述得知，回紇民族不但具有游牧民族固有的性格，其勇武強鷙的程度，更勝於突厥，而且深具政治頭腦，和狡黠的特性，其表現在經濟上，就成了「貪婪尤甚」的寫照；表現在軍事上，就能以少制多，以寡擊眾。

二、回紇興起經過及其國勢之推測

回紇在隋朝以前，史籍載其並無君長，係依附於突厥之小部落，不具有獨立部落之形態。〔註188〕至隋煬帝大業年間，因西突厥處羅可汗撫御無道，乃并僕骨、同羅、拔野古等叛去，自爲俟斤，〔註189〕此時已儼然有獨立部落之形態。〔註190〕至唐初，方有時健俟斤，眾始推爲君長。按「俟斤」（ERKÄN，ERKAN，IRKIN）係爲突厥官稱，爲別部酋長之封號，地位並不很高。〔註191〕但此時之回紇不但已確立爲獨立部落，且已成爲聯族首領。後與薛延陀共攻突厥，時其領袖菩薩以五千騎，敗突厥欲谷設於馬鬣山，自號爲活頡利發（Koç Alp or Koç iltäbir），此「頡利發」爲回紇首長之徽號，在《通典》、《新唐書》等突回官稱中，均排列在俟斤之前，且新敗突厥，以此推斷，此時回紇及其君長之地位，已提昇不少。至太宗貞觀年間，與諸部攻滅薛延陀，自稱可汗，並建立起突厥式的政治組織。可見其國內之政治型態，已漸由氏族部落，進入部落聯盟之汗國型態，但仍未得唐之冊封，僅受唐之官號而已。〔註192〕至東突厥中興，突厥之勢復彊，根據闕特勤(Kül-Tegin)、暾欲谷(Tunyukuk)及毗伽可汗（Bilge-kağan）碑文之記載，此時突厥曾多次打擊回紇，〔註193〕迫使回紇取消可汗號，而回紇故地，盡爲突厥餘部所併。於武后年間，一部臣屬突厥，一部與契苾、思結、渾等四部，自磧北徙居甘、涼二州之間附唐。玄宗開元十五年（西元727年），先是因王君㚟微時常往來回紇等四部，爲彼等所輕。及王君㚟爲河西節度使，以法繩之，四部因此恥怨，密遣使詣東部自訴，不得直，於是回紇酋長承宗遂

〔註188〕《新舊唐書》皆載其初無君長。

〔註189〕《新舊唐書‧回紇傳》。

〔註190〕石萬壽：《回紇大事繫年》，頁309。

〔註191〕劉師義棠：〈新唐書回鶻傳考註〉，頁15。

〔註192〕《舊唐書》卷一九五，〈迴紇傳〉：「……拜其俟利發吐迷度爲懷化大將軍兼瀚海都督。」

〔註193〕詳見岑仲勉：〈跋突厥文闕特勤碑〉，文載《輔仁學誌》六卷第1、2期。V. Thomsen譯，韓儒林重譯，〈突厥文苾伽可汗碑譯釋〉，（文載《禹貢半月刊》第六卷第6期），及〈突厥文暾欲谷碑譯文〉（文載《禹貢半月刊》第六卷第7期）。

被流死瀼州。此時，承宗族子瀚海司馬護輸乘眾怨，糾合黨眾，為承宗報仇。殺君㚟，載其屍奔吐蕃，安西諸國朝貢途道為之梗絕。〔註194〕後來護輸死，子骨力裴羅立。天寶初，骨力裴羅乘東突厥內亂，聯合拔悉密與葛邏祿二部，連兵攻滅突厥，殺烏蘇可汗。天寶二年（西元744年），裴羅又與葛邏祿共攻拔悉密，斬殺拔悉密頡跌伊施可汗，回紇勢力大振，收拔悉密、葛邏祿二部，恢復舊有故疆。此時骨力裴羅乃自稱骨咄祿毗伽闕可汗（Kutluk Bilge Kül Kağan），樹牙於烏德犍山、昆河之間，悉有九姓之地。明年，又攻殺突厥白眉可汗，東突厥遂亡。至此，回紇已大致完成一統大漠南北的霸業，其疆域東極室韋，西至金山，南控大漠，盡得古匈奴故地。〔註195〕骨力裴羅隨即受唐之冊封為懷仁可汗，唐正式承認其為北荒盟主。其內部也已完全具有游牧汗國的形態，承繼突厥游牧大汗國的傳統。

據吾師林恩顯在〈突厥分裂的原因及其影響〉一文中，曾談及突厥游牧帝國之特性。吾師認為：突厥國家一般可謂為「分權封建國家」。在其封建政治結構中，「可汗」常不僅一位，其中治於領土中央的一位稱為「大可汗」，即形式上，名義上唯一最高的主權者，其他諸可汗均為「小可汗」。「小可汗」受「大可汗」的徵發、徵兵，即受「大可汗」的權力統治下治理，收奪諸面部落。但「小可汗」在其封建領內，有完全獨立之軍事、經濟能力，是其封建領內唯一最高主權者。是故有時「小可汗」之權勢會駕陵於「大可汗」，或「大可汗」的勢力常受各地「小可汗」的壓迫和掣肘。〔註196〕是以湯姆森（V. Thomsen）云：「當吾人言及突厥或回紇『帝國』時，須知此種帝國，決不能與歐洲帝國相提並論。此種帝國實不過若干游牧民族之一種鬆懈的，不定的結合而已。」。〔註197〕又土耳其文本之資料，記載匈奴之政治組織云：匈奴分有中、左、右三部，各部中再分中、左、右三部，各有內政、財稅、軍事等自主權。〔註198〕綜合上文所述，可知游牧帝國內部組織之分立性。而且其帝國之發展，端賴其大可汗是否雄彊而定。若其大可汗仁弱，則國內勢必大亂，小可汗間勢必相互傾軋，爭相奪勢。若大可汗死亡，則繼襲之問題，亦是引起內亂的最大因素之一。因

〔註194〕按《舊唐書》記載為護輸載君㚟屍奔突厥，並梗絕貢道。與《通鑑》卷二一三記載不同，今從通鑑。并請參閱劉師義棠：〈新唐書回鶻傳考註〉，頁29。
〔註195〕《新唐書》卷二一七上，〈回鶻傳〉。
〔註196〕林師恩顯：《突厥分裂的原因及其影響》，頁213。
〔註197〕湯姆森（V. Thomsen）著，韓儒林譯：《蒙古之突厥碑文導言》，頁217。
〔註198〕土文本 Tarih. Lise I Sinif. Niyazi Akşit, Emin OKTAY 合著，頁46。

其可汗之繼襲似難有定制，有父傳子，亦有兄傳弟，故易引起紛爭，引起爭奪大可汗位之爭戰。是故這種游牧汗國，僅能以突回語 il 稱之。而不能以表示具有高度專制極權且組織嚴密的 Imparatorluk（帝國）稱之。

回紇本身人口不多，《唐書》謂有眾十萬，勝兵五萬，是屬鐵勒諸部之一。據《魏書》及《隋書》所載鐵勒部共有六十餘種，〔註199〕至唐時仍有十五部，另外須加上其他突厥部落和別種部落。由此可見其所部之複雜，同時這種游牧且不集中的生活，在游牧民族中發展成一種極爲堅決的獨立精神，和不耐忍受氏族以外所加的任何壓迫心理。〔註200〕所以須用極強悍之手段加以統屬，其君長必需爲精明果敢之人。回紇在玄宗天寶年間的君長——骨力裴羅、葛勒可汗，據史書之記載，皆爲剽悍善用兵。〔註201〕且從磨延啜（即葛勒可汗）紀功碑及保義可汗碑中得知，其人東征西討，從未遭遇敗績。同時其可汗汗位之繼襲相當穩定，〔註202〕未因此而引起動亂，故其國內政治情勢相當安定，加諸回紇民族秉性強悍和狡黠之特性，是以，此時回紇之盛如日中天。

三、回紇興起之意義

回紇在漫長的興起過程中，均以李唐爲外援之策略，多次與唐聯軍。在太宗朝助唐征討突厥；在高宗時期二次助唐討西突厥，且曾出兵助伐高麗；在玄宗天寶二年（西元 743 年），更殺突厥餘部之默啜。〔註203〕如此種種，對唐而言，乃是最具親善，最有傳統親密關係的邊族，也是天可汗組織中，最忠心、最賣力的一員。從太宗朝到玄宗朝，這段漫長的時間，回紇與李唐在史籍上不愉快之記載，僅有兩次：一爲高宗龍朔元年（西元 661 年），回紇與同羅、僕骨犯邊；一爲玄宗開元十五年（西元 727 年），殺涼州都督王君㚟，安西諸國入長安路爲之梗絕。前者係北亞游牧民族於秋冬之際，往南方農業朝廷之邊區，索取農作物，以補食糧之不足，屬小股劫掠行爲。後者乃爲唐邊將措施不當所造成，且護輸亦僅載其屍逃奔而已，並未因此釀成邊患，事件迅速平息，仍親善於唐。〔註204〕是以，回紇之興起，對唐而言，是相當有

〔註199〕《魏書》卷一○三，〈高車傳〉及《隋書》卷八四，〈鐵勒傳〉。
〔註200〕《民族發展底地理因素》，頁 77。
〔註201〕《新唐書》卷二一七上，〈回鶻傳〉。
〔註202〕參閱劉師義棠：〈回紇可汗汗位繼襲之研討〉一文。
〔註203〕《新唐書》卷二一七，〈回鶻傳〉：「明年（開元四年）助唐攻殺默啜。」
〔註204〕《資治通鑑》卷二一三，玄宗開元十五年閏月，庚子。

利的。因整個漠南北，自突厥衰亡後，陷於紛亂的局面，漠南北諸族忙於自身霸位的爭奪，無暇侵擾唐邊，且回紇乃親善於唐，與唐具有傳統親密關係，回紇之興起，是爲李唐所樂見。且回紇興起後，統轄漠南北部落，不起叛亂，唐、回邊境獲安，〔註205〕使唐能盡全力對付吐蕃。是以回紇之興起，對李唐不啻是一個盟邦之興起，對日後與吐蕃之抗爭，亦增加了一個助力。

　　站在回紇的立場，因其承繼匈奴、突厥游牧汗國的傳統，於勢盛之時，必向北疆準格爾盆地發展，進而控制南疆，與吐蕃的利益相衝突。其見吐蕃之覬覦西域，自然視吐蕃爲敵人，不樂見吐蕃之勢興。另方面，依照游牧社會經濟必須依存於農業社會的觀點言，回紇亦必傾向於李唐，認爲吐蕃是競爭的對手。是以，回紇的興起所代表的意義和影響，對唐是相當有利的。

第四節　安史亂對李唐內外形勢之影響

　　唐朝在玄宗開元以前，於我國歷史上之文治武功，可謂空前盛業。此不僅由於吾民族自身之精神及物力，亦是諸邊族本身之腐朽衰弱，招致中原武力攻取的先導。〔註206〕在初唐鼎盛時期，爲後世所稱道的，有貞觀、永徽、開元三大治，唐朝歷經此三大治，確是海內昇平，文治武功，均臻隆盛。直至天寶十四載（西元755年），安史亂作，兩京陷落，廬舍邱墟，社會蕩然，動搖了大唐的國基，影響國勢甚鉅，從此即走下坡，不復初唐鼎盛之威勢。故安史之亂可說是唐朝由盛而衰的轉捩點。本節擬依內政、邊防、經濟及對外關係方面加以探討，以瞭解安史亂作期間，李唐之整個內外形勢。

　　在內政方面，玄宗初期，任用賢良，勵精圖治，省刑薄斂，盡除前朝積弊。任用了姚崇、宋璟、韓休、張九齡等人爲相，並留心理道，對地方政治之發展，亦甚爲留意制選京官有才識者除都督刺史，都督刺史有政績者除京官，吏治大整。在司法方面，政先仁恕，不倖邊功，法行自近，不罪逆鱗，不避忌諱，宦豎不准干與政事，戚屬不得事於省台，囚必自錄，斬必親批，因致罪囚減少。〔註207〕以上種種，史臣有曰：孔子稱王者必世而後仁。開元之有天下也，亂之以思刑，明之以禮樂，愛之以慈儉，律之以軌儀。黜前朝

〔註205〕李符桐：《回鶻史》，頁190。
〔註206〕陳寅恪：《唐代政治史述論稿》，頁94。
〔註207〕劉伯驥：《唐代政教史》，頁13～頁15。

徼幸之臣，杜其姦也；焚後庭珠翠之玩，戒其奢也；禁女樂而出宮嬪，明其教也；賜酺賞而於畦淫，懼其荒也；敘友于而效骨肉，厚其俗也；蒐兵而責帥，明軍法也；朝集而計最，校吏能也。廟堂之上，無非經濟之才；表著之中，皆得論思之士。而又旁求宏碩，溝道藝文，昌言嘉謨，日聞於獻納，長轡遠馭，志在於昇平，貞觀之風，一朝復振。于斯時也，烽燧不驚，華戎同軌，西蕃君長，越繩橋而競款玉關，北狄酋渠，捐氈幕而爭趨雁塞。……垂髫之頌，溢於八紘。所謂世而後仁，見於開元者矣。」〔註208〕可見其開元之盛，可比美貞觀之治，然而玄宗因在位日久，到了天寶以後，一改以往作風，貪圖宮廷享受，不僅喜於燕樂，且好神仙長生，聚財斂物，遠賢近讒。玄宗之所以與開元期間判若兩人，使得唐朝在內政和對外關係上，走向困窘和造成不可收拾的局面。乃因其家庭生活的不美滿，〔註209〕致產生心理上的補償作用，而寵愛楊貴妃；又因彈牛仙客之事，殺了諫諍之大臣，〔註210〕並閑置張九齡，啓了遠君子，近小人之風，而用李林甫，楊國忠等小人，朝政大壞。又因承平日久，府庫充盈，造成玄宗個人的錯覺，仍覺「稻米流脂粟白米，公私倉廩俱豐實」，極盡驕奢之能事。因此其在位後期，就有著許多昏庸之舉措，如《資治通鑑》卷二百一十云：

> 上在藩邸，力士傾心奉之，乃為太子，奉為內給事，至是以誅蕭，岑功賞之。是後宦官稍增至三千餘人，除三品將軍者浸多，衣緋，紫至千餘人，宦官之盛自此始。〔註211〕

《通鑑》卷二百一十三又云：

> 是時，上頗寵任宦官，往往為三品將軍，門施棨戟；奉使過諸州，官吏奉之惟恐不及，所得賂遺，少則不減千緡；由是京城郊畿田園，參半皆在官矣。楊思勖，高力士尤貴幸，思勖屢將兵征討。力士常居中侍衛。……〔註212〕

由此可知，玄宗開啓宦官居中任事，掌權亂政之先機，楊思勖之屢將兵征討，

〔註208〕《舊唐書》卷九〈玄宗本紀〉下。
〔註209〕李樹桐：〈天寶之亂的本源及其影響〉，頁216，《師大歷史學報》1期。
〔註210〕《資治通鑑》卷二一四，玄宗開元二五年夏，四月，辛酉條載：「監察御史周子諒彈牛仙客非才，引讖書為證。上怒，命左右摑於殿庭，絕而後蘇；仍仗之朝堂，流瀼州，至藍田而死。李林甫言，『子諒，張九齡所薦也。』甲子，貶九齡荊州長史。」
〔註211〕書同前，卷二一○，玄宗開元元年秋，七月，己巳條。
〔註212〕書同前，卷二一三，玄宗開元十八年十一月，丁丑條。

亦開了宦官監軍，干預軍國大事之先聲，亦是造成以後藩鎮反叛中央的原因之一。

在邊防方面，因突厥餘部、吐蕃、大食、南詔之興，使原先唐極盛時期東亞地區一統的形式，一變而爲數大強權對峙爭霸的局面。遂使玄宗不得不改變國防策略。當時唐朝之府兵制已壞，而以募兵制取代。且爲能因應時局，用以統理邊疆民族，保固李唐疆土，而設置十節度使經略使，賦與職權甚重，邊兵久戍，將軍長駐，遂造成內輕外重之勢與日後方鎮之割據。且玄宗採李林甫之議，「文士爲將，怯當矢石，不如用寒俊蕃人，蕃人善戰有勇，寒族即無黨援」，〔註213〕而任用安思順、高仙芝、哥舒翰、安祿山等爲節度使。而安祿山竟身兼平盧、范陽、河東三節度使，合兵計有十八萬三千九百人，且私蓄同羅、奚、契丹等降者八千餘人及家僮百餘人。〔註214〕又身兼領閑廐隴右群牧等使和總監事，取健馬堪戰者數千匹別飼之。〔註215〕至此安祿山之實力，足可傾覆唐廷。加諸當時唐朝，承平已久，百姓之觀念，由初唐之尚武風氣，變爲專事科舉獵取功名，至有「……謂中國兵可銷，於是民間挾兵器者有禁，子弟爲武官，父兄擯不齒……」〔註216〕之局面，而將禦敵安邊之事，委諸蕃將。至安祿山一反，在極短的期間內，即席捲了河北與河南，兩京亦先後淪陷。此種現象，足以說明此時唐之軍隊，已老化至不可用的地步。〔註217〕

在經濟方面，玄宗承繼初唐殷實基礎，加上其即位初期之崇尚儉樸，禁止租賦以外聚斂及佛道營造，遂有「是時，海內富實，米斗之價錢十三，青齊間斗才三錢，絹一匹錢二百。道路列肆，見酒食以待行人。唐有驛驢，行千里不持尺兵」〔註218〕、「開元初，上留心理道……天下大理，河清海晏，物殷俗阜……

〔註213〕《舊唐書》卷一〇六，〈李林甫傳〉。
〔註214〕《資治通鑑》卷二一六，玄宗天寶十載二月，丙辰。
〔註215〕書同前，卷二一七，玄宗天寶十三載春，正月，庚申、壬戌條。
〔註216〕上書卷二一六，玄宗天寶八載五月，癸酉條，及《唐會要》卷七二，〈軍雜錄〉。
〔註217〕《新唐書》卷五〇，〈兵志〉：「自天寶以後，彍騎之法，又稍變廢，士皆失附循，八載，折衝諸府至無兵可交，李林甫遂請停止上下魚書。其後徒有兵額官吏，而戎器馱馬鍋幕糗糧並廢矣。故時府人目番上宿衛者曰侍官，言侍衛天子。至是衛佐悉以假人爲僮奴，京師人恥之，至相罵辱必曰侍官，而六軍宿衛皆市人，富者販繒綵食粱肉，壯者爲角觝拔河翹木扛鐵之戲，及祿山反，皆不能受甲矣。」
〔註218〕《新唐書》卷五一，〈食貨〉一。

入河湟賦稅滿右藏，東納河北，諸道租庸，充滿左藏，財寶山積，不可勝計。……戶計一千餘萬，米每斗三錢」〔註219〕、「憶昔開元全盛日，山邑猶藏萬家室，稻米流脂粟米白，公私倉廩俱豐實」〔註220〕等之寫照。誠然，其社會富庶情況爲唐代所未有。但到玄宗末期，因認爲國家經濟豐裕而無所顧忌，所以生活奢逸享受，求神仙以希圖長生，費用浩繁而不惜，在《舊唐書·玄宗本紀》、《唐會要》卷三十四，敕官行樂條、《通鑑》卷二百十六、《唐語林》卷五、《明皇雜錄》等皆有詳細之記載，不勝枚舉。連帶使其信寵如：李林甫、楊國忠一族，更是極盡豪奢之能事。〔註221〕所謂上行下效，奢侈既成了風氣，勢必同時產生獻賄、納賄的現象，賄賂大行，政治風氣由是敗壞。且玄宗任用善於聚斂之臣（如宇文融、楊崇禮、韋堅、王鉷等），使玄宗宴私賞賜之用無虞，却苦了百姓，窮了國家，僅豐盈了皇帝私人之庫藏。〔註222〕當時整個唐朝的經濟情況已開始有所轉變，賦稅加苛，戶口逃亡過半，豪富兼併，且年年兵戎，「戍者多死邊，將諱不以聞」，〔註223〕遂使唐代授田制度，租庸調法破壞殆盡，而以兩稅法替代。唐廷之經濟，也僅賴由江淮諸州漕運至關中，得以維持。等到安祿山一反，「司空楊國忠以爲正庫物不可以給士，遣侍御史崔眾至太原納錢度僧尼道士，旬日得百萬緡而已。自兩京陷沒，民物耗弊，天下蕭然」。〔註224〕至玄宗幸蜀，肅宗建號於靈武後，國家又徵收了許多苛捐雜稅，以致人懷怨望。〔註225〕而安史兵鋒所至，無不靡然，遂使中原殘破不堪，黎庶凋瘵。

在對外關係方面，唐朝在玄宗即位初期，仍維持著優勢。東北邊之契丹、奚、靺鞨、高麗等，稍內附，其間雖叛服無常，但尚無法形成對李唐之威脅。北方之突厥，此時雖有突厥餘部之復興，但在小殺、闕特勤、暾欲谷等主持下，與唐仍保持和平，甚且犧牲與吐蕃聯盟之利益，〔註226〕至天寶年間，已呈強弩之末，而爲親唐之回紇所取代。西北邊之突騎施、葛邏祿等繼西突厥而興，然在吐蕃、大食等角逐下，亦是依附俯仰於諸強之中。但唐在該區域

〔註219〕《唐語林·夙慧篇》。

〔註220〕《杜少陵集》卷十二，〈憶昔詩〉。

〔註221〕《新唐書》卷二二三上，〈李林甫傳〉，及《舊唐書》卷五十一，〈楊貴妃傳〉。

〔註222〕《舊唐書》卷四八，〈食貨〉上。

〔註223〕《舊唐書》卷一一八，〈楊炎傳〉。

〔註224〕《新唐書》卷五十一，〈食貨〉一。

〔註225〕見註221。

〔註226〕《舊唐書》卷一九四上，〈突厥傳〉：「十五年，小殺使其大臣梅錄啜來朝，獻名馬三十四。時吐蕃與小殺書，將計議同時入寇，小殺并獻其書……」。

仍有影響力。至高仙芝爲大食敗於怛邏斯城（Talas）後，唐在西域已無法過問矣。西邊之吐蕃在唐太宗時期，已展現其強大潛力，惜於高宗主政下，犯下戰略錯誤，全力經營東北，而忽略了西邊的吐蕃，致使其坐大，乘機併吞周遭其他氐羌系諸部族，從容加強其軍事佈置，而成爲唐西陲之大患；至武后朝更因武后將軍國大事，委與諸武，以爲爭權奪勢之手段，〔註227〕致貽誤了懲治吐蕃之大好良機；〔註228〕直至玄宗開元、天寶之際，方由李唐諸將力戰而數敗之，吐蕃方數次求和，唐朝始稍有優勢。至於西南邊之南詔，在開元年間，因得李唐之助力而得以統一六詔，故事唐頗爲恭謹。基於以上所述可知，唐朝於玄宗之時，在亞洲之地位，除在西域有吐蕃和大食能與之抗衡外，其餘可說仍維持太宗期間所建立起之威勢。及至安史亂作，國際形勢遂告逆轉，唐在國際間的地位，大爲降低。當時安西、北庭、拔汗那、回紇、大食、南蠻、吐火羅并九國首領，于闐等皆入唐援助平亂，援兵計有十五萬至二十萬之眾。〔註229〕彼時如此龐大的軍隊在唐境內，親眼目睹李唐殘敗破落之慘狀，唐之「天可汗」尊嚴，至此可謂顏面掃地，諸外族因此輕視唐朝。而且此時的吐蕃採取了落井下石的政策，乘著唐西北部隊東調平亂，呈空虛之際，蠶食河西、隴右兩節度使所轄的數十州地區，擴展其勢力至陝西省中部。〔註230〕西南邊的南詔亦乘亂陷越巂會同軍，據清溪關（在西康省漢源縣南）。〔註231〕整個形勢對唐可謂內外交迫，危在旦夕。

　　綜觀以上所述，唐朝在玄宗天寶年間，已有各種腐敗跡象，殆至安史叛旗一舉，整個大唐帝國岌岌可危，由極盛而衰頹至無法獨力平亂。不論在政治上、軍事上、經濟上、社會上都呈現殘破不堪的局面。而此時之玄宗，居然仍以宦官邊令誠爲監軍，殺了名將高仙芝及封常清；〔註232〕又聽信楊國忠

〔註227〕孟啓：《本事詩・嘲戲第七》，頁525：「則天朝，時西戎寇邊，則天欲諸武立功，因行封爵，命武懿宗統兵以禦之……。」文載《龍威秘書》（一）。
〔註228〕時吐蕃主器弩悉弄浸長，將兵討欽陵，欽陵兵敗自殺，其弟贊婆帥所部千餘人來降。其內部王族與宦族鬥爭甚激烈，因此內部不穩定。見《通鑑》卷二〇六，則天后聖曆二年二月丁酉、夏四月。
〔註229〕《新唐書》卷六，〈肅宗本紀〉：「……率朔、安西、回紇、南蠻、大食等兵二十萬以進討」。《資治通鑑》卷二二〇，肅宗至德二載九月，丁亥條載：「元帥廣平王俶將朔方等軍及回紇，西域之眾十五萬，號稱二十萬……」
〔註230〕傅樂成：《隋唐五代史》，頁97。
〔註231〕《資治通鑑》卷二一八，肅宗至德元載九月，丙子。
〔註232〕上書卷二一七，玄宗天寶十四載十二月，辛丑。因邊令誠與高仙芝有舊隙，遂誣「減截兵糧及賜物等罪」，以及敗退之狀，遭玄宗下敕誅之，封常清亦死。

之言，逼哥舒翰出兵，〔註233〕至潼關兵敗，使原本仍有可爲之局勢，再至惡化，而不得不出京再圖恢復。若依當時整個形勢而言，當北走依朔方，用西北之邊兵；而玄宗竟又聽信楊國忠之言，避往西南之蜀地。當時之蜀，雖距關中地區不遠，但蜀賦甚寡，棧道甚險，李白曾有「蜀道難，難於上青天」（《李太白全集》卷三）之嘆！且建寧王倓與李輔國執鞚諫太子曰：「今殿下從至尊入蜀，若賊兵燒絕棧道，則中原之地拱手授賊矣。」〔註234〕以此種地區作平亂之根據地，殊爲不智；何況又發生馬蒐驛事變，〔註235〕玄宗已是毫無生趣，無法再鼓起雄心，精圖恢復。〔註236〕肅宗處於此危急存亡之秋，遂北走靈武，借重朔方邊軍，並取得平涼監牧馬數萬匹，軍威始一振，但與安史叛軍交戰，仍敗多勝少，〔註237〕幸當時諸邊族多聲援助唐，遂有聯結外援之舉，而揭開了唐、回、蕃三者相互傾軋之序幕。

〔註233〕上書卷二一八，肅宗至德元載六月，癸未。因楊國忠疑懼哥舒翰圖之，而言於上，以賊方無備，而翰逗留，將失機會。上以爲然，遂令哥舒翰出兵。
〔註234〕上書同卷肅宗至德元載六月，丁酉條。
〔註235〕《資治通鑑》卷二一八，肅宗至德元載六月，丙申條。另詳見章群：《唐史》，頁106。
〔註236〕《資治通鑑》卷二一八，肅宗至德元載六月，丁酉條載：「又使送東宮內人於太子，且宣旨欲傳位，太子不受」由此可見玄宗已倦息，不願在位。另於《通鑑》卷二一八，至德元載，幸蜀記：「至望賢宮，行從皆飢。上入宮，憩於樹下，怫然若有棄海內之意。高力士覺之，遂抱上足，嗚咽開諭，上乃止。」
〔註237〕房琯於德元載（西元756年）兵敗於陳濤斜。郭子儀子旰，攻潼關失敗。郭子儀與王思禮合攻西京，亦爲安守忠所敗，是可證明。

第三章　肅宗時期的三邊關係

　　李唐於玄宗天寶年間（西元 755 年）安史亂起，內外形勢爲之逆轉，不論在政、軍、經、社，均呈現殘破不堪的局面，國力大衰，國勢不振，內亂外患接踵而至。唐肅宗於此危急存亡之秋，即位於靈武，展開挽救李唐國運之艱巨使命。其一連串的措施，對爾後李唐的情勢，影響相當深遠，尤其在李唐、回紇、吐蕃三邊關係上，扮演了開創的角色。雖然肅宗之求援回紇，主要目的在於收復兩京，平定安史之亂，即著眼於助平內亂，並未思及用以牽制吐蕃的入侵。但吐蕃勢力的快速膨脹，無止境的擴張行爲，在數年之間，已盡有河湟，並伸展到今陝西省中部，阻絕了西域的李唐駐軍與中原的交通，不但李唐之首都——長安，在其兵鋒威脅下，隨時可能淪陷，而且西域亦成其甕中之鱉，垂手可得。上述情勢迫使李唐之西域駐軍，不得不求助於回紇。回紇得此機緣，趁勢將勢力伸入西域，遂使吐蕃與回紇形成敵對的態勢。在外交上，回紇因此而傾向於李唐。此乃肅宗求回紇之援，始料所未及。本章即試圖剖析肅宗即位靈武時，所作的因應措施，以及此期間，回紇、吐蕃對唐的不同態度，及二者相互間的關係。

第一節　李唐所採政策

一、肅宗即位時之形勢

　　玄宗天寶十四載（西元 755 年）十一月，安祿山以楊國忠爲藉口，反於范陽，稱兵作亂，黃河以北的州縣，望風披靡。十二月，東都洛陽即告不守。

次年（西元 756 年）正月，安祿山自稱大燕皇帝，改元聖武，〔註1〕形成一政治實體，且頗有實力，其兵眾有十八萬三千九百人，並私蓄同羅，奚、契丹等降者八千餘人及家僮百餘人，又兼領閑廄隴右群牧等使和總監事，取健馬堪戰者數千匹別飼之，可見其主力，爲胡人騎兵，後來又併吞阿布思的部落，〔註2〕兵雄天下。此時之唐，因承平日久，民不知戰，六軍宿衛皆市人，不能受甲，〔註3〕高仙芝、封常清師出均告落敗。〔註4〕當時李唐若能保住潼關，整個局勢尚不至惡化。但玄宗昏庸已極，竟聽信閹宦邊令誠之讒言，殺了高仙芝、封常清；又聽信楊國忠之言，力促採堅壁清野戰略守住潼關的哥舒翰出兵，致潼關兵敗，京師告危，玄宗倉皇奔蜀，長安遂陷。至此，安史叛軍擁有河北及部份河南等地，李唐皇祚岌岌可危。

玄宗天寶十四載（西元 755 年）十二月，東都洛陽失陷，玄宗倉促幸蜀後，聽從房琯之議，下出分置的制誥，〔註5〕命諸皇子分總天下兵權。《舊唐書‧玄宗本記》云：「以皇太子諱充天下兵馬元帥，都統朔方、河東、河北、平盧等節度兵馬，收復兩京。永王璘（玄宗第十六子）江陵府都督，統山南東路、黔中、江南西路等節度使。盛王琦廣陵郡大都督，統江南東路、淮南、河南等路節度大使。豐王珙武威郡都督，領河西、隴右、安西、北庭等路節度大使。」根據房琯之議及玄宗之所以採納，乃著眼於李亨（即肅宗）恢復黃河流域，李璘（永王）經營長江流域，即玄宗並非一定要皇太子嗣位，任何一子即位均可，並將恢復唐祚之使命，分配於諸子，非專任於一人。吾人可從《通鑑》卷二百一十八、至德元載條所載、玄宗下制：「……應須士馬，甲仗，糧賜等，並於當路自供。……其署置官屬及本路郡縣，並任自簡擇，署訖聞奏。」中得知，各路可自行署置官屬，和統掌兵馬，不受任何約束或統屬。因此永王於天寶十五載（西元 756 年）七月至襄陽，九月至江陵後，即「召募士將數萬人，恣情補署，江淮租賦，山積於江陵，破用鉅億，以薛鏐、李台卿、蔡坰等爲謀主，因有異志」。〔註6〕其勢力迅速擴張，並於肅宗

〔註1〕《舊唐書》卷二百上，〈安祿山傳〉：「十五年正月，賊竊號燕國，立年聖武。」
〔註2〕《資治通鑑》卷二一六玄宗天寶十二載夏，五月，己酉條記載：「阿布思爲回紇所破，安祿山誘其部落而降之，由是祿山精兵，天下莫及。」
〔註3〕《新唐書》卷五十、〈兵志〉。《資治通鑑》卷二一六，玄宗天寶八載。
〔註4〕《舊唐書》卷一○四，〈高仙芝傳〉，〈封常清傳〉。
〔註5〕《舊唐書》卷一一一，〈房琯傳〉：「……琯昨於南朝，爲聖皇制置天下……命諸王分守重鎮。」
〔註6〕《舊唐書》卷一○七，〈永王璘傳〉。

至德二載（西元 757 年）正月，起兵於江東，〔註7〕這種情形，對於已在靈武即位的肅宗而言，自是不願其勢力繼續擴張，造成並大偶國的局面。因此永王璘在江南的經營，對肅宗已形成威脅。

李唐因安史之亂，河隴朔方之邊兵，盡被東調平亂，於是西陲邊防大空，吐蕃得以乘虛而入。肅宗至德元載（西元 756 年），吐蕃陷威戎、神威、定戎、宣威、制勝、金天、天成等軍及石堡、百谷、雕窠等城。〔註8〕二載（西元 757 年），吐蕃陷安平，又內侵取廓、霸、岷等州，陷河源軍，莫門軍，〔註9〕中原通西域之道遂絕。此時南詔亦乘機，聯結吐蕃陷越巂會同軍，據清溪關，〔註10〕外患轉劇。此時之回紇，雖然未有任何蠢動的記載，且有主動遣使助唐之舉，但按歷史發展的情勢推斷，中原農業朝廷有任何政治波動，北方游牧民族鮮少坐視。是故，對於李唐，北方仍存固有之潛在威脅，更何況有同羅、突厥從安祿山反者，由突厥酋長阿史那從禮率五千騎，竊廄馬二千匹逃歸朔方，謀邀結諸胡，盜據邊地，〔註11〕並說誘九姓府（胡三省註：時九姓胡皆居河曲、猶各帶舊置府號）、六胡州諸胡數萬眾，聚於經略軍北，將寇朔方。〔註12〕

由上述可知，當時肅宗即位於靈武時之局勢，正可謂處於「四面楚歌」的狀態。東有安史叛軍；北有同羅、突厥叛眾和回紇的潛在威脅；西和西南有吐蕃、南詔的入侵；南有永王璘的競勢。而肅宗於靈武即位時，「時塞上精兵，皆選入討賊，惟餘老弱守邊，文武官不滿三十人，披草萊，立朝廷，制度草創，武人驕慢」。〔註13〕可見其初立艱困之情形。加上李唐內部經此亂事，呈現「井邑榛棘，豺狼所嗥」〔註14〕、「蕭條淒慘，獸遊鬼哭」，〔註15〕「鄉聚蕩然，舉無炊烟」〔註16〕、「餓饉死亡，枕藉道路」〔註17〕、「赤地而無所望」〔註18〕、「一鼠值錢數百」〔註19〕等淒慘的寫照。尤其是安史叛軍於漁陽

〔註7〕　《舊唐書》卷一一一〈高適傳〉：「二年永王璘起兵於江東」。
〔註8〕　《資治通鑑》卷二一九，肅宗至德元載十二月，甲辰。
〔註9〕　《新唐書》卷二一六上，〈吐蕃傳〉。
〔註10〕《資治通鑑》卷二一八，肅宗至德元載九月，丙子。
〔註11〕《資治通鑑》卷二一八，肅宗至德元載七月，甲戌。
〔註12〕《資治通鑑》卷二一八，肅宗至德元載九月，丙辰。
〔註13〕《資治通鑑》卷二一八，肅宗至德元載七月，甲子。
〔註14〕《舊唐書》卷一二〇，〈郭子儀傳〉。
〔註15〕上書卷一二三，〈劉宴傳〉。
〔註16〕《新唐書》卷一四七，〈魯炅傳〉。
〔註17〕《舊唐書》卷一二三，〈第五琦傳〉。
〔註18〕《新唐書》卷一六五，〈權德輿傳〉。

起兵，南渡黃河，西向連陷洛陽，潼關及長安等地，此條安史進軍的路線，及其附近的地方，工商農等一切生產事業，都因戰亂而破壞無遺，其中尤以河南、山西南部及關中一帶，更爲屬害。〔註 20〕至此李唐的財政，僅賴江淮的租賦支持。由此觀之，肅宗初即位時，形勢相當危急，爲能迅速收復兩京，鞏固權勢和帝位，亦爲能早日平定安史，恢復唐帝國舊觀，遂決定向回紇借兵，以張軍勢的政策。

二、肅宗之意圖及措施

肅宗於天寶十五載（西元 756 年）七月即位於靈武，改元至德，九月即「封故邠王守禮男承寀爲燉煌王，令使廻紇和親，冊廻紇可汗女爲毗伽公主，仍令僕固懷恩送承寀至廻紇部」。〔註 21〕另《通鑑》卷二百一十八、至德元載九月丙辰條云：「上雖用朔方之眾，欲借兵於外夷以張軍勢，以邠王守禮之子承寀爲燉煌王，與僕固懷恩使于回紇以請兵。」此爲肅宗盱衡局勢，所作的決定。當時李唐內部之軍隊雖有朔方之眾，但剿亂之事毫無進展，尤其房琯在陳濤斜一役兵敗，更對唐朝不利。〔註22〕其背面更有同羅，突厥叛眾之壓迫，李唐必須馬上解除腹背受敵的危局，同時免除安史叛軍與回紇勾結的可能，何況肅宗亦曾得玄宗派高力士口宣云：「汝好去！百姓屬望，愼勿違之，莫以吾爲意。且西戎北狄，吾嘗厚之，今國步艱難必得其用，汝其勉之！」〔註23〕而且回紇又於至德元載（西元 756 年）遣使請助國討賊，因此肅宗於即位之初，立即派遣承寀與僕固懷恩，往回紇與之和親並請兵。一來搶先於安史叛軍與回紇通好之前；二來亦是當時局勢確實相當緊迫，不是李唐獨力所能負荷。而西戎（指吐蕃）乘危入侵，雖其贊普亦曾遣使請助國討賊，但其反反覆覆的性格，〔註 24〕實無法爲肅宗所信任，唯一且直接有力的外援，就僅有回紇。

〔註 19〕《資治通鑑》卷二一九，肅宗至德二載五月，庚申條。

〔註 20〕全漢昇：〈唐代物價的變動〉，頁 160。文載《中國經濟史研究》。

〔註 21〕《舊唐書》卷一〇，〈肅宗本紀〉。

〔註 22〕房琯在長安附近的陳濤斜一役，係肅宗登基後第一次發兵討賊。因房琯不閑軍情，致兵敗死傷四萬餘人，以李唐當時之情勢而言，人馬傷亡之重，足以打擊肅宗君臣之心理。

〔註 23〕見註 21。

〔註 24〕從《兩唐書‧吐蕃傳》之記載可知，吐蕃既遣使和談，同時在邊境又起干戈。類似情況在高宗、武后、玄宗時皆有。另見湯承業：《李德裕研究》，頁 329：「吐蕃之族性，只要有機會行騙，則絕不放棄機會……。」

　　而回紇對李唐求援的回應，史載：「可汗喜，以可敦妹爲女，妻承寀，遣
渠領來請和親」，〔註25〕此意味回紇願意援唐，並隨即於同年（西元756年）
十一月戊子，付諸行動，「（廻紇）引軍來赴難，與郭子儀同破賊黨同羅部三
千餘眾於河上」。〔註26〕回紇此舉解除李唐背面之威脅，對唐而言，不啻是一
針強心劑，於是肅宗接著以一連串措施，試圖鞏固回紇之心，包括令廻紇使
者葛羅支，「引升殿，慰而遣」。〔註27〕帝因「冊毗伽公主爲王妃，擢承寀宗
正卿」，〔註28〕「又命元帥廣平王見葉護，約爲兄弟，接之頗有恩義，葉護大
喜，謂王爲兄」〔註29〕、「葉護自東京至。敕百官於長樂驛迎，上御宣政殿宴
勞之。葉護升殿，其餘酋長列於階下，賜錦繡繒綵金銀器皿」。〔註30〕另所贈
予之財帛粟器更不可勝數。尤以將己出之皇女寧國公主，出嫁回紇葛勒可汗，
更是中國史上空前之舉措。〔註31〕肅宗在「冊漢中王瑀等文」中，更明白地
指出「……匡復社稷，勘定寇讐，在此行也，勗哉其無替朕命」，〔註32〕由此
可見肅宗內心之急切於回紇的助力。

　　但因諸種措施的不當，以嫁公主爲餌，外加財帛，曲意奉承回紇，以達
成唐回聯軍、平定內亂之目的，種下回紇日後恃功而驕，欺陵李唐，拖跨李
唐財政的惡果。若肅宗自回紇借兵平亂，不高估安史叛軍之實力，將回紇援
軍用於范陽寒鄉，牽制安史叛軍，再集中本身武力數復兩京，配合回紇及外
國援軍，直搗范陽，則李唐應可於短期內，掃平安史之亂，同時又可整頓軍
事佈置，以鞏固邊防，不致造成日後引回紇深入，方鎮割據，與吐蕃兵不血
刃侵陷河隴等惡果。奈何肅宗不知用外族之兵，貴在防止吐蕃，聲勢華北，
且要在短期內即須遣返，以免啓其貪求無厭之慾，洞窺李唐內部之眞正實力，
及直入兩京，更未作長遠的打算，僅急於早日收復長安、洛陽二京，以至居
然學起高祖時，劉文靜與突厥始畢可汗和盟之舉，〔註33〕以「克城之日，土

〔註25〕《新唐書》卷二一七上，〈回鶻傳〉。《舊唐書》卷一○，〈肅宗本紀〉。
〔註26〕《舊唐書》卷一○，〈肅宗本紀〉。
〔註27〕《新唐書》卷二一七上，〈回鶻傳〉。
〔註28〕同前註。
〔註29〕《舊唐書》卷一九五，〈廻紇傳〉。
〔註30〕同前註。
〔註31〕唐以前各朝代，均未見有皇帝己出之公主和蕃之記錄，唐以後似亦未有如此
　　　　之記載，至貴以宗室女和蕃，故謂之空前之舉措。
〔註32〕《欽定全唐文》卷三六七，貴至，冊漢中王瑀等文。
〔註33〕《新唐書》卷八八，〈劉文靜傳〉：「……願與突厥共定京師，金幣子女盡以歸

地、士庶歸唐，金帛、子女皆歸回紇」爲條件〔註34〕約定與回紇收復兩京。致使回紇於克城之日，欲如前約。廣平王俶爲維繫民心，保存西京文物起見，不得不拜於葉護馬前苦苦哀求，許至東京時乃如約。〔註35〕此廣平王俶即日後之代宗，以堂堂李唐之王儲，竟不得不拜於其馬前，恥辱已極，無怪乎李唐在回紇心目中，已無地位矣。

　　待東京收復後，「回紇大掠東都三日，奸人導之，府庫窮僻，廣平王欲止不可，而耆老以繒錦萬疋賂回紇，止，不剽」。〔註36〕就因回紇曾洗劫東都，使淪陷區人民不敢望風歸順，視回紇援軍猶惡於安史叛軍，致使安史之亂平定時間，反爲之延長。〔註37〕設若肅宗採取了李泌之議，「請遣安西及西域之衆，如前策並塞東北，自歸、檀南取范陽」，〔註38〕使回紇等之兵，「先用之於寒鄉，除其巢穴，則賊無所歸，根本永絕矣！」〔註39〕則安史叛軍潰逃無方，勢必於極短期間內蕩平。吾人可從安祿山奪取兩京後之作爲，把所獲子女金帛，皆輸於范陽，此表示安祿山沒有作竊據唐祚之遠圖，〔註40〕故此時安史叛軍，事實上乃是烏合之衆，李泌料其生存不超過二年，〔註41〕加諸安史叛軍過於殘暴，人心不附。〔註42〕肅宗若因勢利導，採李泌議，則李唐應可於短期內恢復舊觀。但肅宗終不採李泌之議，推說：「朕切於晨昏之戀，不能待此決矣。」〔註43〕導致安史叛軍於李唐收復兩京後，潰逃至河北本營，重振軍威，正應了李泌之預言，平而不靖，去而復盛之語。〔註44〕遂仍須仰

可汗……。」

〔註34〕 《資治通鑑》卷二二〇，肅宗至德二載九月，癸卯。

〔註35〕 同前註。

〔註36〕 《新唐書》卷二一七上，〈回鶻傳〉。

〔註37〕 石萬壽：《唐廻關係新論》，頁180及頁184。因肅宗用回紇援軍收復兩京，安史餘孽竄往河北道，仍有實力，唯此時唐爲求早日逐走回紇，不惜用安史餘孽爲方鎮乙事可證明，唐朝已不堪回紇之搜刮和擾民。因淪陷區人民懼回紇搶劫，不敢望風投誠，致延長了平定安史亂之時間。

〔註38〕 《資治通鑑》卷二一九，肅宗至德二載二月，己丑。

〔註39〕 同前註。

〔註40〕 《新唐書》卷二二五上、〈安祿山傳〉。

〔註41〕 《資治通鑑》卷二一九，肅宗至德元載十二月，戊午。

〔註42〕 《資治通鑑》卷二一九，肅宗至德元載十月，壬寅條載：「賊每破一城，城中衣服、財賄，婦人皆爲所掠。男子，壯者使之負擔，羸、病、老、幼皆以槊戲殺之。」

〔註43〕 上書同卷，肅宗至德二載二月，己丑條。

〔註44〕 同前註。《新唐書》卷一三九，〈李泌傳〉。

賴回紇之騎兵，而安史之亂亦拖延了九年之久，殃及唐河北道、河南道、關
內道、河東道、京畿道、都畿道及淮南道、山南東道、隴右道等，留給代宗
一個難以收拾、破爛不堪的殘局。甚且李唐內部也因此發生連鎖式的惡化：
在經濟上，必須負擔戰費，賂回紇之財帛；在內政上，民生凋弊不堪，更加
速了方鎮的產生；對外更無法抵禦吐蕃的侵擾，而且必須忍氣吞聲地接受回
紇的剝削。此皆肇因於肅宗之政策執行錯誤所致。由此可知，肅宗引回紇助
力之政策，基本上並無錯誤，甚至可謂爲作了明智的抉擇，〔註45〕但其用兵
策略之幼稚無知，以及爲鞏固自己帝位，搶先恢復兩京的急功近利，使其本
爲明智正確的政策，轉爲遺禍的淵藪，誠然可惜！

第二節　回紇助唐

　　正當李唐內部，因安史亂而捉襟見肘，在漠南北的回紇，早已於玄宗天
寶四載（西元 745 年），在骨力裴羅的領導下，完成統一大漠南北的霸業。骨
力裴羅自稱爲骨咄祿毗伽闕可汗（Kutluk bilge kül kagan），樹牙於烏德鞬山
（Ütükän）、嗢昆（orkhon）河之間，盡有九姓之地，成爲繼突厥後之北方大
汗國。五載（西元 746 年），骨力裴羅遣使入朝，代表受封爲懷仁可汗，正式
承認其爲北荒盟主。〔註46〕六載（西元 747 年），骨力裴羅卒，子磨延啜立，
號登里囉沒蜜施頡翳德蜜施毗伽可汗（Tängridä bolmiş il itmiş bil-ge kagan），
又號葛勒可汗，剽悍善用兵，即位之年，即率師征葛邏祿，經營金山以西地
區。〔註47〕並於天寶八載（西元 749 年），大敗八姓鐵勒及九姓韃靼聯軍於色
楞格河畔，降服其衆，置葉護、設等職統治之。九載（西元 750 年），葛勒可
汗大敗點戛斯於肯河（今唐努烏梁海烏梁克穆河），俘獲甚多。〔註48〕十載（西
元 751 年），又渡葉尼塞河征討點戛斯、葛邏祿，點戛斯降服，回紇設都督等
官統治之。〔註49〕十三載（西元 754 年），葛邏祿、點戛斯正式投降回紇，與
唐斷絕來往。〔註50〕奚、契丹亦於此時歸降回紇，於是回紇盡有古匈奴地，

〔註45〕 劉義棠：《安史之亂與唐回聯軍之研討》，頁 42。
〔註46〕 《舊唐書》卷一九五，〈廻紇傳〉。
〔註47〕 石萬壽：《廻紇大事繫年》，頁 321。
〔註48〕 同上書頁 321～322。
〔註49〕 同上書頁 322。
〔註50〕 同前註。

成爲大漠南北的盟主。〔註 51〕其可汗汗位之繼襲相當穩定，且骨力裴羅與葛勒可汗剽悍善用兵，東征西討，從未敗績，是故其國內政治情勢相當安定。至葛勒可汗於天寶十三載（西元 754 年），完成了「諸引弓之民并爲一家」，國勢與日俱增，至此可謂如日中天，睥睨一方。反觀李唐在天寶年間，各種亂象已呈，玄宗貪圖逸樂，幻想登神仙之路，因而疏遠君子，親近小人，致使政治敗壞，對外又與吐蕃、南詔連年激戰，李唐國力爲之斲傷。至安史亂作，李唐寢衰，與回紇之盛，正是一挫一揚，彼此間，已不復初唐冊封附屬的關係。

一、回紇助唐之造因

當漠北的回紇國勢如日當中，而李唐却逐漸走下坡，終至爲平定安史之亂，遣使甘詞厚幣，請求回紇出兵。回紇之所以能應唐朝要求，出兵助唐，於肅宗至德二載（西元 757 年）十一月，收復兩京。於乾元元年（西元 758 年）八月，遣其臣骨啜特勤及驍騎三千，助討安慶緒。又於寶應元年（西元 762 年）十月，回紇及諸軍發陝州，擊敗史朝義，並未如匈奴或突厥一般，於興盛之時，總是出兵寇略南方農業朝廷，或乘中原混亂，出兵寇邊，是有其特殊原因的。今試論如次。

前已說明回紇本身因部眾較少，故在長時期的苦力經營下，縱橫捭闔，方至稱雄於漠南北。而李唐初期，在太宗、高宗、玄宗等悉心統理，威震四夷。此時之回紇採取對唐親善政策，聯結李唐對付薛延陀及突厥。在玄宗天寶年以前，史籍所錄回紇內侵之記載，僅有兩次，分別爲高宗時，與同羅、僕固犯邊；玄宗時殺王君㚟，以致安西諸國入長安路梗絕。此兩次不愉快事件，爲時短暫，影響不大，且隨即與唐恢復親善關係。在長達百數年間，僅有兩次小衝突記錄，二者之間，可謂相當平和親睦。而且回紇曾有多次與李唐聯軍之記錄，計有：太宗貞觀廿三年（西元 649 年），上以突厥車鼻可汗不入朝，遣右驍衛郎將高侃發回紇、僕骨等兵襲擊之；〔註 52〕高宗永徽二年（西元 651 年），賀魯破北庭，詔將軍梁建方、契苾何力領兵二萬，取回紇五萬騎大破賀魯，收復北庭；〔註 53〕永徽六年（西元 655 年），回紇遣兵助討高麗；顯慶二年（西元 657 年），以左

〔註 51〕 同前註。
〔註 52〕 《舊唐書》卷一九四上，〈突厥傳〉。
〔註 53〕 上書卷一九四下，〈突厥傳〉。

屯衛將軍蘇定方爲伊麗行軍總管，率回紇等蕃兵赴平壤以討高麗；〔註54〕龍朔元年（西元 661 年），回紇助討高麗；玄宗天寶元年（西元 742 年），遣使說拔悉密、回紇、葛邏祿等攻突厥烏蘇可汗。〔註55〕這些無非是，一來藉李唐聲威以鞏固自己；二來是爲唐效力，希冀與唐保持良好關係，以免唐阻擾其漠北霸業。準此，回紇在其崛起過程中，因有李唐之擊滅薛延陀及突厥，使回紇有機會崛起，并因有李唐之牽制薛延陀、突厥，回紇可免受其過度之迫害。

　　李唐亦因有回紇在薛延陀、突厥內部，從事攪局的工作，使之無法全力對付李唐。因此二者間，有著良好合作基礎，和相當友好的傳統盟友關係，而且爲期頗長，並非因一時利害關係，而作短暫性的聯盟。因此，李唐爲安史之亂而求助於回紇時，回紇則基於傳統性盟友的友誼，立即將可敦妹爲女，嫁與唐使承寀，結成姻親關係。〔註56〕同時，當回紇從事一統北荒霸業之時，東突厥及九姓鐵勒的遺孽投奔唐朝者，爲數不少，其中人數最多的一次，爲天寶元年（西元 742 年）東突厥的西葉護，即鐵勒九姓首領阿布思，及西殺葛臘哆所率的部眾五千帳降唐。〔註57〕至天寶十二載（西元 753 年），安祿山誘阿布思之部落而降之，因此祿山精兵，天下莫及。〔註58〕在回紇的心目中，安祿山收容其叛逆，即表示有意與回紇爲敵。〔註59〕故至德元載（西元 756 年）十一月，回紇立即派遣援軍，在帶汗谷與郭子儀會師，大破東突厥後裔阿史那從禮所部，及同羅、僕固聯軍於榆林河北，平定河曲地區，〔註60〕解除了李唐的背面威脅。回紇之目的即在於懲罰安祿山，以及徹底清除突厥、鐵勒的殘餘反對勢力。〔註61〕然後才由葛勒可汗之長子葉護及將軍帝德，率精兵四千餘人，與肅宗會師，正式參加討逆戰爭。

　　就經濟利益的觀點而言，依史籍之記載，漠南北在李唐天寶年至肅宗期間，似乎未發生諸如久旱不雨、瘟疫、大風雪等天然災害，且此時之漠南北，已由回紇統一，政治情勢穩定，是故其牲畜，必然增殖不少。再根據游牧經

〔註54〕《資治通鑑》卷二百，高宗顯慶二年正月，庚戌條。

〔註55〕《舊唐書》卷一○三，〈王忠嗣傳〉。

〔註56〕《舊唐書》卷一九五，〈廻紇傳〉。

〔註57〕《舊唐書》卷一○三，〈王忠嗣傳〉。《新唐書》卷二一五下，〈突厥傳〉。

〔註58〕見註2。

〔註59〕石萬壽：《唐廻關係新論》，頁 179。

〔註60〕《舊唐書》卷一二○，〈郭子儀傳〉。《新唐書》二一七上，〈回鶻傳〉。

〔註61〕見註59。

濟之特性，又必須依附於農業社會經濟，才能解決生活上的需要。因爲其生活雖以「食獸肉，飲其汁」爲主，但仍需以穀物佐食。又當草原經濟繁榮時，就必須向農業社會，推銷過剩的畜產品。因牲口之增加，人口亦隨著增加，沙漠的水源供給大感缺乏，水源四周的草地，也會迅速地消耗殆盡，其結果必然發生飢饉、戰爭和部落間的刼掠。〔註62〕爲避免這種惡性循環，不論在平時或繁榮時期，皆須與農業社會「互通有無」。加諸游牧貴族需要若干高水準的工藝品，增益他們的生活內容。如絹織品、麻織品及若干金屬器具和飾物等，都需要從農業社會方面取得。〔註63〕所以在中唐時期的回紇，必定要與唐朝發生經濟方面的接觸。正好此時之唐，極需回紇軍援，遂以經濟利益和提高其政治地位爲餌，傾心地巴結籠絡回紇。唐朝以大量的賞賜，如「賜錦繡繒綵金銀器皿」、「日賜牛四十角、羊八百蹄、米四十斛」〔註64〕、及大量的財帛粟器；每年賜與絹帛二萬匹，使就朔方軍受之，〔註65〕至肅宗乾元元年（西元758年）增至五萬匹。〔註66〕又允以克城之日，金帛子女皆歸回紇，〔註67〕及收東京，回紇遂入府庫收財帛，於市井村坊剽掠三日而止，財物不可勝計，廣平王又賚之以錦罽寶貝。〔註68〕另肅宗之嫁寧國公主，亦附有大量的繒綵衣服金銀器冊。〔註69〕且每次回紇有使臣至唐，唐皆宴賜甚厚，賜物有差。〔註70〕是以回紇從唐朝手中，得有不少的財帛和穀物。且其出兵助唐時，曾洗刼淪陷區，此淪陷區皆爲唐之精華區，可見回紇收獲之豐盛，對其自身之經濟獲益甚大，甚且幫助其可汗，鞏固拉攏所部，因其可汗能將得自於唐之財帛，散發與衙官、酋長等所部，以增進其統治威望。〔註71〕至

〔註62〕 恩格倫（O. D. Von Engeln）著，林光徵譯，《民族發展底地理因素》，頁136。

〔註63〕 蕭啓慶：〈北亞游牧民族南侵的各種原因的檢討〉，頁354。文載《中國通史集論》。

〔註64〕 《新唐書》卷二一七上，〈回鶻傳〉。

〔註65〕 《資治通鑑》卷二二〇，肅宗至德二載十一月，己丑。

〔註66〕 《唐大詔令集》卷一二九，冊回紇爲英威遠可汗文：「維至德二年，歲次丁酉十一月：每載賞絹五萬匹……。」

〔註67〕 《資治通鑑》卷二二〇，肅宗至德二載九月，癸卯。

〔註68〕 《舊唐書》卷一九五，〈廻紇傳〉。

〔註69〕 同前註。

〔註70〕 《舊唐書》卷一九五，〈廻紇傳〉：「乙卯，廻紇使二十人於延英殿通謁，賜物有差」「十一月戊辰，廻紇使延支加羅等十人於延英殿謁見，賜物有差。」

〔註71〕 《新唐書》卷二一七上，〈回鶻傳〉：「瑀所齎賜物，可汗盡與與牙下酋領」。另《舊唐書》卷一九五，〈廻紇傳〉亦載。

肅宗乾元年後，回紇開始與唐作絹馬交易，自是頻歲市馬，使得其大量繁殖的牲口，傾銷有門，並獲得大量的絹帛。是以，在經濟利益上，援唐之舉乃是回紇的如意算盤，且僅需派遣數千之騎兵，回紇何樂而不爲？

綜合以上所述，不論就傳統盟邦之友誼、政治立場上或經濟利益上，都是回紇助唐之造因。

二、回紇助唐之經過

肅宗於靈武即位後，隨即遣承寀及僕固懷恩往回紇請兵。回紇可汗喜，即以女嫁與承寀，遣渠領來和親。肅宗欲固其心，封其女爲毗伽公主。於是回紇可汗於至德元載（西元 756 年），遣其臣葛邏支將兵入援，先以二千騎奄至范陽城下，將原先略北海，欲南取江淮之賊將尹子奇，逼回范陽，〔註72〕達成牽制之效果，並藉此表明其支持李唐之政治立場。同年（西元 756 年）十一月，可汗自將，與朔方節度使郭子儀合討同羅諸蕃，破之河上，盡收其器械、駞、馬、輜重、旗幡等。〔註73〕十二月戊午，至帶汗谷（即呼延谷）與郭子儀軍會合；辛酉，與同羅及叛胡戰於榆林河北（榆林郡勝州，大河經其北。勝州，今綏遠托克托、薩齊二縣）大破之，斬首三萬，捕虜一萬，河曲皆平。〔註74〕爲唐解除背面之威脅，李唐得以全力對付安史叛眾。

至德二載（西元 757 年）二月丁酉，賊將安守忠等寇武功，唐將郭英乂戰不利，失貫其頤而走；王難得望之不救，亦走；王思禮退軍扶風（今鳳翔）。賊遊兵至大和關，去鳳翔五十里，鳳翔大駭，戒嚴。〔註75〕同年二月庚子，郭子儀遣其子旰及兵馬使李韶光、大將王祚收復潼關。安慶緒遣兵救潼關，郭旰等大敗，死者萬餘人。李韶光、王祚戰死，僕固懷恩抱馬首浮渡渭水，退保河東，功虧一簣。〔註76〕同年，子儀與王思禮軍合於西渭橋，進屯潏西（長安跨渭河有三橋，其西爲西渭橋。潏水過長安城西，北注于渭水），安守忠、李歸仁軍於京城西清渠。相守七日，官軍不進。五月癸丑，守忠僞退，子儀悉師逐之。賊以驍騎九千爲長蛇陣，官軍擊之，首尾爲兩翼，夾擊官軍，官軍大潰。判官韓液、監軍孫知古皆爲賊所擒，軍資器械盡棄。子儀

〔註72〕《資治通鑑》卷二一九，肅宗至德元載十月，壬寅。
〔註73〕《冊府元龜》卷九七三，外臣部，助國討伐。
〔註74〕同註72。
〔註75〕《資治通鑑》卷二一九，肅宗至德二載二月，丁酉。
〔註76〕《資治通鑑》卷二一九，肅宗至德二載二月，庚子。

退保武功，中外戒嚴。〔註77〕準此，李唐剿安史亂之戰事，仍極不順利，且多次慘遭敗績。因此郭子儀深知本身武力有所不逮，非有回紇助力不克其功，遂詣闕請自貶，並以回紇兵精爲詞，勸上益徵其兵。〔註78〕於是葛勒可汗於至德二載（西元757年）九月，遣其子葉護及將軍帝德等將精兵四千餘人至鳳翔，〔註79〕肅宗引見葉護，宴勞賜賚，惟其所欲。九月十三日丁亥，元帥廣平王俶將朔方等軍及回紇、西域之眾十五萬，號二十萬，自鳳翔進軍長安。俶見葉護，約爲兄弟，葉護大喜，謂俶爲兄，回紇至扶風，郭子儀留宴三日，葉護曰：「國家有難，遠來相助，何暇食爲！」宴畢，即行。〔註80〕正式參加收復兩京之役。

二十六日庚子，諸軍俱發；二十八日壬寅，至長安西，陣於香積寺（在今陝西省長安縣南神禾原上）之北、灃水之東。賊眾十萬陣於其北，隨即展開激烈戰鬥，李歸仁出挑戰，官軍逐之，逼於其陣；賊軍齊進，官軍却，爲賊所乘，軍中驚亂，賊爭趣輜重。賴李嗣業、王難得等力戰，陣乃稍定，且前戰不已。賊伏精騎於陣東，欲襲官軍之後，偵者知之，朔方左廂兵馬使僕固懷恩引回紇就擊之，翦滅殆盡，賊由是氣索。李嗣業又與回紇出賊陣後，與大軍夾擊，自午及酉，斬首六萬級，塡溝壍死者甚眾，賊遂大潰，餘眾去入城。九月癸卯（二十九日），大軍入西京。〔註81〕由此役之戰鬥過程中可知，回紇發揮了騎兵之機動性及其靈活戰術，採迂迴側背之奇襲和快速的騎兵突破，使原本居下風之官軍，轉危爲安，終獲勝利。回紇居功不小，也幸有回紇之奇襲，否則這場戰役之勝負誰屬，仍難預卜。收復西京後，回紇即欲如約——「京城之日，金帛子女皆歸回紇」，，經廣平王俶拜於葉護馬前，許以至東京乃如約，葉護驚躍下馬答拜，跪奉王足曰：「當爲殿下逕往東京」，即與僕固懷恩引回紇、西域之兵，自城南過，營於滻水之東。〔註82〕

同年十月初八日壬子，官兵克上洛郡（今陝西省商縣治）。十五日己未，廣平王至曲沃。回紇葉護使其將軍鼻施吐撥裴羅等引軍旁搜伏，因駐軍嶺北。郭子儀等與賊遇於新店（今河南省陝縣西）。賊依山而陣，子儀等初與

〔註77〕《資治通鑑》卷二一九，肅宗至德二載五月，癸丑。
〔註78〕上書卷二二〇，肅宗至德二載九月，丁丑。
〔註79〕《舊唐書》卷一九五，〈廻紇傳〉。
〔註80〕同前註。
〔註81〕《資治通鑑》卷二二〇，肅宗至德二載九月，癸卯。
〔註82〕同前註。

之戰，不利，賊逐之下山。回紇自南山襲其背，於黃埃中發十餘矢。賊驚顧曰：「回紇至矣！」遂潰。官軍與回紇夾擊之，賊大敗，僵屍蔽野，棄陝東走。廣平王俶、郭子儀入陝城，僕固懷恩等分道追之。〔註83〕此役之賊眾，因前役已爲回紇趕盡殺絕的手段，和剽悍的鐵騎，打跨了士氣，故一見回紇即大潰。初時李唐諸軍與之戰，仍不利，至回紇由側背奇襲，加諸賊眾畏懼回紇，因此官軍又獲勝果，逼使安慶緒連夜逃出東京。〔註84〕於是兩京底定，回紇居功厥偉，至東京後即如約，大掠東都三日，姦人導之，府庫窮殫，耆老以繒錦萬匹賂之，方止。〔註85〕此爲肅宗眼光短淺急功近利所致，是所謂「周瑜打黃蓋，一個願打，一個願挨」，李唐是怨不了回紇的。至乾元元年（西元758年）七月丁亥，肅宗冊命回紇葛勒可汗爲英武威遠毗伽闕可汗，以幼女寧國公主妻之，並以殿中監漢中王瑀爲冊禮使，送寧國公主至回紇，完成與回紇之和親關係。〔註86〕和親一成，立即又得到回紇之軍援。同年八月，回紇遣其臣骨啜特勤及帝德將驍騎三千助討安慶緒，肅宗命朔方左武鋒使僕固懷恩領之。〔註87〕乾元二年（西元759年）三月，骨啜特勤等率眾從郭子儀與九節度於相州（今河南省安陽縣治）城下戰，不利，回紇援軍損耗殆盡，僅餘骨啜特勤帝德等十五人自相州奔還西京，肅宗宴於紫宸殿，賞賜有差。六日後，骨啜特勤等辭還行營，結束了在肅宗一朝，軍援李唐之行動。

三、回紇助唐之影響

在肅宗一朝，回紇一反北方游牧民族每乘中原動亂，入兵中原的規律，出兵助唐，有如上述。回紇總共出動了四次援軍，除乾元元年（西元758年），由骨啜特勤及帝德率領驍騎三千，助討安慶緒，未見戰功，其餘三次，均憑其勇悍的秉性和雄強的騎兵，助唐打擊安史叛眾，收復兩京，維繫唐祚於不傾。而且統轄塞外部落，不起叛變，使李唐北境獲安。〔註88〕此在歷史上，確是罕見，與吐蕃之乘危態度，形成強烈對比。當時，吐蕃利用李唐邊防軍

〔註83〕《資治通鑑》卷二二○，肅宗至德二載十月，己未。
〔註84〕同前註：「嚴莊先入洛陽告安慶緒。庚申夜，慶緒帥其黨自苑門出，走河北。」
〔註85〕《新唐書》卷二一七上，〈回鶻傳上〉。
〔註86〕《舊唐書》卷一九五，〈廻紇傳〉。
〔註87〕同前註。
〔註88〕李符桐：《回鶻史》，頁190。

東調平亂，逐年蠶食河隴地區，〔註89〕終至代宗廣德元年（西元 763 年）七月，盡取河西隴右之地，西域通中原之道遂爲之阻絕。當時李唐在西域仍留有安西和北庭兩大都護府，分別由郭昕、李元忠鎮守。郭、李二人即鑒於回紇軍援李唐之關係，而採依附於回紇之策略，以求自保，吐蕃因此久攻不下。〔註90〕以上所述，乃爲回紇助唐政策之正面影響。

然而，肅宗因急切於早日收復兩京，用以確保個人之帝位起見，令皇儲與回紇葉護約爲兄弟，提高了回紇的政治地位，雙方由從屬冊封的關係，轉而形成對等的關係。而且奉贈了大量的財帛粟器，開了絹馬交易之市，對原已因戰亂摧殘，和人民脫離生產，而經濟蕭條的李唐，更加重了不堪負荷的擔子。肅宗最愚蠢之舉，乃係不採李泌之議，導至安史叛眾，平而不靖，去而復盛，仍在李唐內部興兵作亂，延長了平定亂事之時間，迫使李唐仍須向回紇求助。又因肅宗與回紇訂下最爲後人詬病的約定：「克城之日，土地士庶歸唐，金帛子女皆歸回紇」，使得回紇大掠東都三日，村坊、府庫爲之一空，其軍所經之路線，亦遭其剽刧逼辱而破敗不堪，〔註91〕逼使李唐爲早日遣返回紇援軍，而以廣大的地盤和節度使的官位爲餌，招降安史叛眾，希求早日結束戰爭，以遣返回紇援軍，致保全了安史餘孽實力，加速方鎮的產生，造成日後方鎮連兵，割據一方，賦稅不入的惡果。

另方面，因回紇久留李唐內地，洞悉李唐的實力，加諸肅宗的刻意籠絡，啓發了回紇輕唐之心。《新唐書‧回鶻傳》云：「……與子儀會呼延谷，可汗恃其彊，陳兵引子儀拜狼纛而後見」。〔註92〕由此可見在至德年間，回紇驕態已呈。以後漢中王瑀爲冊禮使，送寧國公主至回紇和親時，不禮貌的接待。〔註93〕回紇甚且在葛勒可汗亡故時，竟欲寧國公主依其俗殉葬。〔註94〕見諸唐朝以前的

〔註89〕 王忠：《新唐書吐蕃傳箋證》，頁 87～88。王忠氏認爲除邊防軍東調外，亦與人戶稀少關係尤大。

〔註90〕 《新唐書》卷四〇、〈地理志〉四。

〔註91〕 《新唐書》卷一九五，〈廻紇傳〉：「廻紇可汗繼進於河陽，列營而止數月。去營百餘里，人被剽刧逼辱，不勝其弊。」

〔註92〕 《新唐書》卷二一七，〈回鶻傳〉。

〔註93〕 上書同卷〈回鶻傳〉及《舊唐書》卷一九五，〈廻紇傳〉均有詳載。回紇葛勒可汗不但未親迎於外，故意以中官雷盧俊揶揄漢中王瑀，且以「儀衛甚盛」向唐使誇示國勢。

〔註94〕 根據吾師劉義棠所考證，回紇欲以可敦殉葬，僅只此次，其餘未見有任何記載。見劉師義棠《維吾爾研究》，頁 386。

歷史，從無中原的和蕃公主殉葬的事例，因為和蕃公主本身，即是一項政治資本，代表其與中原朝廷的政治和經濟關係。〔註95〕而回紇居然欲以寧國公主殉葬，可見回紇當時的心態。至代宗朝時，回紇已是「天之驕子」，開始勢陵李唐。

第三節　吐蕃落井下石

　　唐代吐蕃是氐羌系民族在中國歷史上，第一次的大結合，也是第一次以西藏為基地，對中原朝廷產生嚴重的威脅。在近二百年的時間裡，吐蕃一直維持著強勢的狀態，其原因一方面是由於其自身的條件，和其所處易守難攻的地理形勢；另方面亦是李唐初期數位皇帝，犯下嚴重錯誤所致。唐高宗時期，傾全國之力量，經營東北。於龍朔三年（西元 663 年）平百濟，於乾封元年（西元 666 年）征高麗，總章元年（西元 668 年）拔平壤，這些戰事使中國為之騷然。吾人可從以下之記載看出端倪：「（劉仁軌上言）臣伏覩所存戍兵，疲羸者多，勇健者少，衣服貧敝，惟思西歸，無心展効……自顯慶五年以來，征人履經渡海，官不記錄，其死者亦無人誰何。州縣每發百姓為兵，其壯而富者，行錢參逐，皆亡匿得免，貧者身雖老弱，被發即行……及達西岸，惟聞枷鎖推禁，奪賜破勳，州縣追呼，無以自存，公私困弊，不可悉言……」。〔註96〕又「時有敕，征遼軍士逃亡，限內不首及首而更逃者，身斬」〔註97〕、「是歲（總章元年）、京師及山東、江、淮旱，饑」。〔註98〕連高宗本人都說：「……往者滅高麗、百濟，比歲用師，中國騷然，朕至今悔之」。〔註99〕由此即知，其所犯之誤失，忽略了西邊的國防大事。

　　而且當吐谷渾與吐蕃遞相表奏，各論曲直時，居然未表明態度，滿朝文武亦遷延顧頇不知所措。武后時，吐蕃內部曾發生矛盾，贊普都松芒薄結（器弩悉弄）與欽陵相攻，而贊婆內附於唐，〔註100〕且都松芒薄結自將兵，於南詔境卒于軍。〔註101〕這對於唐而言，應是進軍吐蕃的最佳時機。奈何武后把

〔註95〕　參閱林師恩顯：〈唐朝對回鶻的和親政策研究〉。文載《政大邊政研究所年報第 1 期。
〔註96〕　《資治通鑑》卷二〇一，高宗麟德元年冬，十月，庚辰條。
〔註97〕　上書同卷高宗總章元年十二月，丁卯。
〔註98〕　《資治通鑑》卷二〇一，高宗總章元年，十二月，甲戌。
〔註99〕　《新唐書》卷二一六上，〈吐蕃傳〉。
〔註100〕　《新唐書》卷二一六上，〈吐蕃傳〉。
〔註101〕　同前註。

軍國大事，委與諸武，〔註102〕作爲爭權奪勢之手段，致貽誤了懲治吐蕃的大好良機。睿宗朝時，竟應吐蕃的請求，將河源九曲地給予吐蕃。〔註103〕按河源九曲地爲大小榆谷，即今甘肅臨夏縣至青海貴德縣一帶，此地水草肥美，頗宜畜牧和屯兵，又與唐境接近。〔註104〕故吐蕃得到此地後，勢力益張，更易於東進。至玄宗朝時，吐蕃之勢已成，玄宗不採持重邊將王忠嗣之主張，對吐蕃採守勢，而仍以攻勢對付吐蕃，命哥舒翰攻吐蕃石堡城，損失數萬人，至安史亂起，唐朝竟無足夠的兵力來抑平禍亂，此點或與玄宗經營西北的過份浪費，不無關係。〔註105〕總之，由於李唐主政者的誤失，致造成吐蕃得以長期維持其彊勢，不斷地對唐朝施加壓力。

　　幾乎近二百年的時間，吐蕃除在李唐文成公主及金城公主和親時，與李唐維持短暫的和平外，其餘時期對李唐始終採取擴張、侵擾的政策。根據侯林伯氏的統計，自太宗貞觀八年起，至武宗會昌二年止，共二百零九年間，唐使入蕃，約五十二次。蕃使來唐，約一百次。二者之間的交往，不可不謂頻繁，但仍無法解決邊境的糾紛。〔註106〕若檢《通鑑紀事本末》卷三二上「吐蕃入寇節」，則知吐蕃之侵擾無年或息，且幾乎每月爭戰。考其所以採取如此政策，則有下列諸般原因：

　　就民族方面而言，吐蕃的先世，據《新唐書》載爲西羌屬，〔註107〕而西羌源於三苗。〔註108〕三苗於堯時受舜之建議而流放於三危，即今日我國西北地區。〔註109〕三苗在遠古時期就與華夏族對抗，如堯流放三苗於三危，三苗恃其險遠，仍時常爲亂，禹攝政，藉定九州之威，始征服三苗。〔註110〕至夏太康失國四夷背叛，及后相立乃征畎夷，七年然後來賓。后桀之亂畎夷入居邠岐之間，成湯既興伐而攘之。及殷室中衰諸戎皆叛，武丁征西戎鬼方，三年始克。及武丁暴虐，犬戎寇邊，周古公亶父踰梁山而避於岐下。〔註111〕由此可見，華夏民族自

〔註102〕孟啓：《本事詩・嘲戲第七》，頁525，文載《龍威秘書》（一）。
〔註103〕《新舊唐書・吐蕃傳》均載。
〔註104〕劉師義棠：《中國邊疆民族史》，頁409。
〔註105〕傅樂成：〈廻紇馬與朔方軍〉，頁216～217，文載《邊疆文化論集》二。
〔註106〕侯林伯：《唐代夷狄邊患史略》，頁124～125。
〔註107〕《新唐書》卷二一六上，〈吐蕃傳〉。
〔註108〕《通典》卷一八九，〈邊防五〉：「西羌本出三苗……」。
〔註109〕劉師義棠：《中國邊疆民族史》，頁392。
〔註110〕李符桐：《邊疆歷史》，頁55。
〔註111〕《通典》卷一八九，〈邊防五〉，〈西戎一〉。

遠古時期即與三苗族裔相對抗。至秦平天下，蒙恬西逐諸羌出塞，〔註112〕置重兵於河南地阻擋其進入，並以西段長城隔離羌人，〔註113〕因此羌人為漢族排擠而轉移到漢族環境邊緣——黃河上流與其西，〔註114〕而向青康藏高原發展。至東漢時，因以異民族補充漢人不足的邊郡政策，致有不少羌人內屬。《後漢書·西羌傳》云：「時，諸降羌布在郡縣，皆為吏人、豪右所徭役，積以愁怨……」，因此遂由種族仇恨造成了羌亂。此亂事持續了半個多世紀，消耗鉅量財力，最後才由段熲以屠殺的手段，〔註115〕窮追力討，方始平定。準此以觀，從三苗之被放逐、秦之排擠行動、到東漢的大量屠殺手段，皆深植在彼等的潛意識裡。吐蕃既為西羌屬，承繼三苗以至氐羌系族的脈絡，且於唐代統一了青康藏高原的氐羌諸族，站在其民族利益代表人的立場上，勢必與中原農業朝廷從事無休止的戰爭。

　　就其所生存的地理環境而言，青康藏高原的海拔在平均四千至五千公尺，為世界最高的高原。因地形高聳，致空氣稀薄；溫度太低，無法發展農業，而成為草原地區，居民則以游牧為主要生活資料的來源，故其生活困苦而落後。〔註116〕雖然亦略有農業之經營，但因氣候之嚴酷限制，所種的僅為青稞、豌豆、蘿苜等耐寒之硬性作物而已。〔註117〕故《新、舊唐書·吐蕃傳》中皆有記載，種有青稞麥、豐豆、小麥、喬麥等。〔註118〕但年僅一獲，根本不敷需用，故雖能農牧兼營，可維持基本的共生關係，但仍須不斷向外遷徙，以舒解因人口增加，食糧不足所帶來的壓力，另方面亦是尋求比較暖和、舒適的生活環境。其向外遷徙的路線有三：其一，向東遷徙，以四川盆地的西緣為極限。其二，向東南遷徙，雲南西北部的麗江縣為極限。其三，

〔註112〕同前註。
〔註113〕姚大中：《古代北西中國》，頁176。
〔註114〕同上書，頁175。
〔註115〕讀《後漢書》卷六五，〈段熲列傳〉可知，段熲平定羌亂的手段，就是窮追猛打，並採屠殺之手段。在他回答桓帝詢問時，即表明其看法：「臣以狼子野心，難以恩納，埶窮雖服，兵去復動，唯當長矛挾脅，白刃加頸耳……」所以他每次主持戰事，都有殺戮之記載。「自春及秋，無日不戰：熲凡破西羌，斬首二萬三千級……」、「……東羌悉平，凡百八十戰，斬首三萬八千六百餘級……費用四十四億……」因此以「大量屠殺的手段」來形容，毫不為過。
〔註116〕蔣師君章：《中國邊疆與國防》，頁242。
〔註117〕張印堂：〈西藏環境與藏人文化〉，頁1。文載《邊政公論》第七卷第1期。
〔註118〕《新唐書》卷二一六上，〈吐蕃傳〉：「其稼有小麥、青稞麥、蕎麥、豐豆。」《舊唐書》卷一九六上，〈吐蕃傳〉：「有青稞麥、小麥、喬麥。」

向東北遷徙，爲藏人外移最多的路線，即向川甘邊區、河西走廊、至黃河流域中、上游等地。〔註 119〕這些遷徙的路線，亦是高原之出口。李唐於鼎盛之時，即置重兵以嚴守高原之出口爲政策，以防止高原的游牧民族進入農業區。〔註 120〕因此吐蕃即不斷地訴諸於武力，以戰爭的手段，希冀打通爲求更好生存環境的遷徙路線。又因初唐邊防的嚴密，吐蕃僅能以騷擾、刼掠的方式進行戰爭，偶遇有機會，即立刻以攻城掠地的方式進行，並派兵佔領。與北荒之游牧民族寇略中原朝廷、意在財貨粟器等形態，迥然不同。是故，此種爲爭取更好生存環境的遷徙，若遭遇阻擾，無可諱言的，必定長期地發生衝突和戰爭。

就其內部之情形而言，吐蕃的政體，雖名爲君主，但以疆域遼闊，地勢隔絕，實仍爲部落組織，各由貴族小王分治。〔註 121〕故時有中央和地方行動不一致的現象，〔註 122〕但若中央之贊普卓絕有力時，如松贊幹布、墀松德贊（即娑悉籠獵贊）等名主在位，則吐蕃中央和地方方能一致行動。事實上，吐蕃中央與地方目標均一致朝向於對外擴張，以下分別論之：就中央而言，吐蕃既已達成氐羌系族的統一，其統一的過程，包括了一連串的征服和合併；是以必須向外擴張，獲取利益補償加入此一國家的其他部族，以維持國內的團結。〔註 123〕王忠氏云：「論贊（即曩日論贊）立國，基本上滿足彼等奪取土地與奴隸之野心……」。〔註 124〕呂思勉氏亦云：「松贊幹布之襲吐谷渾、破黨項、犯松州實其素定之計」。〔註 125〕且爲其國都後方的安全，更須向東方、東北方拓展，以爭取更大，更廣的緩衝地帶，此乃基於其國防安全上的著眼。關於此點，可從論欽陵和郭元振的對話中，表現無遺：「使者意我規削諸部爲唐邊患邪？我若貪土地財賦，彼青海、湟川近矣，今捨不爭何哉？突厥諸部磧漠廣莽，去中國遠甚，安有爭地萬里外邪？且四夷皆唐臣并之，雖海外地際，靡不磨滅，吐蕃適獨在

〔註 119〕蔣師君章：《中國邊防與國防》，頁 242～243。
〔註 120〕蔣師君章：《政治地理學原理》，頁 168 及頁 171。
〔註 121〕張印堂：《西藏環境與藏人文化》，頁 2。王忠：《新唐志吐蕃傳箋證》，頁 17。麥唐納著，鄭寶善譯，《西藏之寫眞》。頁 16～17。
〔註 122〕唐高宗，武后、玄宗時，吐蕃常有贊普遣使求和，而邊境上又發生侵擾事件，當可視爲其中央與地方行動不一致之解釋。另見呂思勉：《隋唐五代史》，頁 240。
〔註 123〕康樂：《唐代前期的邊防》，頁 9。
〔註 124〕王忠：《新唐書吐蕃傳箋證》，頁 24。
〔註 125〕呂思勉：《隋唐五代史》，頁 102。

者，徒以兄弟小心，得相保耳。十姓五咄陸近安西，於吐蕃遠，俟斤距我裁一磧，騎士騰突，不易旬至，是以爲憂也。」〔註126〕是故不論那位贊普主政，皆貫徹此一基本國策。就其小王貴族而言，因與李唐毗鄰疆界甚長，遂得有無比的權勢，賦有自理軍事武力和賦稅的權力，是故若能從李唐得到大批的土地和人民，則能爭取到更多的財源和力量，作爲自己的政治資本。所以地方上的貴族小王，亦以侵寇唐朝的土地、財富，爲鞏固自己地位的策略。〔註127〕

　　綜合以上所述，吐蕃爲患唐廷幾二百年，其來有自。但若其武力不逮，則無法與唐對抗。從《兩唐書》及《文獻通考》的記載中，吾人以行「軍國主義」的社會來形容吐蕃，毫不爲過，〔註128〕因其行「軍國主義」，所以指揮靈活，且法令嚴苛，「徵兵用金箭，寇至舉燧」，「小罪剜眼鼻，或皮鞭鞭之」、「囚人於地牢，深數丈，二、三年方出之」、「每戰前隊皆死，後隊方進，重兵死，惡病終，累代戰歿以爲甲門，臨陣敗北者懸狐尾於其首，表其似狐之怯，稠人廣眾必狗焉。其俗恥之以爲次死，拜必兩手據地作狗吠之聲，以身再揖而止」、「弓劍不離身」、「重壯賤老、子倨於父；出入皆少者在前，老者居其後」，〔註129〕「人馬俱披鏁子甲，其制甚精，周體皆遍，僅開兩眼，非勁弓利劍所能傷也。其戰必下馬列行，而陣死則遞收之，終不肯退。槍細而長於中國者，弓矢弱而甲堅；人皆用劍，不戰亦負劍而行」〔註130〕、「其兵法嚴而師無餽糧，以鹵獲爲資」。〔註131〕又其使臣仲琮對高宗言：「法令嚴密，上下一心，議事常自下起，因人所利而行之。斯所以能持久也」。〔註132〕由以上諸引文可知，吐蕃之發展，是有其條件，決非偶然，不但民族性極爲強悍，具強大的軍事力，行軍國主義，鼓勵民眾好戰，軍隊組織完備。所以李唐與吐蕃的軍事接觸，真是喫盡苦頭，誠如《舊唐書·陳子昂傳》所云：「大戰則

〔註126〕《新唐書》卷二一六上，〈吐蕃傳〉。《通典》卷一九〇，〈邊防六〉，吐蕃。

〔註127〕吐蕃於松贊幹布駕崩後，即由 mGar 氏家族掌權達半世紀之久，在此期間吐蕃對李唐之侵略轉劇，此可視爲其乘對唐之戰事中，鞏固自己的權勢並轉移吐蕃內部之注意力。又吐蕃王廷信奉佛法，係基於政治因素，以排除奉「棒教」之貴族小王，被排除者均往邊界，故思對李唐奪取土地、財貨，以增加自己的實力。

〔註128〕湯承業，康樂及日人伊瀨仙太郎，在其著作中，均以此名詞形容吐蕃之社會。

〔註129〕《舊唐書》卷一九六上，〈吐蕃傳〉。

〔註130〕《文獻通考》卷三三四，〈四裔十一〉，吐蕃。

〔註131〕《新唐書》卷二一六上，〈吐蕃傳〉。

〔註132〕《資治通鑑》卷二〇二，高宗咸亨三年夏，四月，庚午。

大勝，小戰則小勝，未嘗敗一隊，亡一夫」。〔註133〕陸贄亦曾檢討云：「中國之節制多門，蕃醜之統帥專一」、「更番往來，疲於戍役；中原之兵，不習邊事」。〔註134〕無怪乎，李唐無法對吐蕃行犁庭掃穴之懲罰。在吐蕃侵入唐朝的初期，以鼎盛之唐尚且是「命將興師，相繼不絕，空勞士馬，虛費糧儲；近討則徒損兵威，深入則未窮巢穴」〔註135〕的窘況。更何況安史亂方殷，天下紛擾之時，李唐更是束手無策了。

當李唐內部因安史亂起，而焦頭爛額之時，吐蕃正是另一雄主墀松德贊即位為贊普。墀松德贊解決了吐蕃內部之問題，〔註136〕驅逐屬於舊棒教貴族的勢力，徹底建立中央贊普的威權。於是執行其一貫的基本國策，乘著李唐邊防軍東調平亂，西陲國防大為空虛之時，開始向河西、隴右等地進軍，在李唐毫無抵抗的情形下，於至德元載（西元756年），陷巂州、威戎、神威、定戎、宣威、制勝、金天、天成等軍及石堡、百谷、雕窠等城。於至德二載（西元757年）陷西平，又內侵取廓（今青海貴德、黃河北岸）、霸、岷（甘肅岷縣）等州，陷河源軍、莫門軍。此時吐蕃已侵陷隴右，中原通西域之道遂絕。且攻陷之地，多留兵駐守。又於寶應元年（西元762年），陷臨洮及秦（甘肅秦安）、成（甘肅成縣）、渭（甘肅隴西縣）三州。數年之間，鳳翔以西，邠州以北，盡屬蕃戎之境，湮沒者數十州，已深入河隴地帶，鄰近唐之京畿了。〔註137〕吐蕃既已佔領有李唐之土地，更欲使李唐承認其所有權，故數度遣使至唐請和，於至德元載到至德三載均有遣使求和之記錄。〔註138〕此亦可視為，吐蕃為轉移李唐之注意，以和談手段為煙幕，賡繼其蠶食河隴地區的既定政策。至整個河隴地區失陷後，西域對吐蕃而言，已完全排除李唐的力量和影響力，理應垂手可得。然而此時李唐正引進回紇之軍援，唐在西域的安西、北庭等都護，遂憑藉回紇之助力，對抗吐蕃，埋下吐蕃、回紇間的衝突種子，造成日後的相互爭戰。〔註139〕

〔註133〕《舊唐書》卷一九○，〈陳子昂傳〉。
〔註134〕上書卷一三九，〈陸贄傳〉。
〔註135〕上書卷九○，〈郭正一傳〉。
〔註136〕此處乃指墀松得贊藉信奉佛法，成功地排除了信奉棒教之貴族和舅氏之權勢，恢復中央專制之政局。
〔註137〕《資治通鑑》卷二二三，代宗廣德元年七月，戊辰。
〔註138〕《新唐書》卷二一六上，〈回鶻傳〉。《舊唐書》卷一九六上，〈迴紇傳〉。《唐會要》卷九七，〈吐蕃〉。
〔註139〕《新唐書》卷四○，〈地理志〉四。

第四節　回紇、吐蕃之間接關係

　　回紇所居住的蒙古高原，係位於中國正北方，東北各省的西部和新疆北部的準格爾盆地，是其在地形上和自然地理上的延長。〔註140〕尤以蒙古高原與北疆準格爾盆地之間，自古就是游牧民族出入其間，角逐爭霸的舞台。所以凡在蒙古高原崛起一個強大的部落，必向西控制北疆以為外府，以增強其南下的力量，〔註141〕同時亦可聯繫西南邊的氐羌系民族，對南方農業民族形成包圍的形勢。而位於南疆的居國，《漢書》謂其能作兵、出糧，更是能藉以補充國力，故匈奴即在南北疆設置僮僕都尉，斂賦於西域城邦，以自富。〔註142〕

　　突厥初興之時，即由土門之弟室點密統領十大首領，有兵十萬眾，往平西域諸國、自為可汗，號十姓部落，但在東突厥仍為葉護官。〔註143〕由此可見，新疆蒙古形勢相連，在蒙古高原興起之游牧部落，勢必向北疆發展，進而控制南疆，已成為歷史鐵則。回紇既繼突厥而興，承繼北亞游牧民族的傳統，其勢必向西域發展，乃是預料中事。唯當回紇向西域發展時，正撞上吐蕃活躍於西域，此亦為回紇與吐蕃之間的基本矛盾所在，二者間之衝突，乃不可避免，固不必由李唐從中牽引。

　　另方面，就回紇游牧經濟之依附性格而言。回紇由於自然環境的因素，必須有季節性的移動，同時由於其農業的不易發展，故必須以游牧為生產手段，其經濟的基本就是牲畜，是以其食、衣、住、行均取給於牲畜。但因游牧必須利用廣大空間，其土地的自然生產力又低，對土地的利用只是尋求大量的水草，而不是利用土地的肥沃和技術。因此游牧經濟乃是低度的經濟，需要廣大的空間才能維持少數人口的生活。日人島田正郎云：「游牧的生產與生活方式，是只能生產人類生存所必需的材料的一部份——動物性材料。因此，此外別無方法可憑的。北亞細亞（即西伯利亞、東北、蒙古及中亞）游牧社會，非與南接的農耕社會共存不可」。〔註144〕由上引文可知，游牧社會所生產的日常消耗品僅有動物性材料，而且其動物性材料無法長期積存，必須

〔註140〕沙學浚：《地理學論文集》，頁77。
〔註141〕蔣師君章：《中國邊疆與國防》，頁234。
〔註142〕《漢書》卷九六上，〈西域傳〉。
〔註143〕《舊唐書》卷一九四，〈突厥下〉。
〔註144〕島田正郎：〈游牧民族文化的特質〉，文載《蒙古研究》，頁31。

在短暫時間內脫手；又由於與農業經濟接觸後，消費慾望增加；另方面亦需以農產品來補充日常消耗品的欠缺，故不得不與農業社會共存。準此以觀，當李唐與吐蕃激烈爭執時，回紇勢必傾向於李唐，因吐蕃雖是農牧兼營，但其農產品不足以自身消費，因此回紇若與吐蕃聯盟，似無經濟利益可圖，在供需關係上，遠不及聯唐來得合算。突厥餘部的毗伽可汗犧牲與吐蕃聯盟之利，而仍與李唐親睦，即是最好的說明。〔註145〕是故，回紇在李唐與吐蕃之間，要選擇一個盟友的話，當然要傾向於李唐。

而此時之吐蕃，在唐之前期，即已浸浸然有奪取西域的企圖，歷經高宗、武后、玄宗時期，與李唐在西域展開爭奪戰。唐朝爲關隴地區的安全，和阻絕北方游牧民族和西南方氐羌族之聯結，另亦爲保護與西方交通貿易之孔道起見，亦全力經營。故初期的回紇和吐蕃之間，因中間隔有河西走廊和安西四鎮，故無直接發生國交的可能。〔註146〕直至李唐內部安史亂作，國力大衰，吐蕃乘機一改往日用兵側重爭取外圍的策略，改直攻內圍，不數年河隴淪陷，西方路斷，安西、北庭遂爲其囊中之物。〔註147〕情勢發展至此，回紇與吐蕃之間的關係，也漸由毫無國交，而演變至有所接觸和衝突。此時李唐在西域仍留有安西和北庭兩大都護府。分別由郭昕、李元忠鎮守。吐蕃既陷河隴、安西和北庭已與唐本部隔絕。郭、李二人遂與回紇、沙陀相依，以求自保，使得吐蕃久攻不下，〔註148〕維持了將近三十餘年，方於德宗貞元三年（西元787年），因吐蕃攻沙陀、回紇、北庭、安西無援，而陷於吐蕃手中。〔註149〕是故，終肅宗一朝，吐蕃與回紇之間仍無直接接觸，中間仍隔有唐之安西、北庭兩都護府，但回紇、吐蕃之間，本已存有基本矛盾，復因郭、李二人之引回紇助力抗拒吐蕃，而加深二者的仇隙。再者，李唐又與回紇加強和親、互市、聯軍等親善關係，在吐蕃心目中，回紇是不折不扣的敵人。在回紇心目中，吐蕃亦是競勢的對手。二者間的關係，由毫無直接國交的情勢，加速逆轉，終於在西域相互鏖鬥了數十年。

綜合本章所述，安史之亂可說是李唐、回紇、吐蕃三邊關係發展的一個

〔註145〕《舊唐書》卷一九四上，〈突厥傳〉：「十五年，小殺使其大臣梅錄啜來朝……時吐蕃與小殺書，將計議同時入寇，小殺并獻其書……」。
〔註146〕李符桐：《回鶻史》，頁65。
〔註147〕岑仲勉：《隋唐史》，頁275。
〔註148〕見註139。
〔註149〕見註139。

關鍵。因安史之亂結束了李唐本爲東亞一強獨霸的局勢，且使唐不得不引進回紇的援助，藉資平靖內亂。而肅宗本人，却把回紇騎兵當作保護他個人皇位的工具，不以社稷百姓着想，以種種不當的措施，抬高回紇的地位，啓發了回紇恃功而驕，欺陵李唐的心態。誠然，國際外交是毫無道義可言，都是以自己的利益和需要爲前題，「天下沒有白吃的午餐」，回紇既出力爲唐平亂，勢必取得報償，於是把「胡人南下牧馬」，轉變爲「賞賜、年贈、搜刮」和「互市」的型態取利，而且所獲不貲，終於拖跨李唐的經濟，讓李唐嚐到了苦果。此誠爲後世的明鑑，引進外援，除非有著綿密詳盡且正確的計劃，否則，未見其利，先受其害。古今中外的實例，誠不勝枚舉。

　　吐蕃可說是具有相當複雜性格的帝國，其極爲強悍的民族性，和又談又打，邊談邊打，以和談爲掩護，反覆無常的政治手腕，著實令人嘆爲觀止。其在初唐時，即已表現出驚人的潛力。只是李唐未能體會出西部青海地區戰略的重要性，且一再貽誤軍機，遂使吐蕃坐大。吐蕃基於民族上、地略上、政治上、經濟上的諸種因素，定下擴張、兼併的政策。在唐前期武力鼎盛之時，吐蕃只能側重於外圍之爭取，及至安史亂作，唐西北國防空虛，吐蕃自然順勢而下，蠶食了河隴，連帶使西域也成其甕中之鱉。吐蕃、回紇的關係，也因此由間接或無接觸的情況而有所改變。總之，在肅宗時，李唐聯回抗蕃之政策並未成形，僅利用回紇援軍助收兩京，討伐安史叛眾而已，未有聯結回紇以對抗吐蕃入侵之想法，但西域之安西、北庭兩都護府，已有如此之舉措矣。

第四章　代宗時期的三邊關係

　　李唐遭遇安史之亂，在肅宗即位靈武後，即以一連串措施，如用朔方軍、引進回紇援軍等，欲儘速予以平定。但肅宗竟信任閹宦，以宦官為監軍，掣肘諸將；加諸李唐軍隊已老化至不可用之地步，與安史叛軍交戰，敗多勝少，不得不仰賴回紇援軍。回紇又恣意勒索剽掠，李唐不堪其擾，以分封節度使為餌，招降安史叛眾，求早日結束戰爭。且為平定安史之亂，在內地設置九節度，使自京畿以外皆方鎮。當時李唐宮廷又因張良娣與李輔國相表裏，致朝政敗壞，甚且皇儲為之自危。因此，肅宗駕崩後，留給代宗的，是一個難以收拾的殘局。內有宦官的專擅、方鎮的跋扈，復有安史叛眾之威脅；外有回紇對李唐在經濟上和外交上的壓迫；此時之吐蕃，更是猖獗入侵，聯結南詔，對李唐形成莫大的威脅，甚至攻陷長安，代宗倉皇出奔，狼狽不堪。是以，在代宗初即位時之形勢，對李唐相當不利。代宗本人，史家云其陰鷙，〔註1〕仁而不武、萎靡太過、剛斷不足〔註2〕、為唐世姑息之君主。〔註3〕李唐處如此局勢，如是皇帝在位，而仍能維繫國祚，沒有讓回紇、吐蕃二者聯結同盟，傾覆李唐，實係李唐把握「聯回抗蕃」之政策所致。

　　本章即試圖分析此時李唐、回紇、吐蕃三邊內部之情勢，和相互間之關係。尤其是對僕固懷恩之叛唐，引回紇、吐蕃軍隊侵唐等事件，作一明確且公正之論斷，以明瞭其在唐、回、蕃三邊關係演變中，所具有的意義和重要性。

〔註1〕 呂思勉：《隋唐五代史》，頁 261。
〔註2〕 元、胡一桂、《史纂通要》卷十五、唐、頁 26。四庫全書珍本四集。
〔註3〕 范祖禹：《唐鑑》卷十二。代宗。

第一節　代宗在位之時代背景

　　唐代之宦官與方鎭，並興於玄宗時，至肅、代、德宗時期，愈演愈烈，造成傾覆李唐之最大主因。也因李唐此二巨蠹，故對外患顯得力不從心，落入任人宰割之局面。尤以外患常配合著內憂而生；內憂也因外患之轉劇，而隨著演變至不可收拾之局面。唐代的宦官和方鎭，在代宗朝時，就是如此。

　　肅宗爲皇儲時，常爲李林甫所構，勢幾危者數矣，就賴高力士一言而得以保其位。〔註4〕後玄宗幸蜀，肅宗北走朔方，即位靈武，傅樂成教授認爲這是一件不露痕跡之政變，宦官李輔國便是此次政變之發動者。〔註5〕因此肅宗收復兩京後，即命李輔國專典禁軍，四方章奏軍符，都由李輔國全權處理。《舊唐書》卷一八四云：「肅宗還京，拜殿中監，閑廐、五坊、宮苑、營田、栽接、總監等使，又兼隴右群牧、京畿鑄錢、長春宮等使，勾當少府、殿中二監都使。至德二年十二月，加開府儀同三司，進封郕國公，食實封五百戶。宰臣百司，不時奏事，皆因輔國上決……府縣按鞫，三司制獄，必詣輔國取決，隨意區分，皆稱制敕，無敢異議者。每出則甲士數百人衞從。中貴人不敢呼其官，但呼五郎。」〔註6〕準此即知，輔國被肅宗倚爲心腹，故擁有大權，且與張后勾結，權勢益大，造成宦官跋扈難制之局。肅宗之〈勿信中使宣言敕〉中云：「諸道州府所承上命，須憑正敕後可施行，不得懸信中使宣言勅即便遵行」。〔註7〕由此即知肅宗時之宦官，定有假皇帝詔命，恣意行事，故肅宗有此勅命。可見當時宦官之無法無天。

　　又因唐代在新舊君主接續之交，每有政變發生。故肅宗駕崩之時，代宗就賴宦官李輔國、程元振之擁護而得繼位。《舊唐書》卷一八四〈程元振傳〉云：「寶應末，肅宗晏駕，張皇后與太子有怨，恐不附己，引越王係入宮，欲令監國，元振知其謀，密告李輔國，乃挾太子，誅越王並其黨與」。〔註8〕由此，代

〔註4〕王讜：《唐語林》卷一：「肅宗在東宮爲林甫所構，勢幾危者數矣。鬢髮斑白入朝，上見之惻然曰：『汝歸院吾當幸。』及上到宮中，庭宇不洒掃，而樂器屏棄，塵埃積其上。左右使令亦無妓女。上爲之動色，顧謂力士曰：『太子居處如此，將軍盍使我知乎？』力士奏曰：『臣嘗欲言，太子不許，云無勤上念。』……。」準此以觀，肅宗之得保其位，是得高力士之數言。

〔註5〕傅樂成：《隋唐五代史》，頁104。

〔註6〕《舊唐書》卷一八四，〈李輔國傳〉。

〔註7〕《唐會要》卷六五，內侍省。另見《唐文拾遺》卷四、肅宗、勿信中使宣言勅。

〔註8〕《舊唐書》卷一八四、〈程元振傳〉。

宗之得位，李輔國與程元振有定策功勳。因此李、程二人愈益恣橫。李輔國更對代宗云：「大家但內裡坐，外事聽老奴處置」，[註9] 代宗以其握禁軍，敢怒不敢言，仍尊其爲尚父，政無巨細，皆委參決。當時之程元振已握有射生軍將，[註10] 代宗利用李、程二人不合，逐漸免除李輔國之官爵，並派人將之刺殺。輔國遭誅後，李唐宦禍未彌，程元振繼之而起，代掌禁兵，凶決過之，「是時元振之權，甚於輔國，軍中呼爲『十郎』」。[註11] 此時之程元振權傾天下，專權自恣，人畏之甚於李輔國，諸將有大功者，元振皆疾忌，欲害之。來瑱、裴冕相繼爲其所害，天下方鎮爲之解體，代宗下詔徵兵，諸道兵不至，致使吐蕃直入長安，代宗狼狽出奔。其時不只程元振之跋扈，另有宦官魚朝恩，相繼執掌禁軍。《舊唐書》云其「性本凡劣，恃勳自伐，靡無忌憚」，[註12] 且每與郭子儀、李光弼等爲敵，屢進讒言，[註13] 阻擾郭、李二人之執掌兵權，對剿亂之進展影響匪淺。甚且對朝廷裁決，有不先預聞於朝恩者，必怒斥之曰：「天下事有不由我乎？」[註14] 由此可知代宗一朝之政事，連續受此三閹宦之破壞，遺禍不淺。代宗利用以宦官制宦官、以暴易暴之措置，亦難辭其咎。且代宗本人寵信宦官，公然鼓勵宦官出使時，強索巨款，[註15] 造成貪污行賄之風氣，朝臣以行賄求爲相、將帥以行賄求爲方鎮、地方武官賄賂監軍。另代宗又設樞密使，以宦官擔任，有承受表奏之權，[註16] 可私下察閱朝臣之奏疏，又有宣佈皇帝意旨之便，故常能暗中修改，竊取皇帝之大權。

　　綜合以上所述，宦官在代宗時期，不但握有京內外之軍、政大權，且握有

〔註9〕《舊唐書》卷一八四、〈李輔國傳〉。

〔註10〕射生軍之由來是玄宗時禁兵耗散，肅宗即位，稍後補。至德二載（西元757年），擇便騎射者，置衛前射生手千人，亦稱「供奉射生官」，或「殿前射生手」。詳見《新唐書》卷五〇、〈兵志〉。

〔註11〕《舊唐書》卷一八四、〈程元振傳〉。

〔註12〕《舊唐書》卷一八四、〈魚朝恩傳〉。

〔註13〕《舊唐書》卷一八四、〈魚朝恩傳〉：「時郭子儀頻立大功，當無出其右，朝恩妬其功高，屢行間諜……」。《舊唐書》卷一一〇、〈李光弼傳〉：「……及懼朝恩之害，不敢入朝」。

〔註14〕《舊唐書》卷一八四、〈魚朝恩傳〉。

〔註15〕《唐鑑》卷十二、代宗：「代宗優寵宦官，奉使者不禁其求取。嘗遣中使賜妃族，還問所得頗少，代宗不悅，以爲輕我命。妃懼遽以私物償之。由是中使公求賂遺，無所忌憚。宰相常貯錢於閤中，每賜一物宣一旨，無徒還者。出使所歷州縣移文，取貨與賦稅同皆重載而歸……。」

〔註16〕《文獻通考》卷五十八，〈職官考〉十二，樞密院。

財政權〔註17〕和干預外朝政事。其中尤以宦官任監軍一事，影響最大。當時不論對內之平亂，和抵禦外患，甚至監督地方軍，均以宦官是任。其職權據王壽南教授之說：有領兵；干預戰略；直接承皇帝之命而對軍中給予賞罰；方鎮更易之際或方鎮不能視事時，可代指揮軍事等。〔註18〕而宦官本無戰略修養，又作風跋扈，每造成軍事失利和將帥的不滿，形成內外交迫之局。如邊令誠之誣殺高仙芝、封常清，陣前殺主將，打擊軍隊士氣；〔註19〕李光弼因魚朝恩之違令進取東京，致邙山兵敗；〔註20〕僕固懷恩受駱奉先之誣，疑懼而反，引回紇、吐蕃入侵，唐祚幾危；李寶臣因馬承倩之迫辱而反等，〔註21〕皆使李唐進退失據，危機重重。

　　李唐政治另一大問題，則爲方鎮，與宦官同爲表裡，共同干政。傅樂成教授云：「盛唐以後之政治，大體說來，可謂宦官與藩鎮合作之政治，此所以宦官愈盛而藩鎮亦愈強者也。」〔註22〕而方鎮之盛，據《新唐書‧兵志》云：「及府兵法壞，而方鎮盛」。〔註23〕府兵制乃唐承北周以來的兵制，是一種區域性的徵兵制，於若干指定之地區設折衝府，徵調其轄區內一部份強健富有之子弟，充當府兵。然而歷朝的府兵制兵府最多的地區，是在首都附近，亦即所謂「重首輕足」之策略。〔註24〕但對於與外族接觸頻繁的李唐，此制實不敷用。因此自高宗以來，對於邊陲及與外族接壤之地區，逐漸設立各個獨

〔註17〕唐朝自玄宗始，國家財政與皇室逐漸分開。於肅宗時，宦官因掌大盈庫，而控制皇室財政。第五琦又將左藏庫之金帛盡移大盈庫，因此宦官更進而控制了國家財政，一直到大曆十四年。詳見王壽南《唐代宦官得勢的原因及其對當時政局的影響之研究》，頁41至44。

〔註18〕書同前，頁47。

〔註19〕《新唐書》卷一三五，〈高仙芝傳〉：「初，令誠數私於仙芝，仙芝不應，因言其逗撓狀以激帝，……帝大怒，使令誠即軍中斬之。……軍中咸呼曰：『枉！』其聲殷地。」同卷，〈封常清傳〉：「至是臨刑，以表授令誠而死。人多哀之。」

〔註20〕詳見《資治通鑑》卷二二二，肅宗上元二年二月，戊辰與戊寅條。邙山位於洛陽西北。

〔註21〕《資治通鑑》卷二二五、大曆十年十月十月，辛酉條：「上嘉李寶臣之功，遣中使馬承倩齎詔勞之，將還，寶臣詣其館，遺之百縑，承倩詬詈，擲出道中，寶臣慚其左右。……寶臣遂有玩寇之志。」

〔註22〕傅樂成：〈唐代宦官與藩鎮之關係〉，頁176。文載《大陸雜誌》第二十七卷第6期。

〔註23〕《新唐書》卷五十、〈兵志〉。

〔註24〕《玉海》卷一三八，引《蘇冕會要》：「舉關中之眾，以臨四方」。貞觀年間，全國共府六百餘，關中即佔二百六十一，是謂「重首輕足」。

立軍區，分區防守，每區自有充足之軍隊，不煩中央之調發。其駐防之將帥，在本區內有統一之指揮權，軍隊有定額，將帥常設非臨時派遣。因此至玄宗時，因府兵制已壞，而代之以募兵制，致在沿邊設置十節度使，形成將帥常駐，邊兵久戍，是以兵將關係密切。而且邊兵之數目有四十八萬六千九百人，與十二萬之中央衛戍部隊相較，造成「外重內輕」之局。〔註25〕且方鎮之職權甚大，「既有其土地，又有其人民，又有其甲兵，又有其財賦」，〔註26〕收管州郡事權，使方鎮得以視一鎮若一國。因此唐室為防武人擁兵自專，而行監軍之制，初以監察御史為之，至玄宗開元以後，漸用宦官。至安史亂起，此制大行，反予宦官與方鎮勾結之機會。

李唐之本意，兵力散在方鎮，原意在捍衛國家，防止外患，然而方鎮之兵力強盛，又與宦官勾結，或受宦官之迫辱，反而引起李唐內部之戰亂連連。《新唐書》卷六四〈方鎮表序〉云：「方鎮之患，始也各專其地以自世，既則迫於利害之謀，故其喜則連衡而叛上，……又其甚則起而弱王室。唐自中世以後，收功弭亂，雖常倚鎮兵，而其亡也亦終以此……。」此足以說明方鎮之為唐室巨患的原因。

方鎮之禍，始於安祿山憑藉范陽、平盧、河東三鎮之兵而叛變。至安史亂平，安史餘孽又分據河北諸鎮，〔註27〕各挾其原有建制、土地與兵馬，盤據一方。另於河南道、山南道均有跋扈之藩鎮，甚且環衛京師的關內道亦有叛逆之藩鎮，如朔方節度使僕固懷恩與同華節度使周智光等，此不僅直接危及京師，且打擊中央之威信。而代宗對之亦莫可奈何，惟行姑息。因此中央對方鎮之控制力，極端薄弱，造成德宗朝時，藩鎮之亂大作。

由以上所述得知，代宗初即位，在內部方面：因有宦官之專擅，方鎮之跋扈，在政治及軍事上均問題重重。尤其是方鎮在財經方面，據地自肥，「以賦稅自私，不朝獻于廷」。〔註28〕另代宗本人亦崇信佛道，廣度僧尼、大建佛寺，耗費不貲。如《通鑑》卷二二四、代宗大曆二年條記載：「始，上好祠祀，

〔註25〕 傅樂成：《隋唐五代史》，頁64。《新唐書》卷五十，〈兵志〉：「開元十三年，始以彍騎分隸十二衛，總十二萬，為六番，每衛萬人。」另有關邊兵之數目，請參閱《資治通鑑》卷二一五、玄宗天寶元年正月，壬子。
〔註26〕 《新唐書》卷五○、〈兵志〉。
〔註27〕 安祿山、史思明之餘黨，李懷仙據盧龍（幽州）；田承嗣據魏博；薛嵩為相州刺史，充相、衛、洛、邢等州節度觀察史；張忠志據恆州。
〔註28〕 《新唐書》卷二一○，〈藩鎮魏博傳序〉。

未甚重佛。元載、王縉、杜鴻漸爲相，三人皆好佛；縉尤甚，不食葷血，與鴻漸造寺無窮……上由是深信之，常於禁中飯僧百餘人。有寇至則令僧講仁王經以禳之，寇去則厚加賞賜。……京畿良田美利多歸僧寺……造金閣寺於五臺山，鑄銅塗金爲瓦，所費鉅億……。」加諸戰亂連年，災荒不斷。代宗在大曆年間所下的大赦詔有如下之記載：「……四郊多壘，連歲備邊，師旅在外，役費尤廣，賦與轉輸，疲耗吾人，困竭無聊，窮斯濫矣……」〔註29〕、「……加以寇戍驟犯，軍國頻勞，賦重人竭，因之歲歉，田荒業廢、逋散相仍……」〔註30〕、「……如聞天下諸州自春以來或愆時雨，首種不入，宿麥未登……其巴南諸州，仍歲水旱，迫於凍餒或至流離……」。〔註31〕由此可見李唐之殘破與民生之凋弊。是故對外來的侵略，以代宗一朝之情勢而言，無力獨自對抗。

　　在對外方面，外患日亟，其中爲患最深且烈者，首推吐蕃。吐蕃乘安史之亂時，逐年蠶食李唐領土。至代宗廣德元年（西元 763 年）已盡取河西隴右之地。數年之間，李唐西北數十州相繼淪沒，自鳳翔以西、邠州以北，皆爲左衽。京師長安已在吐蕃的兵鋒威脅之下，隨時有淪於吐蕃之可能。且黨項、吐谷渾、奴剌等亦相繼入侵，李唐京師爲之戒嚴。又史朝義誘回紇云：「唐家天子頻有大喪，國亂無主，請發兵來收府庫。」〔註32〕於是回紇登里可汗領眾而南，李唐京師大駭。代宗處此內憂外患交迫之局，即秉承肅宗向回紇求援之政策，試圖舒解李唐之困境。於是，代宗派遣中使劉清潭往回紇修舊好，以徵其兵。更遣僕固懷恩以回紇登里可汗岳丈之身份，〔註33〕往說回紇曰：「賊中兵馬盡在東京，可汗收其財帛」，〔註34〕並提供回紇進軍之路線，供擬回紇剽掠財貨。回紇這才幡然轉變態度，再度出兵爲李唐效勞。但因肅宗時，李唐對回紇極度卑恭之態度所影響，此時回紇已驕悍不堪，勢陵李唐。李唐對回紇所採政策，較之肅宗時期，更屬卑屈，主要原因在於：有求其助討內亂，並求避免其乘危入侵。

〔註29〕《唐大詔令集》卷八四，大曆四年大赦。

〔註30〕上書同卷，大曆五年大赦。

〔註31〕上書卷八五，大曆七年大赦。

〔註32〕《舊唐書》卷一九五，〈迴紇傳〉。

〔註33〕《新唐書》卷二一七上，〈回鶻傳〉：「始葉獲太子前得罪死，故次子移地建立，號牟羽可汗，其妻，僕固懷恩女也。始可汗爲少子請昏，帝以妻之，至是爲可敦。」準此僕固懷恩爲牟羽可汗之岳丈。牟羽可汗另號登里可汗。另見《通鑑》卷二二二・肅宗寶應元年九月，乙未條：「初毗伽闕可汗爲登里求婚，肅宗以僕固懷恩女妻之，爲登里可敦。」

〔註34〕《舊唐書》卷一九五，〈迴紇傳〉。

因此在代宗一朝，回紇所施加於李唐的壓力，較之前朝爲烈。

第二節　回紇勢陵李唐

　　本節擬探討代宗時期回紇內部之情勢，與回紇登里可汗之作爲。因登里可汗在位時，曾三番兩次欲入侵李唐，一反回紇前期親善李唐之作風。吾人可從登里可汗之作爲中，得知回紇勢陵李唐之全部過程，最後討論其勢陵李唐之影響。

一、回紇內部情勢

　　回紇在葛勒可汗時期，曾東征西討，收服了九姓鐵勒、九姓韃靼、黠戛斯及葛邏祿等部。奚、契丹亦於玄宗天寶十三載（西元 754 年）歸降回紇。從天寶十三載（西元 754 年）以後，回紇內部未見有任何爭戰，此意味著大漠南北，已由回紇完全底定，成爲大漠南北諸游牧部族之盟主，形成睥睨一方之回紇大汗國。葛勒可汗卒後，由其少子移地健繼立爲可汗。《舊唐書·迴紇傳》云：「（乾元二元）夏四月，迴紇毗伽闕可汗死。長子葉護先被殺，乃立其少子登里可汗」。〔註35〕《新唐書·回鶻傳》云：「始，葉護太子前已得罪死，故次子移地健立」。〔註36〕由此可知，葉護之獲罪死，乃葛勒可汗生前之事，非因爭奪汗位所致，是以此時回紇之可汗繼襲未發生任何衝突，政治情勢相當穩定。依照北亞游牧汗國之特性而言，若汗國已具統一之型態，且其可汗汗位繼襲穩定，在位之可汗又復彊雄，其國勢通常會迅速增長。因爲游牧社會之特徵，在於軍事與民事合一，〔註37〕可汗需彊雄有力，才能堅固地維繫各部族，滙成一股強大的力量，加諸游牧民族之尚武勇悍且好殺的秉性，所以具備上述條件之游牧汗國，常能在短期間內，展現出雄厚的國力。此時之回紇，具有雄彊之可汗在位、汗國統一、各部族維繫堅固等條件，其國勢之盛，自不待言。移地健繼立爲可汗，取號「登里可汗」（Tengri Kagan），按「登里」係突回語文 Tengri 音譯，其義爲「天」，中文之意譯則爲「天可汗」。由此可知，當時移地健已有不可一世的心態。

〔註35〕同前註。

〔註36〕《新唐書》卷二一七上，〈回鶻傳〉。

〔註37〕謝劍：〈匈奴政治制度的研究〉，頁 244。文載《中央研究院歷史語言研究所集刊》第四十一本、第二分。

　　再就經濟而言，回紇係營游牧生活，其生產方式爲游牧兼狩獵。〔註38〕是故其所豢養的牲畜，即爲其主要的財富。據突厥大辭典（Divanü Lügat-it-Türk-Tercümesi）之記載：回紇曾派四千騎士迎接亞歷山大，他們均爲騎者，帽子上的羽毛，像大鷹上的羽毛一樣；他們向後射箭與向前射箭同樣地準確，因此亞歷山大很驚訝地說：「Inan Khuz kurand，اينان خوز خورند」。這些人自力生活，對他人無所需求，任何野獸，均逃不過他們的射獵，他們需要時，隨時打獵過活。〔註39〕又由其與唐之朝貢品來看，有馬、駝、貂皮裘、駝褐、白氎等動物或其製成品。〔註40〕而其中之貂，乃爲野生動物。《新唐書》亦載其歲內貂皮爲賦。〔註41〕準此，回紇以游牧兼狩獵爲經濟手段，應無疑問。

　　從史籍之記載觀之，在唐肅、代宗時期之漠南北，似乎未發生過任何天然災害，牲畜必然增殖，吾人可從回紇自肅宗乾元年後，每年與唐互市之馬匹，動輒萬計，即知其所畜養之牲口數量頗爲可觀。同時在肅宗時期，多次出兵援助李唐，獲得李唐大量的賞賜，又曾入民間坊市大肆洗劫，所獲不貲。李唐更是固定每年以二萬匹絹帛，贈予回紇，後又增至五萬匹。回紇與李唐建立和親關係時，李唐均附贈大量的繒綵衣服金銀器皿。因此回紇之財富驟增，可汗即利用從李唐得來之財貨，散發給衙官、酋長，用以鞏固所部，增進可汗統治之威望。自吐蕃取得河西隴右地後，唐絲的西運，以及唐中央與安西、北庭兩都護府之交通，因之隔絕。因此唐絲及唐使節僅能借道回紇，與西方交通。札奇斯欽教授認爲，回紇善於經商，利用李唐之絲綢從事東西貿易。〔註42〕準此，回紇既控制了絲綢貿易，獲得不少利益。加諸肅宗乾元以後，與李唐的絹馬交易，更是獲利無數，因此回紇在登里可汗時，其經濟相當富裕，且政治情勢穩定，是以國力強大。

　　就軍事而言，回紇爲游牧民族，須不斷地往來移徙於水草之間，又蓄有

〔註38〕劉師義棠：《維吾爾研究》，頁213。

〔註39〕劉師義棠：《中國邊疆民族史》，頁313。

〔註40〕《冊府元龜》卷九七二，〈朝貢五〉：「（大曆九年）七月，廻紇遣使骨咄陸梅還達干等來朝並進馬四十匹……。」同卷·〈朝貢五〉：「（元和十一年）二月廻鶻使獻橐駝及馬。」《唐會要》卷九十八，〈廻紇〉：「……廻鶻宰相并公主獻駝褐，白錦、白練、貂鼠裘、鴨頭子玉腰帶等，馬一千匹，駝五十頭……。」另見劉師義棠：《維吾爾研究》，頁215。

〔註41〕《新唐書》卷二一七上，〈回鶻傳〉。

〔註42〕札奇斯欽：〈對「回鶻馬」問題的一個看法〉，頁23。文載《食貨月刊》第一卷第1期。

大量的馬匹，故極富機動性。李德裕謂其「倏忽以來，疾如電風」，〔註43〕且於德宗時，求易「回紇」名為「回鶻」，乃取回紇輕捷如鶻之意。〔註44〕可見回紇本身亦以「健捷」自傲。在戰場上，機動性之強弱，常為勝敗之關鍵。又《新舊唐書》皆記其族人善騎射，《突厥大辭典》亦謂其向後射箭與向前射箭同樣的準確，任何野獸均逃不過他們的狩獵。〔註45〕加諸秉承游牧民族勇悍、好殺的性格，其所表現出來的軍事力量，甚為可觀。由於游牧社會的特性，和漠北自然環境的影響下，回紇似亦像其他游牧民族一樣，能彎弓的盡皆為甲士，故其初興時之眾有十萬，勝兵即有五萬。至於其軍制，似可參考匈奴之十進法軍制，每十騎一什長，十什長一百長；十百長一千長，千長以上又是兵團最高組合的「萬騎」二十四長。此種軍制是最原始，也最簡捷的編組方法，最能適合游牧社會。〔註46〕其戰術因具機動性，故常以騎兵，選擇敵方兵力單薄，或防衛之弱點，閃電似地長驅直入；又慣行突襲、迂迴戰術，從敵人之側面或背後行鉗形包抄；亦可疾風似地迅速撤退。〔註47〕吾人可從回紇首領菩薩以五千騎，大破突厥頡利可汗所遣欲谷設之十萬騎於馬鬣山，就可瞭解其騎兵之精勇，與戰術之靈活。又安祿山之亂，回紇太子葉護率四千騎來助討逆。《舊唐書·郭子儀傳》云：「……廻紇以奇兵出陣之後夾攻之，賊軍大潰。自午至酉，斬首六萬級……」。〔註48〕《通鑑》卷二二〇、肅宗至德二載（西元757年）條云：「……賊依山而陳，子儀等初與之戰，不利，賊逐之下山。回紇自南山襲其背，於黃埃中發十餘矢。賊驚顧曰：『回紇至矣！』遂潰。」同卷載云：「……賊伏精騎於陳東，欲襲官軍之後，偵者知之，朔方左廂兵馬使僕固懷恩引回紇就擊之，翦滅殆盡，賊由是氣索。」由以上記載，即可證明回紇之迂迴側擊和趕盡殺絕的手段了。又《通鑑》卷二三一亦載回紇達干之語云：「回紇在國與隣國戰，常以五百騎破隣國數千騎，如掃葉耳。」〔註49〕其本族達干如此自豪，足證回紇軍事力量之強勁。

綜合以上所述，回紇於代宗時期，因政治穩定，經濟富裕且軍力強勁，

〔註43〕李德裕：《會昌一品集》卷十四，〈公卿集議分析狀〉。
〔註44〕《新唐書》卷二一七上，〈回鶻上〉：「又請易回紇曰回鶻，言捷鷙猶鶻然。」
〔註45〕見註39。
〔註46〕姚大中：《古代北西中國》，頁85。
〔註47〕同前註。
〔註48〕《舊唐書》卷一二〇，〈郭子儀傳〉。
〔註49〕《資治通鑑》卷二三一，德宗興元元年五月，乙亥條。

其國力充沛，國勢比前期強盛。以此較諸內部紛擾不堪的李唐，更顯強弱分明。因此，登里可汗在這種情勢下，繼立爲可汗，當然要對李唐有所行動。

二、登里可汗之作爲及其影響

回紇登里可汗於肅宗乾元二年（西元 759 年）即位。在其主政之二十年當中，李唐、回紇二者關係有戲劇性的轉變，甚至在大曆十年（西元 775 年）以後，開始兵戎相見。及至德宗初即位，就因回紇驕悍不堪，李唐不勝其擾，擬轉變政策，與回紇絕交，傾向於吐蕃。這些都是因爲登里可汗對李唐作許多侵犯與壓迫行爲，導至李唐的反感。茲分別論述如下：

肅宗爲酬謝回紇兵援，並爲鞏固與回紇之間的友誼，於乾元元年（西元 758 年），詔封幼女爲寧國公主，許降回紇，制曰：「……頃凶渠作亂，宗社阽危，回紇特表忠誠，戴懷奉國，所以兵渝絕漠，力徇中原，亟除青犢之妖，實賴烏孫之助。而先有情款，固求姻好。今兩京底定，百度惟眞，奉皇輿而載寧，續鴻業而攸重。斯言可復，厥德難忘。爰申降主之禮，用答勤王之志，且骨肉之愛，人情所鍾；離遠之懷，天屬尤切。況將適異域，寧忘軫念；但上緣社稷，下爲黎元。遂抑深慈爲國，大計是用，築茲外館，割愛中闈。將成萬里之婚，冀定四方之業。以其誠信所立，國家攸寧，義以制名，式崇寵號，宜以幼女封爲寧國公主。……」〔註 50〕並由漢中王瑀爲冊命英武威遠毗伽可汗使，送寧國公主至回紇。同年秋七月，公主出降，肅宗親自送至咸陽，公主泣而言曰：「國家事重，死且無恨。」，〔註 51〕上亦流涕而還。由此可見，肅宗極爲重視此次和親，寄望其能達成減少邊疆寇患和助唐平定安史之目的，吾人可從肅宗之〈冊漢中王瑀等文〉中得知，肅宗寄望之深切：「……匡復社稷，勘定寇讎，在此行也，勗哉其無替朕命」。〔註 52〕

反觀回紇，當漢中王瑀送寧國公主至回紇牙帳時，葛勒可汗衣赭袍胡帽，坐帳中榻上，儀衛甚盛，引瑀等立於帳外，並未如其他尚唐公主之外族，親迎於外，甚且以「儀衛甚盛」炫耀其威儀，並揶揄漢中王瑀，極端不敬。〔註 53〕

〔註 50〕 《唐大詔令集》卷四二，〈封寧國公主制〉。《冊府元龜》卷九七九〈外臣部和親二〉。

〔註 51〕 《新、舊唐書‧回紇傳》。

〔註 52〕 《欽定全唐文》卷三六七賈至，冊漢中王瑀等文。

〔註 53〕 《資治通鑑》卷二二○肅宗乾元元年七月，丁亥條。另見《新、舊唐書‧回紇傳》。其他尚唐公主之外族，如吐蕃之松贊幹布就曾親迎文成公主於河源，對

可見回紇之居功而驕，且有故意蔑視李唐之心態。

　　葛勒可汗於乾元二年（西元 759 年）四月卒，登里可汗繼立。此時寧國公主的遭遇相當悲慘和屈辱。《舊唐書‧回紇傳》云：「毗伽闕可汗初死，其牙官、都督等欲以寧國公主殉葬，……」。〔註 54〕《新唐書》云：「俄而，可汗死，國人欲以公主殉。」〔註 55〕《通鑑》卷二二一、肅宗乾元二年條載：「回紇欲以寧國公主為殉。」依照上述記載，葛勒可汗死後，回紇國人欲以寧國公主殉葬。按中原朝廷的和蕃公主，本身具有政治上和經濟上的意義。政治上之意義是藉「大國」中國之「威靈」，以統率北方游牧民族。〔註 56〕如突厥毗伽可汗屢請和親，懇求公主不得，曾謂郭元振云：「……但屢請不得，為諸國笑。」〔註 57〕又隋朝之長孫晟曾云：「臣觀雍閭……所以依倚國家，從與為婚，終當必叛，今若得尚公主，承藉威靈，玷厥、染干必又受其徵發」。〔註 58〕由此可知北方游牧民族以尚唐公主為榮，並作為政治上之資本。經濟上之意義，則是利用和親關係，以確保廣大中國的優厚市場，與豐富的賜與。〔註 59〕但此時之回紇，竟置上述唐公主所具政治與經濟重大意義於不顧，居然欲以身為肅宗親生女兒的寧國公主殉葬，可見在回紇心目中，李唐已不再是上國，回紇甚至認為其地位，應在李唐之上。因此以寧國公主殉葬，來炫示葛勒可汗之功蹟與榮耀。後寧國公主力爭曰：「回紇慕中國之俗，故娶中國女為婦。若欲從其本俗，何必結婚萬里之外邪！」然亦從回紇俗，為之劈面而哭，〔註 60〕方免於殉葬之辱，而於肅宗乾元二年（西元 759 年）丙辰，以無子，歸國。〔註 61〕

　　就此事件而言，登里可汗既繼立為可汗，若欲與唐維持親善關係，當保護寧國公主，免受如此屈辱，并納為可敦才是。但登里可汗只納寧國公主娣媵榮王女為可敦，聽寧國公主歸唐，由此似可推知，登里可汗根本不欲與唐

　　　　使者執子婿禮甚恭。
〔註 54〕《舊唐書》卷一九五，〈廻紇傳〉。
〔註 55〕《新唐書》卷二一七上〈回鶻上〉。
〔註 56〕林師恩顯：〈唐朝對回鶻的和親政策研究〉，頁 263，文載《政大邊政研究所年報》第 1 期。
〔註 57〕《新唐書》卷二一五下，〈突厥傳〉。《舊唐書》卷一九四上，〈突厥傳〉：「頻請不得，實亦羞見諸蕃。」
〔註 58〕《隋書》卷五一，〈長孫晟傳〉。
〔註 59〕同註 56。
〔註 60〕《通鑑》卷二二一，肅宗乾元二年四月，戊申條。
〔註 61〕同前註。

維持友好關係。

　　肅宗寶應元年（西元 762 年）四月，玄宗、肅宗相繼崩逝，代宗即位。登里可汗受史朝義之誘：「唐家天子頻有大喪，國亂無主，請發兵來收府庫」。〔註 62〕《通鑑》卷二二二載云：「回紇登里可汗已爲朝義所誘，云『唐室繼有大喪，今中原無主，可汗宜速來共收其府庫。』可汗信之……」。〔註 63〕於是登里可汗領眾而南。」，〔註 64〕藥子昂亦密數其丁壯，得四千人，老小婦人相兼萬餘人，戰馬四萬匹，牛羊不計。〔註 65〕此舉震驚了李唐，京師大駭。當時，代宗派遣劉清潭往回紇重修舊好，並徵其兵助討安史，登里可汗見清潭至即云：「我聞唐家已無主，何爲更有敕書？」其中隱現利用唐室內危，趁火打劫之意圖。後劉清潭雖力爭，但登里可汗不予理會，派人北收單于府之兵馬糧食，且進兵至三城北，「見荒城無戍卒，州縣盡爲空壘」，益加輕唐。〔註 66〕李唐迫不得已，提出優厚條件，派登里可汗之岳丈僕固懷恩往說回紇，並提供回紇之進軍路線，以便其洗劫，同時許其收復東都時，「得其資財以充軍裝」，登里可汗方幡然改變態度，爲唐攻打史朝義，解除了李唐之危機。

　　按登里可汗受史朝義之誘，發兵而南，已至三城北，李唐竟渾然不覺，可見李唐北邊防務已告解體。登里可汗所表現出來的舉措，已使李唐深具戒心，以後不得不注意北邊回紇之動向。而登里可汗因繼承其父葛勒之基礎，倚恃國勢之盛，不顧盟邦道義，乘人之危，著實使李唐爲之心生反感。但李唐迫於國內動亂，無法對抗，而且更思藉其騎兵助討安史，只有以容忍之態度，姑息回紇。

　　當回紇轉變態度，再度助唐討伐史朝義，進屯於陝州黃河北；李唐之天下兵馬元帥雍王适（即代宗長子，日後之德宗）率領侍從數十騎往見登里可汗，回紇與李唐之間，又發生一件不愉快之事件，史稱「陝州之恥」。《舊唐書》記載得很清楚，其云：「元帥雍王領子昂等從而見之，可汗責雍王不於帳前舞蹈，禮踞。子昂辭以元帥是嫡孫，兩宮在殯，不合有舞蹈。迴紇宰相及車鼻將軍庭詰曰：『唐天子與登里可汗約爲兄弟，今可汗即雍王叔，叔姪有禮

〔註 62〕 同註 32。

〔註 63〕 《資治通鑑》卷二二二，肅宗寶應元年九月，丙申條。

〔註 64〕 《舊唐書》卷一九五，〈廻紇傳〉。

〔註 65〕 同前註。

〔註 66〕 同前註。

數，何得不舞蹈？』子昂苦辭以身有喪禮，不合。又報云：『元帥爲唐太子也，太子即儲君也，豈有中國儲君向外國可汗前舞蹈。』相拒久之，車鼻遂引子昂、李進、少華、魏琚各搒捶一百，少華、琚因搒捶，一宿而死。以王少年未諳事，放歸本營。」〔註67〕《新唐書》載其結果云：「官軍以王見辱，將合誅回紇。王以賊未滅，止之。」〔註68〕就此因會面禮節衝突之事件而言，回紇登里可汗已無視李唐天可汗之威嚴，不承認李唐爲上國，欲以李唐皇帝兄弟之關係，強要雍王舞蹈行禮。而雍王及其隨從，堅持李唐天可汗之超然地位，不願向登里可汗舞蹈，因而見辱。就回紇而言，登里可汗敢在李唐國土上，侵犯李唐皇儲，並於雍王面前責打其隨從至死，此足以說明回紇是如何地蔑視李唐。就李唐而言，皇儲受辱，雖官軍欲合誅回紇，衡以當時李唐之軍力，恐難與回紇對抗，且尚有求於回紇之騎兵，因此回紇有恃無恐，而李唐亦明瞭當時之局勢，忍氣吞聲，未見有任何之抗議舉動。

肅宗寶應元年（西元 762 年），回紇援軍由僕固懷恩率領並任先鋒，與諸節度共攻史朝義，進克東京及河陽城。《通鑑》載云：「回紇入東京，肆行殺略，死者萬計，火累旬不滅。朔方，神策軍亦以東京、鄭、汴、汝州皆爲賊境，所過虜掠，三月乃已。比屋蕩盡，士民皆衣紙。回紇悉置所掠寶貨於河陽，留其將安恪守之。」〔註69〕《舊唐書》云：「初，廻紇至東京，以賊平，恣行殘忍，士女懼之，皆登聖善寺及白馬寺二閣以避之。廻紇縱火焚二閣，傷死者萬計，累旬火焰不止。及是朝賀，又縱橫大辱官吏。……時東都再經賊亂，朔方軍及郭英乂、魚朝恩等軍不能禁暴，與廻紇縱掠坊市及汝鄭等州，比屋蕩盡，人悉以紙爲衣，或有衣經者。」〔註70〕《新唐書》亦載云：「初，回紇至東京，放兵攕剽，人皆遁保聖善、白馬二祠浮屠避之。回紇怒，火浮屠，殺萬餘人；及是益橫，訽折官吏；至以兵夜斫含光門，入鴻臚寺。」〔註71〕由以上記載可知，回紇依照雙方約定克城之日，「得其資財以充軍裝」，是以縱兵大掠。但此次回紇之剽刧，比諸肅宗時期更爲慘烈，不但恣意剽掠財貨，甚且訽辱李唐官員放火殺人。回紇之行徑，不啻是在戰敗國裡，肆行燒殺，爲所欲爲，絕不像盟邦助討寇亂之舉措，比諸賊寇更是惡劣萬分。李唐朔方、

〔註67〕同前註。
〔註68〕《新唐書》卷二一七上，〈回鶻傳〉。
〔註69〕《資治通鑑》卷二二二，肅宗寶應元年十月，乙亥條。
〔註70〕《舊唐書》卷一九五，〈廻紇傳〉。
〔註71〕《新唐書》卷二一七上，〈回鶻傳〉。

－71－

神策等軍，亦起而效尤，大肆搶掠，李唐落得「鄉不完廬」、「比屋蕩盡」之下場。且登里可汗「繼進於河陽，列營而止數月。去營百餘里，人被剽刼逼辱，不勝其弊。」〔註 72〕就此而言，回紇、李唐均達到了雙方之目的。回紇至李唐內地，藉軍援而肆行刼掠，得財貨無數；李唐藉回紇之騎兵，擊滅史朝義收復東京。但李唐因回紇之恣意妄爲，形成之禍患比史朝義更爲棘手，不得不以分封節度使，來招降安史叛眾，求早日結束戰爭，以便遣歸回紇，造成方鎮的急速成長，也因爲安撫安史降眾，致使僕固懷恩蒙受冤屈，被逼而反，對李唐而言，眞是得不償失。而回紇本不在於助唐討逆，原在於率領族人就食中原，亦即著眼於李唐之財貨金帛，其無視於與唐之和親、聯軍等關係，對待李唐倒像對待戰敗國一般。登里可汗此種變本加厲之作爲，僅有使雙方之關係日形惡劣。由此，更可證明回紇早已不視李唐爲上國，僅是一個可恣意取得財貨的戰敗國而已。

當回紇完成助唐討逆之舉，由僕固懷恩送之出塞後，僕固懷恩即因種種因素（第四節詳論），受讒被迫而反，兩度引外族入侵李唐。第一次爲廣德二年（西元 764 年）十月，引吐蕃寇邠州及奉天，李唐京師爲之戒嚴。第二次於永泰元年（西元 765 年）誘吐蕃、黨項、羌、渾、奴剌及回紇大舉入寇，對李唐又一次形成危機。《舊唐書》謂此次外族之聯合入侵，眾至二十餘萬。〔註 73〕《通鑑》亦載云：「僕固懷恩誘回紇、吐蕃、吐谷渾、黨項、奴剌數十萬眾俱入寇，令吐蕃大將尚結贊摩、馬重英等自北道趣奉天，黨項帥任敷、鄭庭、郝德等自東道趣同州，吐谷渾、奴剌之眾自西道趣鳌屋，回紇繼吐蕃之後，懷恩又以朔方兵繼之。」〔註 74〕依筆者研判，入侵之主力當爲吐蕃與回紇。吐蕃助僕固懷恩叛唐之動機，於下節討論，此處僅就回紇而言。

登里可汗未即位之前，其父葛勒可汗曾爲其求婚，肅宗以僕固懷恩女妻之。及登里可汗立，僕固懷恩女立爲可敦。因此僕固懷恩即爲回紇登里可汗之岳丈，關係十分親密，而且可以說不帶任何政治色彩。因僕固懷恩出身僕骨部落，與回紇爲聯族，登里可汗娶僕骨部族女可敦，比諸娶李唐皇室女的政治婚姻，當然要來得親密。僕固懷恩既遭李唐之「欺侮」，身爲聯族僕骨子

〔註 72〕同註 70。

〔註 73〕《舊唐書》卷一九五，〈廻紇傳〉：「永泰元年秋，懷恩遣兵馬使范至誠，任敷將兵，又請回紇、吐蕃、吐谷渾、黨項、奴剌之眾二十餘萬，……。」

〔註 74〕《資治通鑑》卷二二三，代宗永泰元年九月，庚寅條。

婿的登里可汗，當然不會坐視，於是派遣重兵，供僕固懷恩攻唐，討回公道。僕固懷恩率眾至鳴沙縣，於永泰元年（西元 765 年）九月九日，病死於靈武。〔註75〕僕固懷恩一死，回紇入侵之口實已無，因此讓郭子儀得以入回紇營，說動回紇共擊吐蕃，解除李唐危機。設若僕固懷恩不死，李唐在此外族聯合入侵下，似有可能陷於萬劫不復。因回紇利用此機會稱兵入唐，一方面是為其岳丈「出氣」；另方面亦意在李唐之財帛。而吐蕃亦欲假李唐內部不合，乘機更進一步侵奪李唐之土地財貨，二者入侵動機相同。因此，在僕固懷恩受譖的一股怨氣下，定可撮成回紇、吐蕃聯盟，整個局面就要改觀。所以僕固懷恩不死，就算郭子儀與回紇存有多密切之關係，比起回紇可汗之岳丈，顯然要差上一大截；若僕固懷恩仍健在，郭子儀定不敢往回紇營中闖，雙方勢必一戰，其結果就未定數矣。

就此事件而言，回紇每利用李唐內部動亂，稱兵南下，回紇、李唐之間的同盟關係，事實上早已不復存在。登里可汗欲傾覆唐祚之心跡，更加明顯。因此，回紇使節在李唐境內，就大行其擾亂之能事。《舊唐書》云：「大曆六年（西元 771 年）正月，廻紇於鴻臚寺擅出坊市，掠人子女，……以三百騎犯金光門、朱雀門。是日，皇城諸門盡閉，……七年（西元 772 年）七月，廻紇出鴻臚寺，入坊市強暴，逐長安令邵說於含光門之街，奪說所乘馬將去。說脫身避走，有司不能禁。」〔註76〕《通鑑》云：「回紇擅出鴻臚寺，白晝殺人，有司擒之，上釋不問」〔註77〕《舊唐書》又載：「十年（西元 775 年）九月，廻紇白晝刺人於東市，市人執之，拘於萬年縣。其首領赤心聞之。自鴻臚寺馳入縣獄，刼囚而出，斫傷獄吏。」〔註78〕甚至於大曆十年（西元 775 年），回紇已蠢動，遣千騎寇夏州，迫使李唐於大曆十一年（西元 776 年），增朔方五城戌兵，以備回紇。大曆十三年（西元 778 年）正月，回紇寇太原，雙方關係已完全破裂。但代宗緣於西邊吐蕃之壓力，仍一本初衷，容忍姑息回紇。至代宗駕崩，德宗初即位時，遣中官梁文秀告哀於回紇，登里可汗不但不為禮，且欲乘李唐國喪，舉國南下，遂其傾覆唐祚之心願，終為親唐之宰相頓莫賀達干所殺，終結了一生欺陵李唐之作為。

〔註75〕《舊唐書》卷一二一，〈僕固懷恩傳〉。
〔註76〕《舊唐書》卷一九五，〈廻紇傳〉。
〔註77〕《資治通鑑》卷二二五，代宗大曆九年九月，壬寅。
〔註78〕同註 76。

　　再就李唐、回紇雙方之「絹馬交易」而言，絹馬交易始於肅宗乾元年年間，亦即登里可汗在位之時。絹馬交易無疑是李唐經濟之一項沈重負擔。《通鑑》卷二二四大曆八年（西元 773 年）五月載：「回紇自乾元以來，歲求和市，每一馬易四十縑，動至數萬匹，馬皆駑瘠無用，朝廷苦之，所市多不能盡其數，回紇待遣、繼至者常不絕於鴻臚。至是，上欲悅其意，命盡市之。秋，七月，辛丑、回紇辭歸，載賜遺及馬價，共用車千餘乘。」《新唐書・食貨志》云：「時，回紇有助收兩京功，代宗厚遇之，與中國婚姻，歲送五十萬匹，酬以縑帛百萬餘匹，而中國財力屈竭，歲負馬價。」，〔註79〕另《唐會要》卷七二及《舊唐書》均有類似之記載。〔註80〕可見李唐對此交易，在經濟方面是不堪負荷、不勝其擾。但就當時局勢而言，因李唐內部動亂頻仍，牧馬爲官吏及邊民刼掠，〔註81〕且西邊吐蕃亦不斷入侵，盡陷李唐牧馬之監牧地，〔註82〕因而李唐國內之戰馬大感缺乏，必須向外族購買以補充不足。另方面亦以「買馬」之方式，鞏固與回紇之間的情誼，因此「絹馬交易」應是李唐之政策，不可謂爲回紇無理的敲詐與勒索。因從事國際貿易時，爲追求利益而大量傾銷，乃爲常態。而李唐本身之經濟情況，因久經戰亂，人民脫離生產，再加上皇帝本人斂財，信佛建寺耗費鉅億，導致衰敗不堪，不應只歸咎於回紇之大量市馬。至於「一馬易四十縑」，係自由貿易雙方議定之價格，以之譴責回紇，有失公允。是故，筆者以爲「絹馬交易」係李唐自身用以「固回紇心」之政策，亦是本身迫切需要所致。而回紇因政治情勢穩定，又無天然災害，因此蓄有大量馬匹，必須找尋廣大的市場，因而傾銷於李唐，此爲極自然之現象。是故筆者未將「絹馬交易」列於回紇勢陵李唐之文內討論。但回紇之大量傾銷馬匹於李唐，對李唐而言，確是一項沈重的負荷，甚至使原本已拮据不堪的經濟情勢，更加速其崩頹，則是不

〔註79〕《新唐書》卷五一，〈食貨一〉。

〔註80〕《唐會要》卷七二，〈軍雜錄〉：「大曆七年八月，廻紇使還蕃，以國信物一千餘乘遺之。又回紇恃功，自乾元後仍歲來市，以馬一匹易絹四十四匹，動至數萬馬，其使候遣，繼留於鴻臚寺者非一，番人欲帛無厭，我得馬無用，朝廷甚苦之……。」《舊唐書・廻紇傳》：「（大曆）八年十一月，廻紇一百四十還蕃，以信物一千乘。廻紇恃功，自乾元之後，屢遣使，以馬和市繒帛。仍歲來市，以馬一匹，易絹四十匹，動至數萬馬。其使候遣，繼留於鴻臚寺者，非一。蕃得帛無厭，我得馬無用。朝廷甚苦之……。」

〔註81〕劉師義棠：《維吾爾研究》，頁 329 及頁 350。

〔註82〕按李唐牧馬之監牧地爲隴右、金城、平涼、天水四郡之地，及河西豐曠之野（見《張說之文集》卷一二，大唐開元十三年隴右監校頌德碑）。而上述之地區，於代宗年間均陷於吐蕃手中。

容否認的事實。

　　綜合上文所述，回紇於登里可汗主政後，一反前期親善李唐之作風，對李唐作出了種種不敬與壓迫之作爲。登里可汗與代宗可說是同終始的主政者，代宗迫於局勢，對回紇一味姑息容忍，而登里可汗則變本加厲的欺陵，造成李唐上、下對回紇極端反感。因此自大曆十年（西元 775 年）以後，李唐加強北邊防務，以備回紇，登里可汗則欲乘代宗駕崩時，舉國南下入侵，而僕固懷恩更因與回紇有著翁婿密切關係，又主持向回紇借兵事宜，因此連帶受了池魚之殃，成了李唐對回紇一股怨氣的出處，成了替罪羔羊。

第三節　吐蕃猖獗入侵

　　吐蕃史上有二位著名且卓絕之贊普，分別爲松贊幹布、墀松德贊二位。吐蕃在此二位雄彊精明之贊普在位時，曾在亞洲的政治舞台上，大放異彩。本文之第二章第二節中，已介紹過松贊幹布。松贊幹布在位時，正好是李唐最英明之太宗時代，所以松贊幹布對李唐在武功方面，沒有什麼進展和斬獲。墀松德贊在天寶十四載（西元 755 年）即位，正是李唐安史亂如火如荼之時，因此墀松德贊對李唐之武功，能達於顛峯，甚至在代宗廣德元年（西元 763 年）攻陷李唐京師長安，迫使代宗出奔陝州。其勢力向四方擴展，甚至遠在西方的大食，都感受其壓力。本節擬就墀松德贊在位期間，吐蕃之內部情勢、墀松德贊對內、對外之作爲，及入侵李唐之經過及影響，做一探討。

一、吐蕃內部情勢與墀松德贊之作爲

　　吐蕃之政局，經常處在一種不平衡且鬥爭極爲激烈的狀態下，故其贊普時常遭到謀害。如曩日論贊被暗置毒而死，墀德祖贊（即墀松德贊之父）爲其二相東則布（vBal ldong tshap）和朗聶息（Lang myes zig）。所害。〔註83〕因吐蕃之政制類似封建，加諸疆域廣闊，交通不便，因此常造成割據之局面。若贊普彊雄，則可恢復君主專制。若不然，則常有中央政令，不達於諸邊境之情況發生。又吐蕃之貴族小王，係自吐蕃建國以前即存有之地方勢力，其權位、土地、人民和軍事力量，並非贊普所賦予。中央之贊普復以「聯婚手

〔註83〕See Shakabpa W.D. "Tibet A Political History" P 34。
　　　　See Hugh Richardson. "Three Ancient Inscriptions From Tibet". P.20。

段」達成鞏固中央之權勢，尋求有力之貴族小王的支持。加諸吐蕃之宗法，係以王儲年齡達十三歲，能騎馬、作戰、打獵之時，即須讓位給王儲。此繼承宗法，係基於棒教之觀念所立，用意在於使贊普必須讓位給王儲，或使其陷入險境。〔註84〕且贊普因娶有諸貴族小王之女為妻，故諸貴族小王為奪取更大的權勢，常有相互傾軋，相互鬥爭的情事發生。是以吐蕃王廷內常有驚濤駭浪之政變發生，其贊普亦常死於暗謀，而王儲亦常於幼年時即位，因此大權常旁落於舅氏手中，此為吐蕃內部政局常處於不平靜狀態的原因。

但像松贊幹布和墀松德贊在位時，就無類似情況發生，因為此二贊普，亟欲排除貴族小王之勢力，以達成絕對的中央集權，故向中國及印度引進佛教，以打擊舊有的棒教。眾所週知，一個生活困苦、地勢高亢而又風凜雪寒之地區，其民眾對於自然界之力量。有極度恐懼和尊崇之情緒，因此對於宗教有極度的狂熱和崇拜。而吐蕃之貴族小王，就以吐蕃之原始宗教——棒教（Bon ），來鞏固自己的權勢，如吐蕃有預言之巫師，有作法、醫病、求天降福消災之巫等，甚至連國事都是占卜來決定，或諮詢巫師後才實行。〔註85〕因此諸貴族小王常結合棒教巫師，以達成扶持或控制贊普之政治慾望，而贊普只是名義上政府的領袖，諸大權皆操持於彼等手中。因此松贊幹布和墀松德贊必須先排除掉棒教的勢力，方能排除掉貴族小王的反動勢力，建立起中央集權的威勢。是以對佛教之提倡，不遺餘力，藉以打擊棒教，排除貴族小王之霸權。〔註86〕

法尊在《西藏民族政教史》中云：「天寶十四年（西元755年），墀得（即墀德祖贊）王逝世，墀松德贊踐祚，因年幼，大權落於拏曩舅氏家。時大臣中之反對佛法者，謂國王夭折，國土不寧，皆由宏揚佛法所致，遂開始毀滅佛法，……。」〔註87〕實則墀德祖贊欲以推行佛教，達成排除貴族小王之掣

〔註84〕 See Giuseppe Tucci. "The Tombs of The Tibetan Kings" P.72。

〔註85〕 法尊：《西藏民族政教史》卷一：「……天旱饑饉疾疫流行。卜者謂因將佛像埋在地下所致，民眾畏懼……。」另同卷：「遂以多金收買諸巫師，令其故作謠言，今年王有大災，要有一大臣，居地窟中三月乃可免。乃誑仲巴結而活埋之……。」由以上記載可知，吐蕃之卜者與諸巫諸，其在政治上所扮演之角色。另見麥唐納者，鄭寶善譯，《西藏之寫真》，頁43至44。
See Shen, Tsung-Lien & Liu, Shen-chi, "Tibet And The Tibetan" P22。

〔註86〕 See Giuseppe Tucci, "The Tombs of The Tibetan Kings." P 72。
See Hoffmann, Helmut, "Tibet：A Handbook". PP128-129。
See Giuseppe Tucci. "Tibet, Land of Snow,"P 28。

〔註87〕 法尊：《西藏民族政教史》卷一。

肘，致遭受彼等之暗殺。〔註88〕墀松德贊幼年繼位，大權旁落，因此尋求其他支持佛教之部份貴族小王，共同計謀。法尊云：「王遂密召漾孃桑（Ang-Nya-bZang）、廓墀桑（Gos-Khri-bZang）等信佛之大臣，……共謂舅氏權重，宜設計處治後，再為進行。遂以多金，收買諸巫師，令其故作謠言，今年王有大災，要有一大臣，居地窟中，三月乃可免。乃誆仲巴結（為贊普舅氏 Grom-Pa-skyas）而活埋之，再流放惹陸貢（sTag-Ra-Klu-Gong）於北方荒原。次下敕諭，令一切臣民皆須奉行正法。」〔註89〕由此即知，墀松德贊成功地排除了反佛勢力，亦即其權勢已鞏固。且墀松德贊亦改變吐蕃之繼承宗法，當其讓位給牟尼贊普（Mu-Ne-bTsan-Po）時，牟尼贊普已是二十五歲。〔註90〕由此即知墀松德贊之處心積慮。王忠氏云：「吐蕃之官吏皆世襲酋長，各有土地百姓。」〔註91〕據吐蕃歷史文書之記載，於西元723年時，贊普將恩朗卓奈贊空勒與森可巾贊寧穹二人免職，任命却若奈興恭與努布赤松結達贊二人代之。〔註92〕由此可見此時能將之加以免職，足見其中央集權形勢已經相當穩定，且又合八行政區為四，政權統一。〔註93〕只是中央之王廷時常發生政爭，中央集權形勢雖已具備，然未確實執行。至墀松德贊成功的排除棒教貴族之勢力後，才真正地形成中央集權之態勢，吐蕃之政局亦隨之趨於穩定。但墀松德贊並未徹底消滅舊教勢力，舊教勢力只是暫時蟄伏而已，至墀松德贊末期，又復興起，形成吐蕃內部之危機。

就經濟之情勢而言。《舊唐書·吐蕃傳》云：「其地氣候大寒，不生秔稻，有青稞麥、豎豆、小麥、蕎麥。畜多犛牛豬犬羊馬又有天鼠，狀如雀鼠，其大如貓，皮可為裘。又多金銀銅錫」。〔註94〕由以上記載即知，吐蕃由於受地理條件之影響，其生產方式主要是畜牧，但亦有農耕。而且農產品在吐蕃

〔註88〕 See Shakabpa W.D. "Tibet A Political History" P 34。其云大多數之吐蕃史料載，墀德祖贊係因馬驚而摔死於 Yardok Batsal。但 Zol-do-Ring 載其為二位大相 Bal Dong Tsap 和 Langme Zig 所弒。
　　　　 See Hugh Richardson, "Three Ancient Inscriptions From Tibet" P 20。
〔註89〕 同註87。
〔註90〕 See Giuseppe Tucci. "The Tombs of The Tibetan Kings" PP 72-73。
〔註91〕 王忠：《新唐書吐蕃傳箋證》，頁85。
〔註92〕 〈吐蕃歷史文書〉（J. Bacot, F.W. Thomas et G.C. Toussaint：Documents de Touen-Houang Relatifs a L'histoire du Tibet,）頁23。轉引自王忠《箋證》頁85。
〔註93〕 同前註。
〔註94〕 《舊唐書》卷一九六，〈吐蕃傳〉。

民族之生活，佔有重要之地位。開元中訪吐蕃之慧超有云：「家常食麨，少有餅飯」。〔註95〕其中之「麨」，即由麥炒磨而成之食物。另《舊唐書》又載：「（弄讚）因請蠶種及造酒、碾、磑、紙、墨之匠，並許焉」。〔註96〕以上所載之造酒及碾、磑，均與小麥等穀物有密切之關係，也由此可證明吐蕃之農業相當盛行。另方面吐蕃常與李唐作戰，其「掠人畜、取禾稼」之行爲，亦是使吐蕃農耕進步原因之一。因吐蕃從攻掠唐境，虜獲李唐之壯丁從事農耕，得以引進先進之農耕技術，增加作物之產量，在農業的管理和經營上，均有長足的進展。吐蕃歷史文書之記載可爲證明：「西元 713 年，定綠地與灰地。西元 718 年，造達波的紅冊，劃分三如王田之田界與收穫區。西元 719 年計算三如王田分割後之面積與收穫物，定大藏王田之田界。西元 720 年，對大藏王田分割後之面積進行核算。」〔註97〕王忠氏據此認爲，其土地按肥瘠之不同而分別征稅，其農業稅已被視爲重要稅收。〔註98〕另《新唐書》載：「渾末，亦曰嗢末，吐蕃奴部也。虜法，出師必發家室，皆以奴從，平居皆散處耕牧……。」〔註99〕由此可知，渾末爲吐蕃之奴隸，平時從事農牧，戰時則受徵發。又《舊唐書》載：「貞元八年（西元 792 年）六月，吐蕃數千騎由青石嶺寇涇州（甘肅省涇川縣），掠田軍千餘人還……」〔註100〕另有吐蕃多掠「界人庶男女」等之記載。〔註101〕吐蕃擄掠李唐庶眾，當與發展農業有關。日人伊瀨仙太郎氏云：「吐蕃之農業分佈區，是在唐、蕃兩國接觸地帶，與奴隸分佈之地方大致相同。」〔註102〕而唐、蕃之接界，以前應爲李唐之國土，多營農耕，吐蕃利用了李唐之土地和庶眾，發展農業，增加農產品，以供給吐蕃軍國之用。吾人可從吐蕃歷史文書記載看出：「西元 744 年造各地兵士的灰冊」。王忠氏據此云：「……兵民分『冊』，士兵開始職業化，不復歸於生產事業。」〔註103〕此時吐蕃軍務倥傯，與四周鄰國均有戰事，軍糧之需要量，定極爲龐大，而不見其有任何困難之記載。可見其農業

〔註95〕羅振玉：《羅雪堂先生全集》三編六，〈慧超往五天竺國傳〉殘卷，頁 2085。
〔註96〕同註 94。
〔註97〕〈吐蕃歷史文書〉頁 22。轉引自王忠《箋證》頁 85。
〔註98〕見註 91。
〔註99〕《新唐書》卷二一六下，〈吐蕃傳〉。
〔註100〕《舊唐書》卷一九六下，〈吐蕃傳〉。
〔註101〕同前註。
〔註102〕伊瀨仙太郎：《中國經營西域史研究》，頁 381。
〔註103〕見註 91。

發展之情況。至於吐蕃之牧業，爲其主要生產手段，牲畜之產量，當亦不少。另《兩唐書・吐蕃傳》，均記載吐蕃之朝貢品，皆爲黃金，〔註104〕由此可見其礦產之豐。也由此可知其兵器之利。

　　其次就吐蕃與李唐之通商貿易而言。《資治通鑑考異》卷十一、通天元年（西元 676 年）九月、「吐蕃請和親」條載：「御史臺記論欽陵必欲得四鎮，及益州通市，乃和親朝廷不許。」《新唐書・吐蕃傳》載：「吐蕃又請交馬於赤嶺，互市於甘松嶺。宰相裴光庭曰：『甘松中國阻，不如許赤嶺。』乃聽以赤嶺爲界，表以大碑，刻約其上。」〔註105〕另同書又載：「自是朝貢歲入。又款隴州塞，丐互市，詔可」。〔註106〕由以上記載可知，吐蕃期待與李唐互市，而李唐因兩方交戰頻仍，不肯與吐蕃互市，史籍上所記載之蕃使入唐次數甚多，〔註107〕日人伊瀨仙太郎氏認爲，這些吐蕃使者表面上是入貢唐朝，實則是一種變相的小規模互市，蕃人個別攜帶物品來唐作交易，因朝貢數量有限，無法滿足吐蕃之一般社會及王庭貴族之需求，因此不斷要求正式互市。〔註108〕此外，吐蕃亦與其他國家有所貿易關係。〔註109〕由於吐蕃之武力強盛，國土向四方擴展，對其周邊之屬國，均給予極重之役賦，尤其在墀松德贊之時。據湯瑪斯氏（F. W. Thomas）所譯之敦煌史料云：吐蕃至墀松德贊即位後，即對其所屬國強迫抽取極重之賦稅。〔註110〕又《舊唐書》卷一九七，〈南詔傳〉云：「大曆十四年（西元779年）……吐蕃役賦南蠻重數，又奪諸蠻險地立城堡，歲徵兵以助防……」同書〈東女國傳〉亦載：「……自中原多故，皆爲吐蕃所役屬。其部落大者不過三二千戶，各置縣令十數人理之。土有絲絮，歲輸於吐蕃。」〔註111〕另吐蕃亦先後攻取西域諸城邦，在吐蕃淫威下，當亦像南詔、東女國般，爲其抽稅之對象。由此即知吐蕃之經濟情勢，甚爲優裕，

〔註104〕《舊唐書》卷一九六上，〈吐蕃傳〉：「故作金鵝奉獻，其鵝黃金鑄成……。」另同卷云：「……并獻金銀珠寶十五種……。」《新唐書》卷二一六上，〈吐蕃傳〉：「命使者貢金甲……。」同卷：「并獻金琲十五種……。」
〔註105〕《新唐書》卷二一六上，〈吐蕃傳〉。
〔註106〕《新唐書》卷二一六下，〈吐蕃傳〉。
〔註107〕根據侯林伯氏之統計，自太宗貞觀八年起，至武宗會昌二年止，蕃使來唐，約一百次。見侯林伯：《唐代夷狄邊患史略》，頁 125。
〔註108〕伊瀨仙太郎：《中國經營西域史研究》，頁 383。
〔註109〕詳見上書，頁 384 至頁 387。
〔註110〕See J. Bacot, F.W. Thomas et G.C. Toussaint, "Docu-ments de Touen-Houang Relatifs a L'histoire du Tibet" P 63。
〔註111〕《舊唐書》卷一九七，〈東女國傳〉。

縱使其國內發生天然災害，亦不致像漠北游牧汗國般，馬上受到影響，因有互市貿易所得，諸屬國之賦役，及經營農業所貯藏之食糧得以支持。因此吐蕃與李唐之戰爭，經常是持久且徹底的戰爭，而不像漠北汗國僅作短暫式的攻擊。〔註112〕

就軍事方面而言，本文第三章第三節中，已敘述其武力之強勁，民族性強悍無比，且行軍國主義，鼓勵民眾好戰。義大利學者杜奇氏（G. Tucci）云：「吐蕃軍隊以十進法組織，就像蒙古、突厥和早期的希臘所實行的軍制一般，有千夫長，百夫長和什夫長。」〔註113〕又高長柱氏在《邊疆問題論文集》中，提及西藏兵制之組織，動員及其戰鬥力與戰鬥方式等，似可以之作爲吐蕃軍事力量之參考。其云：「一、組織：藏兵爲徵兵制，凡男子之壯丁（十六歲以上），三丁抽一，五丁抽二，七丁抽三，服兵役年限至五十五歲止。大人爲什，十什爲牌，十牌爲寨，五寨至十寨爲溝，溝則直屬土司、土官。什有長，牌有頭，寨、溝有主，政府或土司、土官、寨主，均得直接徵調壯丁，參加戰爭。二、動員：政府因平靖內亂，及對外作戰之緊急動員在六百里以內，可於四晝夜集中之。當局於決定動員後，以預刻木符，遣人馳至各溝示溝主，溝主即於預定哨樓（即石碉，高五六丈、七八丈以石砌成，多位於山之高處）鳴銅鑼。各寨專司聞鑼之人，即奔告寨主，寨主即擊木梆。各牌依梆聲之緩慢而定集合時期之緩急，即須戎裝持械，至一定場所集合。十什集合既畢，一人執牌旗前導，隊伍隨之馳寨所。由寨主率之，行至總集合場，合馬步等隊至溝主所在地。或在路候寨主來到，同赴當地長官或土司之所，聽候差遣，毫無爽約違命之事。此即今歐美文明國家之全國總動員之模型，故吐蕃之強，屢爲內患者，良有以也。三、其戰鬥力及其戰鬥方式：1.不問敵強弱，不問敵己所處之地位如何，攻擊令下，即勇往直前向敵攻擊。2.如己受傷，則設法報復，決不忘仇。3.敵人敗退，則竭力窮追，務達殲滅敵人而後已。4.對佔領區域之子女、玉帛、糧食、器用竭盡破壞與沒收之能事。5.殘殺俘虜，毫無人道憐惜思想。6.能利用地形之隱蔽，以待敵人。7.前進多依地形而定，甚少整齊。」〔註114〕由以上高長柱氏所云，吾人即知吐蕃軍力之強盛於一般，無怪乎，以盛唐時之軍力對抗吐蕃，尚且是「命將興師，相繼不絕，空勞士馬，虛費糧

〔註112〕伊瀨仙太郎：《中國經營西域史研究》，頁 392。

〔註113〕See Giuseppe Tucci. "Tibet, Land of Snow" P24。

〔註114〕高長柱：《邊疆問題論文集》，頁 115 至頁 117。

儲；近討則徒損兵威，深入則未窮巢穴」，〔註115〕吐蕃方面則是「大戰則大勝，小戰則小勝，未嘗敗一隊亡一夫」。〔註116〕更何況是李唐內部紛擾，武力隳壞之時。吐蕃至墀松德贊時，分為四軍區，分由四節度統領。〔註117〕湯瑪斯氏（F. W. Thomas）云：吐蕃之軍隊為地區性質。〔註118〕又郭子儀〈上封論備吐蕃利害〉曰：「……今吐蕃充斥，勢強十倍，兼河隴之地，雜羌渾之眾，每歲來闚近郊，以朔方減十倍之軍，當吐蕃加十倍之騎，欲求制勝，豈易為力？近入內地，稱四節度，每將盈萬，每賊兼乘數四。臣所統將士，不及賊四分之一；所有征馬，不當賊百分之二……。」〔註119〕由此可見，李唐與吐蕃間之強弱形勢。

綜合以上所述，吐蕃於墀松德贊在位時，其國勢和國力達於顛峯，立於拉薩（Lhasa）之恩蘭達札路恭紀功碑（Zol-Do-Ring）南面碑銘載云：「……墀松德贊是一位睿智且廣納眾議的贊普，其為帝國所作所為均非常成功，他征服且佔領了中國許多地區和城堡，中國皇帝孝感皇帝（Hehu Ki Wang）（肅宗）和其大臣甚懼。他們不得不每年貢獻出五萬匹絲絹。當 Hehu Ki Wang（肅宗）死，其子廣平王 Wang Peng Wang（代宗）繼立，Wang Peng Wang（代宗）未能納貢而激怒了贊普。Ngan lam Klu Khon（恩蘭路恭）上策贊普進擊中國京師，於是派 Zhang Mchims rgyal Zigs shu Theng 和 Blon Stag Sgra Klu Khong（論達札路恭）二人攻打長安（Keng Shir），激戰於 Chow Chi 熱屋河岸，中國軍隊有的逃逸，有的被殺，中國皇帝（代宗）棄長安逃往 Shem Chow（陝州）……（吐蕃）立金城公主之幼弟為中國皇帝……（吐蕃）帝國之聲威遠播……。」〔註120〕由此可知墀松德贊時，吐蕃對李唐之戰事甚為順利，甚且攻下李唐之京師。且墀松德贊於德宗貞元六年（西元 790 年）攻陷北庭後，吐蕃之軍隊向西推進，越過帕米爾高原，達於烏滸水（Oxus River）（即今阿母河 Amu Darya

---

〔註115〕《舊唐書》卷九〇，〈郭正一傳〉。
〔註116〕《陳伯玉文集》卷九，〈陳雅州討生羌書〉。另見《舊唐書》卷一九〇，〈陳子昂傳〉。
〔註117〕See Shakabpa W.D. "Tibet A Political History" P 43。
〔註118〕See Thomas F.W. "Tibtan Documeuts Concerning Chinese Turkestan .Vll. The Tibetan Army" P 418。
〔註119〕《舊唐書》卷一二〇，〈郭子儀傳〉。
〔註120〕佐藤長：《古代チベット史研究》下卷，頁 524、525、頁 533、534。
　　　　See Hugh Richardson. "Three Ancient Inscriptions From Tibet" PP. 20-21。
　　　　See Shakabpa W.D. "Tibet A political History" PP. 40-41。

在俄屬中亞南部）。〔註121〕連大食亦感到吐蕃之壓力，而與李唐聯盟以阻止吐蕃之進展。因此在窮結（vPhyongs rgyal 位於雅魯藏布江南岸支流雅礱河上游東岸）的一座橋附近立有一塊石碑，上刻有褒揚墀松德贊之語云：「墀松德贊贊普，由於您父祖之努力，我國因而強盛，我教因而宏揚。我寫此碑銘以紀念您的勳績。您實現了您父祖所有的期望——國家的和平與福祉，及改善寺廟。我已寫了一篇詳細的報告，是關於您偉大事業及帝國之擴張，此報告已存於您檔案中。墀松德贊贊普，您與其他鄰國之君主大不相同，您浩大的權勢和威望，振動了西方的大食、東方的李唐，甚且遠播至北方及南方。您的開疆拓土，帶給吐蕃無比榮耀。我們是快樂的人民，因爲您的慈悲胸懷，得以平和地崇奉我們宗教。您不但慷慨仁慈地待您的子民，而且澤被眾生。這就是人們敬號您爲 vPhrul gyi Lha Byang chub chen po（聖神大菩提）的原因。〔註122〕

二、吐蕃入侵之經過及其影響

正當李唐因安史之亂，盡調西北邊防軍東來平亂，致予吐蕃可乘之機，逐年蠶食李唐西境。《舊唐書》云：「肅宗元年建寅月（正月）甲辰，吐蕃遣使來朝請和，敕宰相郭子儀、蕭華、裴遵慶等於中書設宴。將詣光宅寺爲盟誓，使者云：蕃法盟誓，取三牲血歃之，無向佛寺之事，請明日須於鴻臚寺歃血，以申蕃戎之禮。從之。」〔註123〕恩蘭達札路恭紀功碑碑銘則記載云：「……中國皇帝肅宗和其大臣甚懼。他們不得不每年貢獻五萬匹絲絹。……」〔註124〕根據當時之形勢而言，李唐因剿安史叛眾之戰事方殷，實無力對抗吐蕃之入侵，故吐蕃遣使求和，肅宗「雖審其譎」，亦無奈之何，而「姑務紓患」，遂令宰相郭子儀等人與之和盟。至於和盟之條件爲何，中國史籍未載，吐蕃却有碑文謂李唐每年貢奉五萬匹絹。依照當時雙方情勢分析，李唐居於下風，備受威脅，理當提出優厚條件，以滿足吐蕃之需求，吐蕃當亦恃勢勒索。據此判斷，吐蕃之碑文記載或屬事實。只是李唐碍於「天可汗」之尊嚴，未載於史乘。吐蕃雖得有李唐每年五萬匹絹的允諾，却仍不斷入侵李唐。至代宗

〔註121〕See Shakabpa W.D. "Tibet A Political History". P.44。
〔註122〕Ibid. PP.45-46。
〔註123〕《舊唐書》卷一九六上，〈吐蕃傳〉。
〔註124〕見註120。

廣德元年（西元 763 年），吐蕃已入大震關（今陝西省隴縣西隴山之下再西即街亭），陷蘭（今甘肅皋蘭）、廓（今青海貴德黃河北岸）、河（今甘肅臨夏）、鄯（今青海樂都）、洮（今甘肅臨潭西南）、岷（甘肅今縣）、秦（今甘肅秦安）、成（甘肅今縣）、渭（今甘肅隴西縣）等州，盡取河西、隴右之地。數年間，西北數十州相繼淪沒，自鳳翔（陝西省今縣）以西、邠州（陝西今縣）以北，皆為左衽。〔註 125〕且劍南、西山亦於乾元之後陷於吐蕃。

至代宗廣德元年（西元 763 年）九月，吐蕃寇陷涇州（今甘肅涇川縣）。十月，寇邠州（今陝西邠縣），又陷奉天縣（今陝西省乾縣）。《通鑑》載云：「吐蕃之入寇也，邊將告急，程元振皆不以聞。冬十月，吐蕃寇涇州，刺史高暉以城降之，遂為之鄉導，引吐蕃深入；過邠州，上始聞之。辛未，寇奉天、武功，京師震駭。詔以雍王适為關內元帥、郭子儀為副元帥，出鎮咸陽以禦之。但郭子儀閒廢日久，只召募得二十騎至咸陽，時吐蕃帥吐谷渾、黨項、氐、羌二十餘萬眾，已自司竹園渡渭，循山而東。郭子儀使判官中書舍人王延昌入奏，請益兵，為程元振所阻。癸酉，謂北行營兵馬使呂月將，將精卒二千破吐蕃於盩厔（陝西省長安縣西）之西。乙亥，吐蕃寇盩厔，月將復與力戰，兵盡為虜所擒。上方治兵，而吐蕃已度便橋（即西渭橋在咸陽縣南），倉猝不知所為，丙子出幸陝州（河南今縣），官吏藏竄，六軍逃散。戊寅，吐蕃入長安，高暉與吐蕃大將馬重英等立故邠王守禮之孫承宏為帝，改元，置百官，以為翰林學士于可封等為相。吐蕃剽掠府庫市里，焚閭舍，長安中蕭然一空」。〔註 126〕

據湯瑪斯氏譯自敦煌史料云：「虎年（西元 762 年）……晚冬中國皇帝死（指肅宗），新皇帝繼立（指代宗），中國沒有貢奉絹稅和地圖等，中國政府崩潰。尚野息（Zhang Rgyal Zigs）、尚東贊（Zhang Stong Tsan）等度過了 Bum Lin 鐵橋……，許多中國城鎮，Hbu Sin Kun Zin Cu（秦州）、Ga Cu（河州）等均攻陷。……尚野息、大相 Stag Sgra、尚東贊和尚贊哇（Zhang Btsan Ba）攻陷 Ke Si（京師，即長安），中國皇帝逃逸，（吐蕃）指派了一位新皇帝，……。」〔註 127〕恩蘭達札路恭紀功碑碑銘亦載：「……Wang Pen Wang（代宗）未能納

〔註 125〕《資治通鑑》卷二二三，代宗廣德元年七月，戊辰條。

〔註 126〕同前註。

〔註 127〕See J. Bacot, F.W. Thomas et G.C. Toussaint, "Documents de Touen-Houang Relatifs a L'histoire du Tibet" PP 65-66。

貢而激怒贊普……於是派 Zhang mchims Rgyal Zigs zhu Then 和 Blon Stag Sgra Klu Khong 二人攻打長安……中國皇帝（代宗）棄長安逃往陝州……立金城公主之幼弟爲中國皇帝……（吐蕃）帝國聲威遠播……。」〔註128〕由雙方史料之記載看來，吐蕃係因李唐未能按約納貢，墀松德贊爲之震怒，而攻陷長安，並立傀儡皇帝。實則吐蕃居心叵測，其歷百年來，對李唐均採侵犯騷擾之政策，此時因李唐內部之動亂，又有閹宦之亂政，因此讓吐蕃攻陷了長安，代宗倉皇出奔陝州。而李唐則是代宗聽信閹宦讒言，廢置郭子儀，且忽視郭子儀數次之上言：「吐蕃、黨項不可忽，宜早爲之備。」〔註129〕甚且放任閹宦胡作非爲，迫辱方鎮，逼死同華節度使李懷讓，〔註130〕誣山南東道節度使來瑱與安史合謀，致來瑱遭流死，〔註131〕又誣陷裴冕，因此天下方鎮解體，代宗下詔徵兵，各方鎮無一兵一卒至。致使吐蕃長驅直入，京師失陷。

　　就此事件而言，吐蕃入長安僅留十三日，不但改元立傀儡皇帝、置百官，且大肆刼掠，長安蕭然一空。王忠氏認爲：「吐蕃當時並未存滅唐之想，入長安僅十三日，即自動退去。又廣武王承宏代宗收京後不問，因其與吐蕃並無預謀。可見吐蕃得入長安，純係偶然機會。」〔註132〕據吐蕃史料判斷，此舉似在懲罰代宗之不納貢，而另立金城公主之幼弟爲帝；另方面亦意在李唐之財帛。而李唐方經安史之亂，元氣喪盡，且猜疑平亂功臣，方謀奪其兵柄，因此將士怨憤而不用命。李唐之太常博士柳伉疏云：「犬戎犯關度隴，不血刃而入京師，刼宮闈，焚陵寢，武士無一人力戰者……。」，〔註133〕由此可知李唐當時之窘況。但代宗仍不醒悟，仍以閹宦用事。當時回紇對李唐亦是極盡欺陵之能事，李唐爲免兩面作戰，同時對兩個強敵作戰，非李唐能力所及，因此極力安撫回紇，而全力抵抗吐蕃之入侵。

　　李唐經此浩刼未久，接著僕固懷恩又因受讒，憤而引吐蕃、回紇入侵，李唐遂又面臨另一次大危機。廣德二年（西元764年）十月，僕固懷恩引吐蕃十萬入寇涇、邠州，又寇奉天、醴泉，京師戒嚴，後爲郭子儀所拒而退。永康元

〔註128〕見註120。
〔註129〕《資治通鑑》卷二二二，代宗廣德元年夏，四月，庚辰條。
〔註130〕《舊唐書》卷十一，〈代宗本紀〉：「同華節度使李懷讓自殺，爲程元振所構。」
〔註131〕《舊唐書》卷一一四，〈來瑱傳〉：「時中官驃騎大將軍程元振居中用事，發瑱言涉不順，王仲昇賊平來歸，證瑱與賊合，故令仲昇陷賊三年。代宗含怒久之。」因此遭流死。
〔註132〕王忠，《新唐書吐蕃傳箋證》，頁89。
〔註133〕《資治通鑑》卷二二三，代宗廣德元年十月，己亥條。

年（西元765年）八月，僕固懷恩又糾合吐蕃、黨項、羌、渾、奴剌及回紇等，眾號二十萬，南犯京師。李唐面對此外族之聯合入侵，代宗手足無措，李唐陷入空前危機。《通鑑》於代宗永泰之年（西元765年）載云：「九月庚戌，下制親征。辛亥，魚朝恩請索城中，括士民私馬，令城中男子皆衣皁，團結為兵，城門皆塞二開一。士民大駭，踰垣鑿竇而逃者甚眾，吏不能禁。朝恩欲奉上幸河中以避吐蕃，恐群臣議論不一，一旦，百官入朝，立班久之，閤門不開，朝恩忽從禁軍十餘人操白刃而出，宣言：『吐蕃數犯郊畿，車駕欲幸河中，何如？』公卿皆錯愕不知所對。」〔註134〕由此記載判斷，魚朝恩如此作為，似為代宗授意。且代宗對此次戰事毫無信心，吾人可由其數次憂心忡忡地詢問郭子儀等人，即知其心意。〔註135〕若由魚朝恩提出，加以示威方式，群臣不敢反對，則代宗即可棄京師避兵鋒，名正言順，亦可推卸責任。奈何劉給事獨出班抗聲反對，此事方寢。由此可見僕固懷恩兩度引外族聯軍入侵，給李唐極大威脅。

　　此役吐蕃大掠男女數萬而去，所過焚廬舍，蹂禾稼殆盡，為患頗鉅，終因僕固懷恩適時遇疾死於靈武，郭子儀得以單騎入回紇營，說明回紇共擊吐蕃，吐蕃大潰，方行引去，李唐因之解除了空前危機。李唐為酬謝回紇，前後贈賚絹帛十萬匹；府藏空竭，稅百官俸以給之。〔註136〕由此觀之，李唐國祚，危在旦夕，非有回紇助力，無法延續。也因此造成回紇與吐蕃間更深之仇隙，雙方首次交戰，吐蕃損失甚重，遭斬首五萬餘級，生擒一萬餘人，損失駝馬牛羊凡百里相繼，不可勝紀，蕃落五千餘人亦遭擒。〔註137〕

　　此後，吐蕃仍頻歲內侵李唐，從大曆元年（西元766年）至代宗末年（西元779年）歷十四年期間，無歲不戰，無月不戰，吐蕃之禍達於顛峯，此時，吐蕃已自李唐奪得廣大土地，因此入侵不以奪地而以擄掠人口、財貨為目的。而李唐內部仍有閹宦與方鎮亂政，加諸此時回紇已與李唐反目，李唐必須分兵備禦回紇，但內部久經戰亂，也需休養生息，因此根本無力，甚至無意向吐蕃收回失地。

〔註134〕《資治通鑑》卷二二三，代宗永泰元年條九月，庚戌、辛亥。
〔註135〕《資治通鑑》卷二二三，代宗廣德二年正月，丙午：「……上方以懷恩為憂，召見抱真問計，……。」另同卷代宗廣德二年八月，丙寅條云：「郭子儀自河中入朝，會涇原奏僕固懷恩引回紇，吐蕃十萬眾將入寇，京師震駭，詔子儀師諸將出鎮奉天。上召問方略，對曰『懷恩無能為也。』上曰：『何故？』……。」由以上記載，可看出代宗之憂心和充滿懷疑之口氣。
〔註136〕《資治通鑑》卷二二三，代宗永泰元年十月，乙酉條。
〔註137〕《舊唐書》卷一九五，〈廻紇傳〉。

　　至德宗時，秉著「欲攘外、先安內」之原則，思對跋扈之方鎮加以制裁，加上回紇之倚勢欺陵，因此立即與吐蕃議和，承認吐蕃所佔領之唐地，欲與回紇疏遠，更進而思借吐蕃之兵，以平靖反叛之方鎮。

　　吐蕃既乘李唐內危，連下河隴地區，並終代宗一朝，不斷對李唐施壓，李唐因而無法集中兵力，掃除國內跋扈方鎮，拔除內部巨蠹，又因李唐君主對掌兵權之將帥，採不信任之態度，用閹宦監軍，致使李唐對內對外之軍事行動，備受干擾與掣肘。且軍務倥傯，耗費不貲。加以須對回紇、吐蕃供給大量財貨，因此不論在政治、軍事、經濟、社會等各方面，均形成連鎖式且循環性的惡化，尤其是吐蕃之猖獗入侵，迫使李唐不得不忍氣吞聲向回紇低頭，思藉回紇之力，對內對外均有所助益。事實上，僕固懷恩叛唐之役，也全賴回紇陣前反擊，李唐方獲生機。且西域方面，李唐之安西、北庭兩都護府，亦賴回紇之力，而苟延殘喘。若李唐不能忍一時之氣，遽與回紇反目，則後果不堪設想，也因李唐把握了「聯回抗蕃」之原則，得以度過代宗初即位最危險的時期。主持向回紇借兵之僕固懷恩與郭子儀居功厥偉。也因僕固懷恩與回紇不但有同族之誼，且有姻親之情，方能順利引入回紇援軍。平心而論，僕固懷恩爲李唐所立下之功勞，應該在郭子儀之上，但僕固懷恩非但未受善待，反爲李唐所迫害，致釀成李唐之滔天大禍，原因何在？實在值得探討。

第四節　僕固懷恩事件

　　僕固懷恩係出鐵勒，乃僕骨歌濫拔延之後。〔註 138〕僕固亦即僕骨（Bargut），本屬鐵勒部族之一，與回紇有血統淵源。其部落性格《新唐書》謂其「俗梗驁，難召率」，〔註 139〕原臣於突厥，後附薛延陀，唐太宗遣李世勣滅薛延陀，僕骨部落遂在貞觀二十年（西元 646 年），隨鐵勒九姓大首領來降。〔註 140〕太宗以僕骨歌濫拔延爲右武衛大將軍、金微都督。爾後，僕骨遂訛爲

〔註138〕《舊唐書》卷一二一〈僕固懷恩傳〉：「僕固懷恩，鐵勒部落僕骨歌濫拔延之曾孫。」該書校堪記云：「拔延生乙李啜拔，乙李啜拔生懷恩。則懷恩是拔延之孫，此句曾字疑衍。」按近時於外蒙中央省考古掘出立於西元 678 年的僕固乙突墓誌，此墓誌載明歌濫拔延爲乙突之祖父，而乙突死於西元 678 年，僕固懷恩死於西元 765 年，因此，歌濫拔延絕非懷恩之曾祖或祖父，而屬不確定數代之前的先祖。

〔註139〕《新唐書》二一七下，〈回鶻傳〉。

〔註140〕《資治通鑑》卷一九八，太宗貞觀二十年十二月，戊寅。

「僕固」，且成爲該族族人之姓氏。僕骨歌濫拔延生思訇，思訇生乙突，後經數代有乙李啜，乙李啜即僕固懷恩之父，數代世襲金微都督，至僕固懷恩時代，已歷時百年。由此可知僕固懷恩一族與李唐關係之密切。至僕固懷恩時，已入仕唐廷。玄宗天寶年間，加左領軍大將軍同正員、特進，歷事節度使王忠嗣、安思順，史稱其「以善格鬥，達諸蕃情，有統禦材」，〔註141〕被王、安委爲心腹。安史亂起，懷恩又先後受封爲豐國公、大寧郡王、太子少師、太保等銜，且蔭及子弟。

　　考僕固懷恩之所以能崛起於唐廷，乃李唐對入降胡人之態度與李唐之胡化有關。李唐王室，起源於北朝胡化之漢人，血統本爲漢、胡混雜者，〔註142〕對所謂「夷夏」觀念，原甚淡薄。故太宗每定異族，即於其地置羈縻州府，以其酋長爲都督、刺史，予以高度自治權，甚至委以中央要職，與漢人比肩於朝。至高宗、武后之世，異族將才之盛，並不遜於貞觀年間。〔註143〕此等現象之極至，則爲玄宗委入塞胡人以方面之任，沿邊十節度使，俱爲胡人。且李唐既爲世界帝國，〔註144〕則民族、文化相互交融是必然現象。李唐草創之初，因應四夷之窺，曾大力提倡武事，太宗即曾揀練士卒習射於宮中。至高宗既定四夷，武事荒怠，科舉遂盛，重文章之選，進士科成爲天下風尚所趨，往者尚武之風，逐漸消失。因此，不得不將禦敵安邊之事，委於諸胡將。僕固懷恩即在此種時代背景下，崛起於唐廷。

　　本節擬從僕固懷恩在唐、回關係中所扮演之角色，及其叛唐始末著手，以探討其促成回、蕃聯手侵唐之事件，對唐、回、蕃三邊關係之影響。

一、僕固懷恩在唐、回關係之角色

　　前文已述，僕固懷恩出身僕骨部族，爲九姓鐵勒之一，與回紇有血統淵源，因之與回紇有同族之誼。僕固懷恩於何時入仕唐廷，史無明文。但於玄宗天寶年間，已在朔方軍中，歷事朔方節度使王忠嗣、安思順等人。天寶初年，朔方節度使王忠嗣曾聯結回紇等部攻擊東突厥，東突厥因此衰亡。《舊唐書‧王忠嗣傳》云：「……時突厥葉護新有內難，忠嗣盛兵磧口以威振之。烏

〔註141〕《舊唐書》卷一二一，〈僕固懷恩傳〉。
〔註142〕李唐氏族之推測。及王桐齡：《楊隋李唐先世系統考》。
〔註143〕傅樂成：〈唐代夷夏觀念之演變〉，頁209。文載《大陸雜誌》二五卷8期。
〔註144〕參閱羅香林：《唐代文化史》。

蘇米施可汗懼而請降，竟遷延不至。忠嗣乃縱反間於拔悉密與葛邏祿、廻紇三部落，攻米施可汗走之。」〔註145〕根據以上記載判斷，王忠嗣之能縱反間於拔悉密、葛邏祿與回紇三部落，似僕固懷恩所爲。因僕固懷恩與此三部落有同族之誼，且彼此語言互通，而得以事成。因此，肅宗即位靈武後，欲聯結回紇以張軍勢，鑑於僕固懷恩先前之縱反間，且又與回紇部族有同源之誼，即於至德元載（西元 756 年）九月，遣僕固懷恩陪同燉煌王承寀往訪回紇。僕固懷恩不負使命，回紇不但將可敦妹嫁與承寀，且於至德年間，兩度出兵助唐作戰：1、至德元載（西元 756 年）十月，回紇可汗遣其臣葛邏支將兵入援，先以二千騎奄至范陽城下。十二月，回紇至帶汗谷（即呼延谷）與郭子儀軍會合。2、至德二載（西元 757 年）九月，葛勒可汗又遣其子葉護將兵四千騎來鳳翔，助唐收復兩京。至德年間，入唐之回紇援軍，均由僕固懷恩所統領，爲李唐立下不小的汗馬功勞。

　　肅宗乾元二年（西元 759 年）九月，史思明二陷東都，玄宗、肅宗相繼於寶應元年（西元 762 年）四月駕崩。太子俶即位爲代宗，以史朝義未滅，遣宦官劉清潭往請回紇出兵助唐。其實，回紇登里可汗見代宗新登基，又爲史朝義所誘云：「唐荐有喪，國無主且亂，請回紇入收府庫，其富不貲。」〔註146〕遂引兵南向擊唐，雖經劉清潭致其敕書：「先帝雖棄天下，廣平王已即天子位，其仁聖英武類先帝，故與葉護收二京，破安慶緒者，是與可汗素厚，且歲給回紇繒絹，豈敢忘邪？」〔註147〕登里可汗不爲所動。既入塞，見唐朝州縣凋蔽，遂生輕唐之志而困辱清潭，清潭往請回紇至此已告失敗。於是登里可汗又遣使北收單于府兵及倉庫，擬傾國犯唐。〔註148〕當時之形勢對李唐相當不利，若登里可汗長驅直入，與史朝義軍會合，再加上西邊吐蕃之猖獗入侵，李唐之結局不難想像。但登里可汗率軍至太原時，請與僕固懷恩相會，懷恩曉以唐家恩信不可負之理，可汗大悅，乃遣使上表，請助唐討安史叛軍，於是回紇進兵，歷太原、汾、晉，營于陝州，與懷恩及懷恩子瑒合軍，收復東都，掃平河北。

　　李唐聯結回紇，就對平安史之亂而言，有不容吾人否認之重要性存在，

〔註145〕《舊唐書》卷一○三，〈王忠嗣傳〉。
〔註146〕《新唐書》卷二一七上，〈回鶻傳〉。
〔註147〕同前註。
〔註148〕同前註。

〔註 149〕肅宗、代宗先後遣使回紇，僕固懷恩皆爲主要人物，其中尤以第二次最爲重要。其時，肅宗駕崩，代宗新登基，李唐誠如史朝義所云「唐荐有喪，國無主，且亂」，登里可汗此時既爲史朝義所誘，且已窺唐勢不堪一擊，於是「遣使北收單于府兵、倉庫」，準備傾國犯唐。寶應元年（西元 762 年），回紇已軍至太原，雙方形成敵對態勢。但登里可汗之可敦爲懷恩女，因而求見僕固懷恩及祖母，致給了李唐一線生機。代宗立即敕懷恩自汾州往見之於太原，欲以其爲回紇可汗岳丈身份，說服回紇轉變態度。

此時懷恩即忌諱不敢往會。《舊唐書・僕固懷恩傳》云：「至是，可汗請與懷恩及懷恩之母相見，詔從之，懷恩嫌疑不敢，上因賜鐵券，手詔以遣之，即令其母便發。」〔註 150〕準此以觀，僕固懷恩要代宗賜予鐵券，方敢成行，一方面證明了當時李唐與回紇間關係之緊張，另方面可作爲懷恩忠心於李唐之明證。結果，僕固懷恩不但阻止登里可汗已發之大軍，進而更化敵爲友，合回紇軍共擊安史，終致收復東都，討平河北。其時，回紇至登里可汗即位後，對李唐之態度，已不復往前之親善，反爲敵對之態勢，其向背不甚穩定，但因有僕固懷恩從中調合，李唐方轉危爲安，甚且平靖施延已久的安史之亂。僕固懷恩此種化敵爲友，爲李唐增添力量，進而剿滅安史之功勞，誠不容否認。

綜合以上所述，李唐、回紇之間，至肅宗以後，完全以僕固懷恩主持向回紇借兵事宜，且每次回紇入唐之援軍，也均由僕固懷恩統領。甚至可謂回紇與李唐之關係，完全由僕固懷恩個人之動向來決定。若僕固懷恩早有叛唐之志，登里可汗於代宗新登基，受史朝義之誘，以十萬眾入唐時，就是最好時機，懷恩可利用回紇之眾，傾覆唐廷，甚至可以避嫌爲口實，坐山觀虎鬥，既可免落人把柄、增加受讒之機會，亦可明哲保身。而懷恩並未如此作，反說服回紇助唐討平史朝義。吾人不難從歷次回紇援軍，在懷恩之統領下，力戰安史叛軍，立下顯赫軍功裡看出，懷恩在唐、回關係中，所扮演積極且關鍵性的角色。史謂其「宣力王室，攻城野戰，無役不從，一舉滅史朝義，復燕、趙、韓、魏等地」，〔註 151〕且一門死王事者四十六人，「兄弟死於陣敵，子侄沒於軍前，九族之親，十不存一，縱有在者，瘡痍徧身」。〔註 152〕平心而

〔註 149〕參閱劉師義棠：《安史之亂與唐回聯軍之探討》。
〔註 150〕同註 141。
〔註 151〕同註 141。
〔註 152〕《全唐文》卷四三二，廣德元年八月僕固懷恩上代宗書。

論，李唐若無僕固懷恩，早於代宗初登基之時，已陷於萬刼不復之境地矣。

二、僕固懷恩叛唐始末

　　未談及本文前，必須先對當時之政治形勢，略作分析。李唐初期，因對入塞胡人無岐視之態度，表現在政治方面，便是唐代將相不分途，胡人習文者，可以爲相，習武者可以爲將，致胡人與漢人比肩於朝。至高宗以後，李唐尚武風氣幾頹，武事怠荒，科舉遂盛，重文章之選，進士科成爲天下風氣所趨，《通鑑》卷二一六云：「時承平日久，議者多謂中國兵可銷。於是民間挾兵器者有禁，子弟爲武官，父兄擯不齒。猛將精兵，皆聚於西北，中國無武備矣。」〔註153〕因此不得不將禦敵安邊之事，委於諸胡將。玄宗更於邊境國界上之十節度使，完全賦與胡人，且給予很大的權力，毫不猜防，終致安祿山手握重兵而反。至討平安史亂後，唐室對於武人深懷顧忌，夷夏之防，也跟著轉變；不但對國境以外之胡族部落嚴加戒備，且及於國內武人。李唐之宦官因此乘時而起，出任監軍，入統禁旅，朝廷唯其言是聽，此即「顧忌武人、嚴防夷夏」思想之具體表現。〔註154〕宦官原爲唐室御用之僕役，〔註155〕其得勢始於玄宗，至安史亂起，唐室忌諱武將因戰亂而坐大，故以宦官監軍，試圖節制武人胡將。但宦官多不識大體，肆意恣橫，〔註156〕朝廷賦予節制諸將之大權，若稍不順意，即讒言詆毀。代宗本人更屬闇昧不分善惡，唐鑑云其責己也厚，其待人也恕。而誠不能感物，何哉？賞罰無章而善善惡惡不明，上下之情不通，讒巧得行其間故也。是以有功者，不自保，無罪者，恐見誅，以恩加人而人不親，以信示人而人益疑，紀綱壞亂，恩威不立，爲唐世姑息之主，由不得其道也。〔註157〕因此懷恩之前，以漢將郭子儀之道德武功，猶難免被忌，來瑱、李光弼更或誅或貶；以懷恩之強直，又豈能獨免？更何況，彼時回紇勢盛，懷恩與之既是同族，復結爲姻親，一旦心生貳意，難保不爲安祿山第二。故駱奉先、辛雲京交相誣陷懷恩勾結回紇謀叛，代宗竟不置可否。然歸根究底，則可溯及唐室忌諱武人，又經宦官居中媒孽，致造成僕固

〔註153〕《資治通鑑》卷二一六，玄宗天寶八載五月，癸酉條。
〔註154〕同註143。
〔註155〕《資治通鑑》卷二一〇，開元元年七月乙己：「太宗定制內侍省不置三品官、黃衣廩食、守門侍命而已」。
〔註156〕王壽南：《唐代藩鎮與中央關係之研究》，頁391。
〔註157〕《唐鑑》卷十二，代宗。

懷恩被逼而反的結果。

寶應元年（西元 762 年），回紇登里可汗引兵南向擊唐，大軍行次太原，可汗請與僕固懷恩相見。懷恩時在汾州，代宗賜以鐵券免死，遂往太原會之。此時，河東節度使辛雲京，以登里可汗爲懷恩女婿，恐二者合軍共襲軍府，乃閉門自守，未曾犒師，懷恩不滿，此爲懷恩與辛雲京構隙之始。僕固懷恩至太原後，以唐家恩信不可負之理曉喻登里可汗，可汗遣使上表助討史朝義。於是可汗與懷恩分道用兵，克復洛陽，掃平幽、薊叛軍。翌年，史朝義授首，安史亂平。代宗復遣懷恩送登里可汗歸國，懷恩自相州趨潞州，與可汗會，出太原以北，往來經過太原，辛雲京却仍閉門自守，不相與聞。懷恩大怒，將朔方兵數萬人，分別屯於汾州、榆次、祁縣、晉州、沁州等地，而後表請誅辛雲京，代宗優詔和解之。

此時，宦官駱奉先至太原，辛雲京先厚結其歡，復告以僕固懷恩欲反。〔註 158〕駱奉先者，係一宦官，廣德初年監懷恩軍，因貪得無厭，而曾與僕固懷恩有嫌隙。〔註 159〕俟其回至長安，即奏言僕固懷恩欲叛。懷恩乃於廣德元年（西元 763 年）八月二十三日上表自白。〔註 160〕代宗於是遣裴遵慶至汾州，勸令懷恩入朝覲見。懷恩副將范志誠阻之曰：「公以讒言交構，有功高不賞之懼，嫌隙已成，奈何入不測之朝？公不見來瑱、李光弼之事乎？功成而不見容，二臣以走、誅。」〔註 161〕懷恩深以其言爲戒，遂不敢隨裴遵慶入朝。

至此，抗命之勢成，僕固懷恩進退皆難以自處，又痛恨辛雲京、駱奉先之誣陷，憤而遣其子僕固瑒率眾攻打太原，僕固瑒大敗而還。辛雲京進圍瑒於榆次，朝廷頗以爲患。尚書右丞顏眞卿獻策曰：「懷恩將士，皆子儀部曲，恩信結其心，陛下何不以子儀代之，喻以逆順禍福，必相率而歸耳。」〔註 162〕代宗乃詔以郭子儀爲朔方節度使。子儀至河中時，僕固瑒已爲屬下張惟岳等人所殺，懷恩不得已率數百騎，焚營遁入吐蕃。

廣德二年（西元 764 年）八月，僕固懷恩引領吐蕃十萬人，入寇李唐涇、汾二州。同年十月，懷恩與回紇、吐蕃進逼奉天，李唐幸賴郭子儀採堅壁固

〔註 158〕同註 141。
〔註 159〕《新唐書》卷二○七，〈駱奉先傳〉。
〔註 160〕同註 152。
〔註 161〕同註 141。
〔註 162〕同註 141。

守之策，〔註163〕方得保全。永泰元年（西元 765 年）三月，懷恩再次領導回紇，吐蕃、吐谷渾、黨項、奴刺等部落犯唐。令吐蕃大將尙結贊磨、馬重英等自北道攻奉天，黨項帥任敷、鄭庭、郝德等自東道擊同州，吐谷渾、奴刺之眾，則自西道襲盩厔，回紇從吐蕃之後，懷恩本人以朔方兵將繼之。李唐京師震駭，代宗甚且有棄京師奔河中，以避兵鋒之想法。〔註164〕然而懷恩領回紇及朔方之眾，行至鳴沙縣時，得疾而返，同年九月九日死於靈武。〔註165〕

　　僕固懷恩既死，群龍無首，回紇與吐蕃爭強，相互疑忌。郭子儀於是單身說回紇共擊吐蕃，〔註166〕大破吐蕃於涇州，黨項帥任敷敗走，羌、渾之眾多人降於澤潞節度使李抱玉，懷恩姪僕固名臣復於永泰元年（西元 765 年）閏十月間降唐；至此，僕固懷恩叛唐之勢已完全瓦解。

　　僕固懷恩父子既先後身亡，所引諸夷或降或走；然其繼安史而起，又在代宗因吐蕃入長安，倉皇奔陝後不久，致唐在安史亂後，無暇處置河北安史降將，終使河北坐大，爲晚唐亂源之所由，僕固懷恩叛唐之事件，影響李唐由此可知。

三、僕固懷恩事件對三邊關係之影響

　　僕固懷恩雖在朔方軍立有不少軍功，但究其所以能位極人臣，且蔭及子弟，實爲聯結回紇、統領回紇騎兵力戰所得之結果，因此僕固懷恩之權勢，可謂基於回紇騎兵之入援，亦即係緣於回紇，因而得以位極人臣，蔭及子弟。甚至可說懷恩係靠回紇而得勢。然回紇驕悍不堪，勢陵李唐，使李唐對回紇滋生反感，尤其是李唐王室與軍人。〔註167〕但李唐碍於局勢，極需回紇軍援，又恐回紇與叛黨或吐蕃聯合，且本身實無能力與之對抗，因此忍氣吞聲、百般容忍。但對於因回紇而得勢之僕固懷恩，一則以其功高震主；一則以其係外族且善結回紇，是以成爲李唐上下發泄對回紇積怨的對象。論者每謂懷恩

〔註163〕《資治通鑑》卷二二三，代宗廣德二年冬，十月，庚午。
〔註164〕見本章第三節二目吐蕃入侵之經過及影響。
〔註165〕通鑑考異曰據實錄懷恩於八日死於鳴沙。此依《舊唐書・僕固懷恩傳》。
〔註166〕《舊唐書》卷一二○，〈郭子儀傳〉。
〔註167〕參閱本章第二節二目登里可汗之作爲及影響。按登里可汗折辱李唐皇儲雍王适，欲以寧國公主爲殉等，皆針對李唐王室。又回紇援軍及使臣在唐境內，恣意妄爲，辱官吏、肆意毆殺等均使李唐軍民滋生反感。另參閱石萬壽：《唐廻關係新論》，頁 193。

為恐失寵而將安史降將安置於河北，以為黨援，且早有異心。〔註168〕殊不知此本為唐廷之政策，〔註169〕懷恩係執行唐廷之政策，若以之詰懷恩，則顯失公允。要之，僕固懷恩是為唐、回不正常且不平衡關係下，為李唐發洩受辱悶氣之受害者。吾人可從辛雲京、李抱玉、駱奉先、魚朝恩交相誣陷懷恩，而代宗不表明態度中，看出端倪。〔註170〕

至僕固懷恩於第二度引外族聯軍侵唐之時，懷恩遇疾而亡，郭子儀得以入回紇營，說動回紇共擊吐蕃。《舊唐書・郭子儀傳》云：「子儀說廻紇曰：『吐蕃本吾舅甥之國，無負而至，是無親也。若倒戈乘之，如拾地芥耳。其羊馬滿野，長數百里，是謂天賜，不可失也。今能逐戎以利舉，與我繼好而凱旋，不亦善乎！』會懷恩暴死於鳴沙，羣虜無所統攝，遂許諾……。」〔註171〕同書〈廻紇傳〉載：「子儀先執杯，合胡祿都督（登里可汗弟）請咒，子儀咒曰：『大唐天子萬萬歲！廻紇可汗亦萬歲！兩國將相亦萬歲，若起負心違背盟約者，身死陣前，家口屠戮。』合胡祿都督等失色，及杯至，即譯曰：『如令公盟約』……。」〔註172〕由以上記載，郭子儀以利說動回紇，且承認回紇與李唐地位平等後，始得回紇之合作。而回紇亦因僕固懷恩已死，入侵口實已失，又緣於意在財貨，因此復與李唐合兵共擊吐蕃。至此，李唐徹底喪失自唐太宗以來天可汗之尊嚴，回紇更無厭地敲詐李唐，甚至於代宗駕崩時，登里可汗不禮告哀之唐使，欲乘李唐國喪，舉國南下。另方面李唐亦加強北邊防務，以備回紇。至德宗登基立即與回紇斷絕關係，而與吐蕃修好。

就僕固懷恩事件影響回紇與吐蕃之關係而言。前文已述回紇與吐蕃在先

〔註168〕參閱《唐鑑》卷十二，代宗。王夫之《讀通鑑論》卷十二，代宗。
〔註169〕按當時回紇恃功橫行，李唐不堪其擾。因此代宗為能早日弭兵，遣返回紇，遂予安史降將以優厚待遇。《唐大詔令集》卷二，代宗即位赦云：「逆賊史朝義已下，有能投降及率眾歸附者，當超與封賞……。」另《通鑑》卷二二二，廣德元年閏月，癸亥載：「朝廷亦厭苦兵革、苟冀無事，因而授之。」又《舊唐書・田承嗣傳》云：「代宗遣僕固懷恩討平河朔，帝以二凶繼亂，郡邑傷殘，屢行赦宥。凡為安史註誤者，一切不問。」《新唐書》卷二二四上，叛臣云：「初，帝有詔，但取朝義，其他一切赦之。」由以上諸記載，很顯然地此係為唐廷之政策，而懷恩係執行代宗之政策而已。更何況，授方鎮之權，乃在於朝廷，若懷恩非授意自朝廷，何來大權封鎮。
〔註170〕《資治通鑑》卷二二三，代宗廣德元年八月，癸未條載：「……上兩無所問，優詔和解之。」
〔註171〕《舊唐書》卷一二〇，〈郭子儀傳〉。
〔註172〕《舊唐書》卷一九五，〈廻紇傳〉。

天上，二者之間勢必為西域而爭戰，此為回紇與吐蕃之基本矛盾所在，二者間之衝突，勢所難免。但回紇與吐蕃亦有聯手侵唐之可能，僕固懷恩事件足以說明，回、蕃聯軍之可能性甚高。因回紇既利用此機會稱兵入唐，一方面是為可汗之岳丈「出氣」，另方面亦意在李唐之財貨；吐蕃亦欲假李唐內部之動亂，乘機奪取更多的李唐土地財貨，二者之入侵動機，可謂相同，若二者間，由有政治野心之李唐叛將，從中牽引，回紇、吐蕃之聯手侵唐，不難成為事實。僕固懷恩素無謀叛之心，因係遭讒，在極端不得已下，被逼而反，倉卒中促成回蕃聯軍。是以懷恩一死，回、蕃立即發生衝突。《通鑑》云：「是時，回紇與吐蕃聞僕固懷恩死，已爭長，不相睦，分營而居，……。」〔註173〕若果僕固懷恩早蓄謀叛之心，不但會益請回紇兵眾，且與吐蕃之間，定有緊密之計劃，回、蕃合軍，且統一指揮，不可能如此鬆散。

　　僕固懷恩去世以後，郭子儀得以單騎入回紇營，以利說動回紇，共擊吐蕃。回紇與吐蕃首次交戰，吐蕃損失慘重。《舊唐書・郭子儀傳》云：「子儀遣朔方兵馬使白元光與回紇會軍。吐蕃知其謀，是夜奔退。迴紇與元光追之，子儀大軍繼其後，大破吐蕃十餘萬於靈武台西原；斬首五萬，生擒萬人，收其所掠士女四千人，獲牛羊駝馬，三百里內不絕。」〔註174〕準上引文所述，吐蕃對李唐之戰事，尚未有如此慘敗之經驗，對秉性有仇必報的吐蕃，勢必歸咎於陣前反擊的回紇，雙方造成無可彌補之仇隙，二者關係急劇逆轉，加諸李唐之安西、北庭二都護府，又與回紇、沙陀相依，依恃著回紇之力量，使得吐蕃久攻不下，以上種種，均造成回、蕃關係之急劇惡化，而在西域相互鏖戰了數十年。

　　由以上所述，僕固懷恩雖兩度引外族聯軍入侵，釀成李唐滔天巨禍，但其遇疾死於靈武，使原本一場浩劫，竟因回紇與吐蕃同時入塞，受郭子儀反間，因而首次交戰，吐蕃受創，而加深回、蕃間之仇隙，斷絕了爾後二者合兵侵唐之可能，李唐得以利用「以夷制夷」之政策，在內部極端紊亂之下，免除了外力傾覆唐祚之命運。僕固懷恩一生之傳奇事跡，史家對其不公平之論斷，似可休矣！

　　綜合本章所述，李唐在肅、代宗時期，內部之紊亂，國力之衰頹，與前期較有天壤之別。此時期之李唐，皇帝昏憒，輔弼無謀，〔註175〕閹宦用事，

〔註173〕《資治通鑑》卷二二三，代宗永泰元年冬，十月，丁卯。
〔註174〕同註171。
〔註175〕岑仲勉：《隋唐史》，頁263。

方鎮跋扈，在在皆使李唐進退失據，落入任人宰割之局面。但代宗唯一可取之處，即極力秉承肅宗「聯結回紇」之政策，用以平靖內亂，或牽制吐蕃，度過了初登基時之危機。因此對回紇之恃功而驕，勢陵李唐，能以百般容忍之姑息政策，安撫回紇，對吐蕃之猖獗入侵，則極力反抗。就回紇而言，因其國勢上揚，已駕陵於李唐之上，登里可汗承繼其父祖殷實基礎，一反前期親善於唐之作風，兩度興兵入唐，欲窺唐祚。終其在位期間，極盡欺陵李唐之能事，終至引起李唐之反感，兩國關係亦經常處於敵對緊張之態勢，甚且至大曆十年（西元 775 年）以後，雙方開始兵戎相見。所幸，李唐業經數年之休養生息，元氣稍復，故並未讓回紇有機可乘。至代宗駕崩，德宗初立，登里可汗即欲傾國南下犯唐，而為親唐之頓莫賀達干所殺。但唐、回二國關係已然逆轉，瀕於斷絕之邊緣。就吐蕃而言，自墀松德贊立為贊普後，力崇佛法，排除舊教貴族之掣肘，恢復中央集權，吐蕃王廷內部之爭權奪勢，因而暫時消弭。因此吐蕃得以向四方擴展，蕃軍不但越過帕米爾高原，且推進到烏滸水（Oxus River），震憾大食。且向東逐年鯨吞蠶食李唐之土地財貨士庶，甚至曾陷長安，導演了一場傀儡戲。此時南詔亦臣服於吐蕃。吐蕃之國勢，誠然達到空前之顛峯。而僕固懷恩事件，可說是唐、回、蕃三邊關係轉變之一道催化劑。李唐、回紇雙方因僕固懷恩事件而深存芥蒂。回紇雖於陣前反擊吐蕃，但此為郭子儀以利說動，非基於同盟友好關係下，為唐效力；李唐亦不得不增兵朔方五城，以防回紇蠢動。但郭子儀仍力主聯結回紇之政策，吾人可從其願捐一年薪俸，以購回紇馬看出，一來是補國馬不足；二來亦是欲固回紇心，藉以達到牽制吐蕃之效果。〔註176〕回紇與吐蕃之間，在肅宗一朝時，本無直接國交，至僕固懷恩叛唐時期，雙方同時入侵李唐，甚至於邠州，雙方合兵至奉天，並圍涇陽。幸懷恩遇疾而亡，郭子儀得以縱反間，回紇陣前反擊，吐蕃受創慘重，雙方因此結成世仇，爾後雙方合兵侵唐之可能性，遂微乎其微，甚至於釀成以後在西域不斷地爭戰。

〔註176〕《資治通鑑》卷二二四，代宗大曆八年冬，十月，乙丑條載：「有司以回紇赤心馬多，請市千匹。郭子儀以為如此，逆其意太甚，自請輸一歲俸為國市之。」

第五章　德宗時期的三邊關係

　　李唐、回紇、吐蕃三邊關係之發展，於代宗末年，即已產生相當大的波折，且有轉變之跡象與趨勢。至德宗即位以後，這種轉變之跡象與趨勢已經明朗化。德宗即位後的七年當中（建中元年至貞元二年，即西元 780～786 年），李唐的政策很顯然地與回紇疏遠，甚且欲與回紇斷絕國交；回紇亦於德宗興元元年（西元 784 年），遣兵助朱滔為亂。此時唐、回關係陷入空前之低潮。雙方關係之改善，須至李泌數次力諫德宗，及吐蕃之平涼劫盟後，德宗始捐棄個人恩怨，於貞元三年（西元 787 年）許嫁咸安公主，才恢復與回紇之親善關係。

　　李唐與吐蕃之間，自德宗登基後，即欲一改往前與吐蕃久戰不決之態勢，主動釋俘，示好於吐蕃。吐蕃亦緣於時勢及內部問題之滋生，接受李唐之示好，雙方維持了六年和平（建中元年至貞元元年，即西元 780～785 年），吐蕃甚且出兵助唐討朱泚。此為唐、蕃之間，絕無僅有的聯軍記錄，與回紇之出兵助朱滔為亂，恰成強烈對比，雙方同時轉變往前對唐之態度，甚具戲劇性。但吐蕃之助唐，乃另有所圖，終因其反覆無常之性格，和高超之政治手腕，迫使德宗不得不接納李泌之議，確立「聯回抗蕃」之政策。此後吐蕃加緊攻打李唐，舊態復萌，但李唐已漸由劣勢轉為優勢，吐蕃銳勢頓挫，不復前期之猖獗。此固由於李唐政策之正確，結合吐蕃四周之國家，聯手對付吐蕃，亦由於吐蕃過分擴張其國勢，致無法兼顧，加諸王廷內部因爭權奪勢，而極端不穩，因此至德貞元年間，吐蕃已隱現衰敗之跡象。回紇亦於頓莫賀達干弒登里可汗後，內部動盪不安，可汗常遭篡弒，又有大相之跋扈，加諸災荒連年，後雖有懷信、保義可汗等之努力復興，但亦僅呈曇花一現，隨即遭致敗亡之命運。

　　本章即欲闡明德宗時期，李唐、回紇、吐蕃三邊關係之演變過程，及促成演變之各種因素。分別由三邊內部之情勢，加以探討，希冀將李唐政策轉變之原委，及三者之間的微妙關係，作一詳切之剖析。

第一節　李唐政策之轉變

　　代宗在位計有十七年（廣德元年至大曆十四年，即西元 763～779 年）。《新唐書》卷六，〈代宗紀〉贊曰：「代宗之時，餘孽猶在，平亂守成，蓋亦中材之主也！」然就代宗駕崩後，留給德宗的基業，則是吐蕃仍虎視於外，強藩跋扈於內，實是內憂外患相迫之局。觀乎代宗一生的政績，不論對內對外，似多採姑息容忍之策，《新唐書·食貨志》云：「時回紇有助收西京功，代宗厚遇之，與中國婚姻，歲送馬十萬匹，酬以縑帛百餘萬匹。而中國財力屈竭，歲負馬價。河、湟六鎮既陷，歲發防秋兵三萬戍京西，資糧百五十餘萬緡。而中官魚朝恩方恃恩擅權，代宗與宰相元載日夜圖之。及朝恩誅，帝復與載貳，君臣猜閒不協，邊計兵食置而不議者幾十年。而諸鎮擅地，結爲表裏，日治兵繕壘，天子不能繩以法，顓留意祠禱，焚幣玉，寫浮屠書，度支稟賜僧巫，歲以鉅萬計。」［註1］由此處記載可知，德宗繼代宗而立時，李唐不論在政、軍、經及外交方面，均有不少問題存在。

　　德宗生於玄宗天寶元年（西元 742 年）四月癸巳，至代宗踐祚時（西元 763 年），已屆弱冠之年，代宗即任命爲天下兵馬元帥。［註2］因此德宗可謂親身目睹，肅、代二位皇帝之所有施政得失。是故德宗登基後，頗思勵精圖治，欲盡改前朝弊病，不論對內對外，均擬定與前朝迴異之政策。

　　對內方面，德宗轉變政風，掃除政治上的腐敗風氣，詔罷省四方貢獻，禁天下進珍禽異獸，裁停梨園，撤去宮中珍禽異獸，出宮女百餘人，［註3］即誕日亦不納中外之貢獻。［註4］諸官可減者，即量事並省，中官納賄者，即杖發配流，［註5］藩鎮輸獻者，即還賜將士。［註6］以上種種，王夫之謂：「舉天

〔註1〕《新唐書》卷五一〈食貨一〉。
〔註2〕《舊唐書》卷十二〈德宗上〉。《新唐書》卷七〈德宗本紀〉。
〔註3〕《舊唐書》卷十二〈德宗上〉。
〔註4〕《冊府元龜》卷一六八帝卻貢獻門：「建中元年四月癸丑（十九日），德宗降誕之日也；四方競貢獻者數千萬，及是，帝以爲非故事，皆不納。」另見《舊唐書》卷十二〈德宗上〉。
〔註5〕《舊唐書》卷十二〈德宗上〉：「中官邵光超送淮西旌節，李希烈遺縑七百匹，

寶以來之亂政，疾改於旬月之中，斥遠宦寺，閑制武人，愼選賢才」。〔註7〕蘇鶚之《杜陽雜編》載云：「德宗皇帝英明果斷，無以比德，每進用公卿大臣，莫不出自宸衷，若聞一善可錄，未嘗不稱獎之，百官對敭，如稍稱旨，無不抬眉聳聽，朝退即輒書其姓名於座側，或有獎用，多所稱職，故卿大夫以下謂上聖英睿。」〔註8〕準此，德宗初登基時之作風，確是可觀，中外皆悅，以爲明主復出。另《唐大詔令集》卷一，〈德宗即位冊文〉云：「頃者國步多艱，委以戎律，理軍靖難，保大定功，克復帝圖，廓清妖孽，既表建侯之業，卑承守器之重，仁孝之德，夙夜惟寅……宜遵太宗之法度，肅宗之儉約，任賢勿貳，去邪勿疑……。」由此可知德宗即位之初，有志復興帝業，力崇儉約，效太宗之威武，任賢去邪之志甚堅。德宗又任崔祐甫爲相，《舊唐書‧崔祐甫傳》云：「及祐甫代衰，薦延推舉，無復凝滯，日除十數人，作相未逾年，凡除吏幾八百員，多稱允當。」〔註9〕趙璘《因話錄》卷一亦言：「德宗躬親庶政，中外除授，無不留神。」其中由祐甫所薦之楊炎，在財政上作了許多變革，重要者有：一、恢復舊制，將天下金帛貯存於左藏太府，以革租賦入大盈庫之積弊。〔註10〕二、改革稅法，以兩稅法代唐原行的租庸調賦役之法。〔註11〕此爲德宗初年的最大興革，最具時代意義。因舊有之租庸調賦役法，已不可行，兩稅法之實行，確是時勢使然，且其具有如下之優點：「人不土斷而地著，賦不加斂而增入，版籍不造而得其虛實，貪吏不誡而姦無所取。自是輕重之權，始歸於朝廷。」〔註12〕因此，德宗不論在政治上和經濟上所作的改

事發，杖六十，配流，由是中官不敢受賂。」

〔註6〕《通鑑》卷二二五，代宗大曆十四年六月，甲子條載：「李正己畏上威名（德宗），表獻錢三十萬緡，崔祐甫請遣使慰勞淄青將士，因以正己所獻錢賜之，使將士人人戴上恩；又諸道聞之，知朝廷不重貨財。上悅，從之。正己大慚服。天下以爲太平之治，庶幾可望焉。」

〔註7〕王夫之：《讀通鑑論》卷十三，頁585。

〔註8〕蘇鶚：《杜陽雜編》卷上，頁42。文載《學津討原》。

〔註9〕《舊唐書》卷一一九〈崔祐甫傳〉。

〔註10〕《舊唐書》卷一一八〈楊炎傳〉。大盈庫乃皇帝私庫，始創於玄宗。

〔註11〕《舊唐書》卷一一八〈楊炎傳〉：「炎因奏對，懇言其弊，乃請作兩稅法，……曰：『凡百役之費，一錢之斂，先度其數而賦於，量出以制入。戶無主客，以見居爲簿，人無丁中，以貧富爲差。不居處而行商者，在所郡縣稅三十之一，庶所與居者均，使無僥利。居人之稅，秋夏兩徵之，俗有不便者正之。其租庸雜徭悉省。……』」

〔註12〕同前註。

革，確有一番氣象，史稱其初政清明。

對於藩鎮，德宗一改肅、代時期寬容姑息之作風，《新唐書・田悅傳》云：「德宗立，不假借方鎮，諸將稍惕息」。〔註13〕大曆十四年（西元779年）六月，平盧淄青節度使李正己因畏德宗威名，表獻錢三十萬。」〔註14〕德宗更於建中元年（西元780年）誅涇原裨將劉文喜，田悅亦稟命，群凶震懼。〔註15〕《舊唐書・陽惠元傳》云：「及德宗即位，嚴察神斷，自誅劉文喜之後，知朝法不可犯，四盜（按：指李正己、李寶臣、田承嗣、梁崇義）俱不自安，奏計者空還，無所賞賜，歸者多怨。」〔註16〕也因德宗銳意討伐，知進而不知退，加以當時藩鎮之力已強，非唐廷兵力、財力所能應付。因此藩鎮為求自保，皆連衡盤結以自固，且德宗本人乏知人之明，因而讒言易入，任賢不永，〔註17〕其個性又「猜忌刻薄」，〔註18〕致使朝廷多倖進之徒，政事出小人之手。加諸德宗欲剷除藩鎮，平一宇內，以師出為名，而多殖貨利。建中二年（西元781年），「以軍興，增商稅為什一」，〔註19〕爾後更增加許多名目，藉以課征雜稅，甚為繁苛，造成怨聲載道，士庶離心之局面，終至引起藩鎮之變亂。

對外方面，當時李唐主要的外交對象為回紇與吐蕃。回紇與李唐本為姻親，且深具傳統友誼之盟邦，但因登里可汗之作為，引發李唐不滿。因此在代宗末年時，李唐的政策已有轉變跡象，《舊唐書・張光晟傳》云：「代宗密謂之曰：『北蕃縱橫日久，當思所禦之計。』……」〔註20〕雙方更分別於大曆十年（西元775年），大曆十三年（西元778年）發生了戰事。但李唐仍極力容忍，不願大起釁端。至德宗登基後，立即於大曆十四年（西元779年）庚辰，詔回紇諸胡在京師者，各服其服，無得效華人。〔註21〕就此詔令表面上意義而言，如《資治通鑑》所云：「先是回紇留京師者常千人，商胡偽服而雜

〔註13〕《新唐書》卷二一〇、〈田悅傳〉。

〔註14〕《通鑑》卷二二五、代宗大曆十四年六月，甲子。

〔註15〕《舊唐書》卷十二〈德宗上〉。

〔註16〕《舊唐書》卷一四四、〈陽惠元傳〉。

〔註17〕傅樂成：《隋唐五代史》、頁139。華岡出版部。

〔註18〕《通鑑》卷二二七德宗建中三年四月，戊寅條載：「（盧杞）知上性多急……始勸上以嚴刻御下……。」同書卷二二九德宗建中四年：「……賈隱林進言：『陛下性太急，不能容物……』《新唐書》卷七〈德宗本紀・贊〉曰：「德宗猜忌刻薄……」據以上所載，可知德宗猜忌刻薄之甚。

〔註19〕《通鑑》卷二二六，德宗建中二年五月，丙寅條。

〔註20〕《舊唐書》卷一二七，〈張光晟傳〉。

〔註21〕《通鑑》卷二二五，代宗大曆十四年七月，庚辰條。

居者又倍之，縣官日給饔餼，殖貨產，開第舍、市肆，美利皆歸之，日縱貪橫，吏不敢問，或衣華服，誘取妻妾，故禁之。」〔註22〕實則，德宗以此詔令，取消回紇在李唐之特權，從此李唐對回紇之政策，一改肅、代時期之姑息容忍作風，轉趨嚴厲。並於建中元年（西元780年），命回紇使臣突董（《通鑑》作董突，其餘史料均為突董）盡率其徒歸國。〔註23〕此有類今日驅逐外交使節出境之舉措。

此時之回紇，因登里可汗欲乘李唐國喪之際，舉國南下，其宰相頓莫賀達干諫曰：「唐大國也，且無負於我。前年入太原，獲羊馬數萬計，可謂大捷矣。以道途艱阻，比及國，傷耗殆盡。今若舉而不捷，將安歸乎？」登里可汗不聽。頓莫賀擊殺之，并殺其親信及九姓胡所誘來者凡二千人。〔註24〕回紇國內發生流血政變，頗影響其國勢，張光晟在請諫回紇表中云：「回紇本人非多，比助其彊者，群胡耳，今聞其國方亂，頓莫賀新立，未得眾，移地健有孽子及宰相梅錄各將數千人，方相圖未服……。」〔註25〕準此可知，頓莫賀弑登里可汗，自立為合骨咄祿毗伽可汗，但國內情勢仍不穩，登里可汗的舊勢力仍存。當時頓莫賀弑登里可汗之最大原因，係反對其入侵李唐，故篡弑成功後，立向李唐示好，遣其臣聿達干與梁文秀俱入見，表明「願為藩臣，垂髮不翦，以待詔命」。〔註26〕奈何李唐之邊帥振武留後張光晟殺了回紇使臣突董，造成唐、回邦交頻臨斷絕的邊緣。《通鑑》雖載張光晟三奏誅殺突董，德宗皆不許，但張光晟深知德宗因陝州之恥，心恨回紇，故德宗雖未許，張光晟仍盡殺回紇使及隨從，僅留一胡。事發後，回紇請殺主事者以復仇，德宗也僅將光晟貶為睦王傅而已。〔註27〕類此違反帝旨行事，僅受貶職之處分者，其中必有文章。由此推斷，張光晟必得德宗之默許。

德宗更欲藉此與回紇斷絕國交，不但可洩當年陝州受辱之恨，亦可免除唐、回絹馬交易之負擔，《新唐書·回鶻傳》云：「遣中人與回紇使聿達干往言其端，因欲與虜絕。敕源休俟命太原。」〔註28〕《通鑑》亦云：「張光晟之

〔註22〕同前註。
〔註23〕《通鑑》卷二二六，德宗建中元年八月甲午條。
〔註24〕《舊唐書》卷一九五，〈迴紇傳〉。
〔註25〕《欽定全唐文》卷四四〈張光晟〉、〈請誅回紇表〉。
〔註26〕同前註。
〔註27〕同前註。
〔註28〕《新唐書》卷二一七〈回鶻傳〉。

殺突董也，上欲遂絕回紇，召冊可汗使源休還太原。」〔註29〕從德宗登基（西元 780 年）至貞元三年（西元 787 年）期間，李唐對回紇始終採取敵視之態度，且曾有斷絕國交之念頭，而回紇亦在此期間，協助盧龍節度使朱滔、成德節度使王武俊等叛唐，〔註30〕與李唐王室為敵。二者之關係陷於前所未有之僵局。

就吐蕃與李唐之關係而言，吐蕃在肅、代時期，一直是李唐最嚴重的邊患，尤其在代宗一朝，曾陷長安十三日，代宗蒙塵，且無歲不入寇，侵掠李唐情形，較諸前期為烈，李唐亦竭盡全力抵抗，雙方戰爭頻仍，連年不絕。對於李唐不論在政治、外交、經濟方面，均造成相當不利的影響。在政治方面，因須長年抵禦吐蕃，朝廷無法傾全力對付國內跋扈之藩鎮。在外交方面，至代宗末年時，李唐聯結回紇之主要目的，已轉為牽制吐蕃之入侵，另亦為購買回紇馬，以補充國馬之不足。因此回紇得理不饒人，多方欺陵李唐，此皆因李唐有求於回紇所致。若能解除與吐蕃敵對之態勢，李唐國防壓力驟然減輕，戰馬之需求亦可減緩，對於回紇不必再忍氣吞聲，免受凌辱和騷擾。在經濟方面，因長年的戰爭，人民脫離生產，經濟蕭條，戰費龐大，加諸必須購買回紇馬，經濟不堪負荷，若能終止戰爭，則李唐可獲喘息之機。基於以上諸般原因，德宗於大曆十四年（西元 779 年）八月乙巳，立即將代宗所羈留之吐蕃使者及戰俘五百人，各賜襲衣並派遣太常少卿韋倫，悉送還吐蕃，與吐蕃修好，並切敕邊吏護亭障，無輒侵虜地。〔註31〕此時吐蕃雖於大曆十四年（西元 779 年）十月，與南詔合兵十萬，分三道入寇，為李唐所破，然德宗之和蕃政策，絲毫不受此戰爭影響，〔註32〕仍於建中元年（西元 780 年）五月，復遣韋倫使吐蕃。建中二年（西元 781 年）三月，又遣殿中少監崔漢衡使吐蕃，李唐示好於吐蕃，不遺餘力。

至於吐蕃之反應，《通鑑》卷二二六德宗建中元年（西元 780 年）四月載云：「吐蕃始聞韋倫歸其俘，不之信，及俘入境，各還部落，稱：『新天子出

〔註29〕《通鑑》卷二二七，德宗建中三年五月，辛亥條。

〔註30〕《通鑑》卷二二八，德宗建中四年十月，壬戌條；同書卷二二九，同年十一月；卷二三一，德宗興元元年五月等處均有記載。

〔註31〕《通鑑》卷二二六，代宗大曆十四年八月，乙巳。《舊唐書》卷十二〈德宗上〉。《新唐書》卷二一六下〈吐蕃傳〉。

〔註32〕《通鑑》卷二二六，代宗大曆十四年十月，丁酉條。《舊唐書》卷十二〈德宗上〉，載其兵眾有二十萬。

宮人，放禽獸，英威聖德，洽於中國。』吐蕃大悅，除道迎倫。」《舊唐書·德宗本紀》亦載：「（建中元年）十二月辛卯，韋倫使廻，與吐蕃宰相論欽明思等五十五人同至，獻方物，修好也。」甚至李唐之涇原裨將劉文喜，據涇州叛唐，遣其子質於吐蕃求援，吐蕃以方睦於唐，不爲發兵。〔註33〕可見德宗和蕃政策，具有立竿見影之效果，至少從表面上看是如此，然而事實上，此乃吐蕃內部情勢使然，《新唐書》卷二一六下〈吐蕃傳〉云：

> 是時，乞立贊爲贊普，姓戶盧提氏，曰：「我乃有三恨：不知天子喪，不及弔，一也；山陵不及賻，二也；不知舅即位，而發兵攻靈州，入扶、文，侵灌口，三也。」即發使者隨倫入朝。帝又遣倫還蜀俘，虜以倫再至，歡甚，授館，作聲樂，九日留，以論欽明思等五十人從獻方物。

乞立贊即爲墀松德贊。據《新唐書》所載，此時墀松德贊對唐之態度，眞可謂做了極大幅度的轉變。其原因即在墀松德贊末年，吐蕃舊教之勢力復萌，同時吐蕃因過度擴張其國勢，在建中元年（西元 780 年）與南詔合兵侵唐失敗後，與南詔已有間隙，加諸在西域與回紇鏖戰，在西邊又與大食交戰，吐蕃同時與當時亞洲諸強發生戰爭，勢難兼顧與長期支撐，故必須與李唐暫時言和。另日人藤枝晃亦認爲，當時吐蕃在北庭及土耳其斯坦（Türkistan 即西域），正與回紇及大食醞釀著緊張局勢，吐蕃所以與李唐會盟，即基因於此。〔註34〕因此吐蕃與李唐之間，就在德宗即位後，維持了六年之和平。

　　就以上所述，德宗登基後，對外政策似推展得較爲順利，亦較爲成功。而對內之政策，則因其個性之諸多缺陷，初則頗爲清明，有「藩鎮有聰明英武之言，吐蕃有德洽中國之譽」的讚語，〔註35〕百姓對之期望甚殷，「天下以爲太平之治，庶幾可望」。〔註36〕然而不數年，戰亂又起，從建中二年（西元781 年）開始，李唐內部又呈紛亂之局面，甚至朱泚佔據長安稱帝，德宗倉卒幸奉天、梁州，致李唐失去休養生息之機會，造成爾後與吐蕃之交涉，屈居下風，必需結合其他國家之助力，方能自存。

〔註33〕《通鑑》卷二二六，德宗建中元年夏，四月，乙未條以及五月乙酉條。
〔註34〕藤枝晃著、黎本眞節譯：〈吐蕃支配時期之敦煌〉，原載《東方學報「京都」》第三十一冊，文載《大陸雜誌》第二六卷第 7 期，頁 217。
〔註35〕王夫之：《讀通鑑論》卷十三，德宗，頁 585。
〔註36〕《通鑑》卷二二五，代宗大曆十四年六月，甲子。

第二節　朱泚事件

朱泚，幽州昌平人，其父懷珪，曾事安史，僞署柳城使。少時因父蔭，得以從軍，與弟朱滔並爲李懷仙部將，〔註37〕後改經略副使。朱希彩殺李懷仙後，自爲節度，以朱泚爲宗姓，甚爲信任。朱希彩爲政苛酷，終爲其下所殺，朱滔乘倉卒之際，乃潛使百餘人於眾中大言曰：「節度使非城北朱副使莫可。」於是眾乃共推朱泚。朱泚遂權知留後，遣使奉表京師，而爲唐廷拜爲檢校左散騎常侍，兼御史中丞、幽州、盧龍節度等使。大曆八年（西元 773 年）三月，遷幽州、盧龍節度等史、幽州長史、兼御史大夫。同年（西元 773 年），朱泚上表令弟滔率兵二千五百人赴京西防秋，代宗嘉之，手詔優美。〔註38〕按幽州及河北諸鎮，自天寶末便爲逆亂之地，李懷仙、希彩與連境三節度，名雖向順朝廷，然未嘗朝謁。朱泚爲節度後，則率先自領步騎三千人入覲，代宗遇之甚厚。後爲其弟朱滔所乘，無法回其領地，因請留京師。代宗即授朱滔爲兼御史大夫、幽州節度留後，以朱泚爲同平章事，加檢校司空，代李抱玉爲隴右節度使，權知河西、澤潞行營兵馬事。〔註39〕至德宗建中元年（西元 780 年），涇州將劉文喜阻兵爲亂，德宗令泚爲四鎮北庭行軍、涇原節度使，討伐劉文喜。劉文喜請兵吐蕃不得，城中勢窮，爲涇原兵馬將劉海賓與諸將所誅，而以眾降泚，朱泚無所戮，涇人德之，埋下日後涇原兵將擁朱泚爲帝之造因。〔註40〕

從朱泚之崛起過程，史言其「外若寬和，中頗殘忍。然輕財好施，每征戰所得賞物，輒分與麾下將士，以是爲眾所推，故得濟其凶謀。」〔註41〕頗得中肯之道。任育才氏認爲朱泚之竊據大位，早有預謀，〔註42〕且其竊據大位後，對李唐所造成的影響，不論對內、對外均相當深遠。

一、朱泚竊位之時代背景

德宗初年，頗勵精圖治，對內對外均有不同凡響之作爲，然而在極短時間

〔註37〕《新唐書》卷二二五中，〈朱泚傳〉。
〔註38〕《舊唐書》二○○下、〈朱泚傳〉。
〔註39〕同前註。
〔註40〕《通鑑》卷二二六、德宗建中元年五月，乙酉條另見《資治通鑑考異》卷十七，德中建中元年五月條，引邠志文：「……劉海賓因之殺文喜，以眾降泚，泚無所戮，涇人德之，萌泚之亂，亦自此始。
〔註41〕《舊唐書》卷二○○下、〈朱泚傳〉。
〔註42〕任育才：《唐德宗奉天定難及其史料之研究》，頁 10。

內，各藩鎮爲求自保即盤結自固，不肯聽命於中央。並於建中二年（西元 781年）以後，藩鎮連兵。德宗爲善不永，終至招亂，起因於用人不當，昧於知人所致。如於建中元年（西元 780 年），德宗命不曉時務之洪經綸爲河北黜陟使，下符將田悅七萬之軍，罷除四萬，迫使對朝廷還算恭順的田悅，乘機煽惑軍士，施予小惠，使軍士皆德悅而怨朝廷，〔註43〕遂啓田悅連兵諸鎮以拒命之張本。又如楊炎，雖擅理財，然以性太嫉忌，不能容人，爲相以後，專意報恩復讎，乘機誣陷與其有仇隙之劉宴至死。當時朝野人士莫不以爲冤，藩鎮中的李正己，甚至以此爲藉口，屢上表請殺宴之罪，指斥朝廷，且引起田悅、李正己的懼不自安。〔註44〕此外，楊炎於建中二年（西元 781 年）二月，奏用元載的遺策，城原州（今甘肅固原），屯平州（今綏遠五原），並發兩京、關輔之民，鑿陵陽渠以增灌漑，涇原節度使段秀實認爲邊備空虛，不宜興事以召寇。楊炎因而怒其沮己，遂內徵爲司農卿，國家失一忠貞之封疆大臣，而涇原兵權輾轉入於朱泚、姚令言之手，致有涇原兵變之禍。〔註45〕而德宗之好佞惡直，故楊炎敗後，又用一更壞的盧杞。盧杞貌陋心險，又復巧言令色，「知上性多忌，因以疑似離間群臣，始勸上以嚴刻御下，中外失望」。〔註46〕《舊唐書》卷一三五〈盧杞傳〉云：「既居相位，忌能妒賢，迎吠陰害，小不附著，必致之於死，將起勢立威，以久其權。」加上德宗之自是、猜忌、急躁，故佞臣相繼，小臣得志。盧杞更引進險詐之裴延齡，朋比爲奸，攬權專擅，內治大壞。

另外，當時的賦稅繁苛，亦是致亂之由。楊炎所定的兩稅法，具有如陸贄所云「往者納絹一疋，當錢三千二、三百文，今者納絹一疋，當錢一千五六百文，往輸其一者，今過於二矣」、「有藏於襟懷囊篋，物雖豐而人莫能窺，有積於場圃囤倉，直雖輕而眾以爲富……」〔註47〕等之流弊。而且德宗並未貫徹其所云之「比來新舊徵科色目，一切罷之；二稅外輒率一錢者，以枉法論。」〔註48〕反而在兩稅之外，巧立名目橫加搜刮。如德宗欲剷除藩鎮，以

〔註43〕《通鑑》卷二二六德宗建中元年二月，丙申條。

〔註44〕《舊唐書》卷一一八〈楊炎傳〉。《通鑑》二二六德宗建中二年春，正月，戊辰條載：「劉文喜之死也，李正己、田悅等皆不自安。劉宴死，正己等益懼，相謂曰：『我輩罪惡，得與劉宴比乎』」。

〔註45〕《新唐書》卷一四五〈楊炎傳〉。《舊唐書》卷一一八，〈楊炎傳〉。

〔註46〕《通鑑》卷二二七，德宗建中三年四月，壬午條。

〔註47〕《陸宣公奏議》卷四、均節賦稅恤百姓第一條（論兩稅之弊須有釐革），頁 91及頁 92。

〔註48〕《通鑑》卷二二六、德宗建中元年春正月，丁卯條。

師出爲名而多殖貨利。建中二年（西元 781 年）五月，「以軍興，增商稅爲什一」，〔註49〕較楊炎所定三十稅一法尤倍增。至建中三年（西元 782 年）因用兵兩河，常賦不足，因此盧杞引趙贊判度之，贊與其黨太常博士韋都賓、陳京等，謀行括借富商錢，大索暴搜，人不堪其淫逼，自經者相繼，如被盜寇然，又括僦櫃質錢。〔註50〕接著建中四年（西元 783 年）又設間架、除陌之令。於是天下怨聲載道，士庶離心。范祖禹論之曰：「德宗之政，名廉實貪。」〔註51〕此皆由於德宗好聚歛所致，據《通鑑》載云：「朱泚至長安……據府庫之富，不愛金帛，以悅將士，公卿家屬在城者皆給月俸，……加以繕完器械，日費甚廣。及長安平，府庫尚有餘蓄，見者皆追怨有司之暴歛。」〔註52〕由此可知德宗府庫之豐盛，實非虛竭不敷應用而橫征暴歛。所謂上行下效，暴歛成風，民不聊生，人心憤怨，國家安得無傾覆之禍，故蘇軾在進呈唐陸贄奏議劄子中云：「德宗以苛刻爲能；以猜疑爲術……好用兵……好聚財」。〔註53〕朱泚之得以竊位，即在如此形勢下，應運而生，此亦是德宗自招之禍亂。

二、朱泚竊位之始末

建中二年（西元 781 年）正月，李惟岳因父李寶臣卒，自稱留後，請繼父位，德宗不許。魏博節度使田悅爲之再請，德宗仍不許，於是田悅、淄青節度使李正己、李惟岳及山南東道節度使梁崇義等起兵拒命，並相約各以所轄土地傳之子孫。德宗派遣河東節度使馬燧、昭義節度使李抱眞及神策兵馬使李晟，往攻討之。又詔盧龍留後朱滔討李惟岳，並特詔淮寧節度使李希烈督導諸道兵進討梁崇義，思以藩鎭制藩鎭之策略，克盡全功。然而，李正己憂懼而卒後，其子納擅領軍務，與惟岳共救敗歸之田悅，賊勢復振。李希烈大敗梁崇義後，欲將取得之襄陽，據爲己有，德宗不許，希烈憤而飽掠而去，自此怨恨中央，終亦反叛。建中三年（西元 782 年）李惟岳爲其兵馬使王武俊所殺，武俊欲繼爲節度使而不可得。適有詔命，令武俊以糧三千石予朱滔，馬五百匹予馬燧，因疑朝廷分其糧馬，以削弱其實力，而盧龍朱滔請領深州

〔註49〕《通鑑》卷二二六、德宗建中二年五月，丙寅條。
〔註50〕《舊唐書》卷一三五、〈盧杞傳〉。
〔註51〕范祖禹：《唐鑑》卷十二、〈德宗紀〉。
〔註52〕《通鑑》卷二二九、德宗建中四年十一月戊子條。
〔註53〕《陸宣公奏議》卷首，頁 7。

（今河北深縣），德宗未許，心亦不平，二人均以討叛功高賞薄，深怨朝廷，遂爲田悅所乘，與之相結，共抗中央，至此，德宗以藩鎮制藩鎮之策略完全失敗，戰事亦愈來愈擴大。至建中三年（西元 782 年）十一月，朱滔自稱冀王，田悅稱魏王，王武俊稱趙王，李納稱齊王。十二月，朱滔等又勸對中央心懷不平的李希烈稱帝，希烈遂自稱天下都元帥、太尉、建興王。建中四年（西元 783 年），李希烈率兵與東畿汝州節度使哥舒曜戰於襄城（今河南襄城）。哥舒曜兵敗被圍，於是德宗令涇原節度使姚令言率兵救之，又以神策軍使白志貞爲京城召募使，募禁兵以東討希烈，志貞勒逼仕宦子弟帥奴馬，自備資裝從軍，貧者甚苦之，其死亡者，「皆隱而不聞，但受市井富兒賄而補之，名在軍籍受給賜，而身居市廛爲販鬻。」〔註54〕人心動搖，亂將作矣！

建中四年（西元 783 年）十月初三日，涇原節度使姚令言將兵五千至京師，〔註55〕時因雨多天寒，軍士多攜子弟來，冀得厚賞，以便攜回贍養家口，但唐室一無所賜，即令征發，至長安東之滻水，德宗下詔犒師，僅糲食菜啖而已，軍士覆而不顧，憤激怨恨之情，可想而見，並揚言曰：「吾輩棄父母妻子，將死於難，而食不得飽，安能以草命捍白刃耶！國家瓊林、大盈，寶貨堆積，不取此以自活何往耶？」〔註56〕遂爲譁變，鼓譟還京，德宗慌恐，始爲賞賜，每人帛二匹，叛眾以賞少不受，旋又出金帛二十車馳賜之，並令普王及姜公輔慰諭，叛眾已陳於丹鳳門外，百姓聚觀者以萬計。〔註57〕德宗急召六軍（北衙禁軍）以禦賊，竟無一人至者，叛眾已斬關而入，遂狼狽自苑北門出奔奉天（今陝西乾縣）。是爲涇原兵亂。

當時，朱泚正廢處京師，憂憤不得志，《通鑑》載云：「朱滔遣人以蠟書置髻中遺朱泚，欲與同反；馬燧獲之，并使者送長安，泚不之知，上驛召泚於鳳翔，至，以蠟書并使者示之，泚惶恐頓首請罪。上曰：『相去千里，初不同謀，非卿之罪也。』因留之長安私第，賜名園，腴田、錦綵、金銀甚厚，以安其意；其幽州，盧龍節度、太尉、中書令並如故。」〔註58〕胡三省注云此爲朱泚失兵權，乘時逆上張本。〔註59〕任育才氏亦認爲：朱泚竊據大位，

〔註54〕《通鑑》卷二二八、德宗建中四年十月，丁未。
〔註55〕《資治通鑑考異》卷十八、〈唐紀十〉、十月條。
〔註56〕《舊唐書》卷一二七、〈姚令言傳〉。
〔註57〕《通鑑》卷二二八、德宗建中四年十月，丁未。
〔註58〕《通鑑》卷二二七、德宗建中三年四月，申子。
〔註59〕同前註。

似早有預謀，蓋其早收人心於涇州，及坐朱滔故，廢處京師，亦必不安份，姚令言所率之五千兵，當亦受其暗中指縱。〔註60〕因此涇原兵眾竊據長安，即擁「昔在涇有恩，且失權久」的朱泚爲主。泚自稱權知六軍，且出榜於外，稱：「……應神策軍士及文武百官凡有祿食者，悉詣行在；不能往者，即詣本司。若出三日，檢勘彼此無名者，皆斬！」〔註61〕於是百官出見泚，多爲所用，泚遂自稱大秦皇帝，改元應天，僭即皇帝位於宣政殿，立其弟盧龍節度使朱滔爲皇太弟，〔註62〕並致書朱滔稱：「三秦之地，指日克平；大河之北委卿除殄，當與卿會于洛陽。」。〔註63〕朱泚旋以兵圍德宗於奉天，軍勢甚盛，幾下奉天。幸朔方節度使李懷光率兵兼程至奉天，屢敗朱泚軍，加以德宗引過認錯，依陸贄草詔下罪己大赦詔，詔書頒發，四方人心大悅，士卒皆感激涕泣，〔註64〕終在渾瑊、韓遊瓌、李晟、李懷光等力戰下，朱泚始自奉天遁歸長安。

興元元年（西元784年）正月，朱泚更國號曰漢，改元天皇，自稱漢元天皇。淮寧李希烈亦自恃財富兵強，遂稱帝，國號大楚，改元武成。另李懷光亦因盧杞之阻見德宗，及賞賜不均而叛，並與朱泚通謀，賊勢復振，迫使德宗再幸梁州（今陝西南鄭）。按奉天之能解圍，李懷光居功厥偉，史稱：「眾庶以懷光三日不至，城則危矣。」〔註65〕然而懷光爲人疏而愎，誦言：「宰相謀議乖剌，度支賦斂重，京兆尹刻薄軍食，天下大亂皆由此，吾見上，且請誅之。」〔註66〕盧杞爲求自保，在德宗前計阻懷光入覲，促其直引軍追泚，與李晟、李建徽、陽惠元等共取長安。懷光以千里赴難，破賊解圍，功高蓋世，居然咫尺不得見天子，甚爲懊惱，至咸陽，屯軍抗表，論盧杞等之罪；朝廷不得已，貶盧杞、趙贊、白志貞於外。至此李懷光與唐廷間隙已成，頗不自安，遂萌異志，潛與朱泚勾結，退守河中，拒絕朝命，並與朱泚互通聲

〔註60〕任育才：《唐德宗奉天定難及其史料之研究》，頁10～11。
〔註61〕《通鑑》卷二二八、德宗建中四年十月，戊申條。
〔註62〕《舊唐書》卷二〇〇下，〈朱泚傳〉。
〔註63〕《通鑑》卷二二八、德宗建中四年十月，乙卯。
〔註64〕德宗於興元元年（西元784年）下罪己詔，乃陸贄所草擬，情文並茂，發人深省，及興元詔書下，雖驕將悍卒，莫不感悌激發，及還京師，李抱眞入朝奏言：「山東士卒聞書詔之辭，無不感泣，思奮臣節……」。事見，權德輿：《陸宣公翰苑集·序》，評註陸宣公集，卷首，頁1。
〔註65〕同註60。
〔註66〕《新唐書》卷二二四〈叛臣上〉、〈李懷光傳〉。

氣，泚以懷光兵強，以兄禮事之，約分帝關中，永為鄰國。〔註67〕陳寅恪氏認為李懷光之叛，除與盧杞不合外，另神策軍與朔方軍稟賜不均，亦是重大因素之一。〔註68〕總之，此皆為德宗措置乖方，有以致之，故一奔奉天未還，再幸梁州，狼狽已極。所幸，李懷光逼德宗南幸後，馭下乖方，其眾多叛，勢遂寢弱，朱泚即賜懷光詔書，以臣禮待之，且徵其兵，李懷光慚怒交加，乃決計據河中（今陝西永濟）以待機，因而大掠而東，〔註69〕二賊分離，聲勢日微，其勢必敗。興元元年（西元 784 年）五月，李晟克復京師，朱泚被殺，德宗於同年（西元784年）六月十九日，自漢中發車駕還京，並命馬燧、渾瑊擊討李懷光、李希烈。貞元元年（西元 785 年）李懷光為朔方部將牛名俊所殺，〔註70〕至貞元二年（西元 786 年），李希烈為其將陳仙奇所殺，才結束了由建中二年（西元781年）開始的連續戰亂。

　　按德宗登基後數年，對外戰事幾已完全停止，比諸代宗時期對外激烈的戰事，有很大的差別。但德宗志大才疏，心褊意忌，任用非人，又「以強明自任，恥見屈於正論，而忘受欺於姦諛」〔註71〕因此內亂頻仍，終有奉天、梁州之難。德宗飽經播遷之憂患後，理當改弦易轍，以謀興復，然而此後之德宗正如范祖禹所評：「一有奉天之亂，而心隕膽破，惴畏姑息，惟恐生事；既猜阻臣下，則專任宦者；思其窮窘，則聚歛掊克，益甚於初矣！……是以藩鎮強而王室弱，宦者專而國命危，貪政多而民心離。」〔註72〕不圖勵精矢志，反而寵任宦官，以彼等典禁軍，〔註73〕聚歛財貨，姑息藩鎮〔註74〕較前

〔註67〕《通鑑》卷二三〇，德宗興元元年三月，壬申。

〔註68〕陳寅恪：〈論李懷光之叛〉，文載《清華學報》十二卷 3 期。

〔註69〕《資治通鑑考異》卷十八，〈唐紀十〉，興元元年。

〔註70〕《舊唐書》卷一二一〈李懷光傳〉，及《新唐書》卷二二四〈李懷光傳〉，皆云朔方部將牛名俊斬懷光，傳首以獻。《通鑑》卷二三二，德宗貞元元年八月條載，乃「懷光自縊而死，後牛名俊方斷懷光首出降」。今採《新、舊唐書》之說法。

〔註71〕《新唐書》卷七、〈德宗本紀·贊〉。

〔註72〕范祖禹：《唐鑑》卷十六、頁 471～472。

〔註73〕《舊唐書》卷一八四，〈竇文場、霍仙鳴傳〉云：「德宗還京，頗忌宿將，凡握兵多者，悉罷之，禁旅文場、仙鳴分統焉。貞元十二年（西元 796 年）六月，特立護軍中尉兩員，中護軍兩員，以帥禁軍……。」

〔註74〕有關德宗之聚歛財貨，由《通鑑》卷二三二，德宗貞元四年二月條可見：「元友直運淮南錢帛二十萬至長安，李泌悉輸之大盈庫，然上猶數有宣索……。」至於姑息藩鎮，同書卷二三五，貞元十五年十二月載：「上還自興元，雖一州一鎮有兵者，皆務姑息。」另《唐國史補》卷之中云：「德宗自復京闕，常恐

尤甚。蕭復曾諫之於前，陸贄復論於後，然德宗知過而不改，諫而不從，唐之國運亦由此日衰。

三、朱泚事件對三邊關係之影響

　　李唐在德宗即位以後，基於曾在陝州受到回紇的凌辱，及其長期以來之恃功驕悍，對回紇始終採取敵視的態度，德宗個人更是極恨回紇。因此唐、回關係在德宗即位後數年間，陷於空前之低潮狀態。德宗甚至在張光晟殺頓莫賀之叔父突董時，欲乘此與回紇斷絕國交。而回紇之頓莫賀以反對登里可汗入侵李唐，舉兵殺之，並遣使入唐願為藩臣，此本為親唐之舉措，但李唐殺其叔父，且無制裁元凶、賠款謝罪之意，僅將張光晟調入長安任職而已。此舉大大地刺激了回紇，但回紇因頓莫賀新立，國未定。因此頓莫賀傳謂唐使源休云：「我國人皆欲殺汝，惟我不然。汝國已殺突董等，吾又殺汝，猶以血洗血，汙益甚爾。吾今以水洗血，不亦善乎！所欠吾馬直絹一百八十萬疋，當速歸之。」〔註75〕僅以催討李唐所欠馬直了事。但回紇心中定仍憤怨不已，因頓莫賀根本不願接見唐使源休。李唐亦以帛十萬疋，金銀十萬兩償還馬直。《新唐書·回鶻傳》云：「帝隱忍，賜以金繒」，〔註76〕可見德宗亦是極端勉強地敷衍回紇。從建中三年（西元782年）源休護突董之喪赴回紇，同年（西元782年）回紇遣散支將軍康赤心來取積欠馬債外，一直到貞元三年（西元787年）回紇遣使求和親止，前後達六年之久。在這段期間，雙方的正式往來，僅有興元元年（西元784年）八月，唐派周皓宣慰回紇一次而已，〔註77〕餘無往來記錄，雙方關係陷於斷絕之邊緣。正好此時，李唐內部兵連禍結，紊亂不堪。回紇因李唐中央對回採敵對仇視之態度，是故轉向幫助李唐之藩鎮作亂，與李唐中央為敵。

　　《新唐書·朱滔傳》載云：「初，回紇以女妻奚王，大曆末，奚亂，殺王，女逃歸，道平盧，滔以錦繡張道，待其至，請為婚，女悅，許焉。既而遣使修壻禮於回紇，回紇喜，報以名馬重寶。」〔註78〕《通鑑》亦載：「滔娶回紇女為側室，回紇謂之朱郎。」〔註79〕準此可知，朱滔與回紇具有婚姻

　　　　生事，一郡一鎮有兵必姑息之……。」
〔註75〕《舊唐書》卷一二七、〈源休傳〉。
〔註76〕《新唐書》卷二一七上、〈回鶻傳〉。
〔註77〕《冊府元龜》卷九八○、外臣部，通好。
〔註78〕《新唐書》卷二一二、〈朱滔傳〉。
〔註79〕《通鑑》卷二二八，德宗建中四年十月，壬戌。

關係，且回紇待朱滔甚厚。在大曆末及德宗初年之時，回紇與朱滔厚結情誼，具有重大之政治意義。因當時唐、回關係已然逆轉，李唐王室漸忽視與回紇之關係，因此回紇藉與李唐藩鎮之交往，以求漁利。而朱滔亦思藉回紇之軍力，有所助益於本身。是故朱滔僭稱大冀王後，與王武俊、田悅、李納等納四金鑼於回紇，曰：「四國願聽命於可汗，謹上金鑼，啓閉出納，唯所命。」〔註80〕並向回紇乞師。王武俊亦召回紇兵，以絕李懷光等糧道。回紇即應彼等之請求，《新唐書》載：「……回紇以二千騎從……回紇過幽州，滔使說其酋達干曰：『若能同度河而南，玉帛子女不貲，計可得也。』達干許諾……。」〔註81〕《通鑑》載：「……回紇達干將回紇千人，雜虜二千人適至幽州北境。朱滔因說之，欲與俱詣河南取東都，應接朱泚，許以河南子女賂之。」〔註82〕當時正好是朱泚僭位為大秦皇帝，并立其弟朱滔為皇太弟，《舊唐書・朱滔傳》云：「泚既僭號，立滔為皇太弟，仍令其重賂招誘廻紇，南攻魏、貝，即西入關。興元元年（西元784年）正月，滔驅率燕薊之眾及廻紇雜虜號五萬，次南河，攻圍貝州。」〔註83〕由以上諸記載可知，朱滔之娶回紇女為側室，乃經過刻意地安排，「以錦繡張道」迎回紇女，繼而遣使修睦禮於回紇，更進而以河南玉帛子女，招誘回紇入唐共取東都，以接應朱泚。若依《舊唐・朱滔傳》之記載，朱滔之所有作為，均為其兄朱泚所授意，亦即為朱泚竊位之連串陰謀之一，朱泚反於京畿，朱滔連結回紇反於幽州，再西向接應。《通鑑》之記載可為明證：「朱泚遣使遺朱滔書，稱：『三秦之地，指日克平；大河之北，委卿除殄，當與卿會于洛陽。』……」〔註84〕

　　此時回紇之態度，因鑒於李唐王室有意與之疏遠，且據石萬壽氏之研究，認為此時李唐與回紇間的絹馬交易，亦隨著雙方關係之停頓而中斷，回紇為了另闢唐絲之來源，不惜資助叛唐的朱滔、王武俊等，〔註85〕處處與李唐王室表示敵對之態勢。此種現象與肅代時期，回紇出兵助唐室，平定反叛之藩鎮，大異其趣，其態度可謂作了極大幅度的轉變。而李唐在肅、代時期所擬訂之「聯回平藩」、「聯回抗蕃」之政策，在德宗個人恩怨下，遂轉為「聯蕃

〔註80〕同註78。
〔註81〕同註78。
〔註82〕同註79。
〔註83〕《舊唐書》卷一四三，〈朱滔傳〉。
〔註84〕《通鑑》卷二二八，德宗建中四年十月，乙卯。
〔註85〕石萬壽：〈唐廻關係新論〉，頁196。文載《成功大學歷史學報》第三號。

平藩」、「聯蕃抗回」。〔註86〕

　　正當回紇一轉先前助唐之態度，反助叛藩作亂時，吐蕃亦同時轉變先前侵唐之態度，在一片和好敦睦之氣氛下，反助唐討伐朱泚。

　　前文已述，德宗登基以後，立即改變對吐蕃之政策，主動遣還蕃俘，令邊將無侵蕃境，並於建中元年（西元 780 年）五月，復命韋倫出使吐蕃，積極與吐蕃議和。《通鑑》載：「乙酉，復遣倫使吐蕃，倫請上自爲載書（盟誓之書），與吐蕃盟；楊炎以爲非敵，請與郭子儀輩爲載書以聞，另上畫可而已，從之。」〔註87〕並於建中二年（西元 781 年）、建中三年（西元 782 年）、建中四年（西元 783 年）及興元元年（西元 784 年），均派遣使者往吐蕃修好，而吐蕃亦於唐使歸國時，遣蕃使隨之入唐修好，並於建中二年（西元 781 年）請求以平等國相對待，同時要求李唐承認所佔有李唐之土地，德宗均一概照辦。《新唐書·吐蕃傳》云：「殿中少監崔漢衡往使，贊普狠曰：『我與唐舅甥國，詔書乃用臣禮卑我。』又請雲州西盡賀蘭山爲吐蕃境，邀漢衡奏天子。乃遣入蕃使判官常魯與論悉諾羅入朝，道贊普語……帝許之，以『獻』爲『進』，『賜』爲『寄』，『領取』爲『領之』。以前宰相楊炎不通故事爲解，并約地於賀蘭。」〔註88〕自此吐蕃方於建中三年（西元 783 年），歸唐前所俘掠兵民八百人。〔註89〕同時撤換不肯約和之大相尚結息，以贊成定界明約以息邊人之尚結贊爲大相〔註90〕作爲更進一步向唐表明締結盟約之意願。

　　雙方終於在建中四年（西元 783 年），分別在唐京、蕃京及兩國界間三地舉行盟誓，約以「涇州（今甘肅涇州縣北）西至彈箏峽（甘肅平涼縣西一百里）西口，隴州（今陝西隴西縣）西至清水縣（甘肅清水縣西），鳳州（今陝西鳳縣）西至同谷縣（甘肅成縣）暨劍南西山（今成都以西之灌縣境內），大渡河東爲漢界。蕃國守鎮在蘭（今甘肅皋蘭縣）、渭（今甘肅隴西縣）、原（今甘肅固原縣）、會（今甘肅靖遠縣），西至臨洮（今甘肅岷縣治），東至成州（今甘肅成縣），抵劍南西界磨些諸蠻，大渡水西南，爲蕃界，……其黃河之北，從故新泉軍，直北至大磧，直南至賀蘭山駱駝嶺爲界，中間悉爲閒田。盟文有所不載者，蕃有兵馬處蕃守，漢有兵馬處漢守，並依見守，不得侵越……」

〔註86〕湯承業：《李德裕研究》，頁 271，頁 313。

〔註87〕《通鑑》卷二二六，德宗建中元年五月乙酉條。

〔註88〕《新唐書》卷二一六下，〈吐蕃傳〉。另見《通鑑》卷二二七，德宗建中二年。

〔註89〕《通鑑》卷二二七，建宗建中三年四月，庚申條。

〔註90〕《舊唐書》卷一二二，〈崔漢衡傳〉。

〔註91〕是為所謂之「建中會盟」。觀其盟約，雙方以四川之大金川及甘肅之平涼清水縣為界，至此以西之靖遠、隴西、固原及洮河流域均屬吐蕃。李唐算是正式放棄自肅宗以來為吐蕃所佔領之土地。德宗之所以訂下此喪權辱國之盟約，乃因當時朱泚已竊位於長安，德宗倉皇奔奉天，根本無心與吐蕃爭界，只盼早日完成盟約，結束與吐蕃之戰爭狀態。盟約完成後，立即派遣崔漢衡往吐蕃發兵。不惜以伊西、北庭之地為酬，且許每年與贊普綵絹一萬匹，以誘吐蕃助討朱泚。〔註92〕

　　姑不論吐蕃發兵助唐討伐朱泚，是否另具陰謀，但吐蕃確於興元元年（西元784年）四月，由論莽羅率領兵眾二萬人，與渾瑊共破朱泚將韓旻於武亭川，斬首萬餘級。〔註93〕此為有唐以來，唐、蕃聯軍之唯一記錄，也是吐蕃首次助唐討伐叛藩，意義非凡。然而吐蕃深具政治手腕，且甚為精悍，觀其出兵助唐之過程與行徑，即知吐蕃另有居心。

　　先是崔漢衡往吐蕃發兵，吐蕃相尚結贊以制書無主兵大臣李懷光署名，與蕃法不合為由，拒絕發兵。〔註94〕此乃尚結贊為尋求最適當的時機出兵，以便首鼠兩端，同時對朱泚和李唐勒索漁利，故以此為藉口，拖延發兵之日期。吐蕃正如李懷光所云：「虜騎雖來，必不先進，勒兵自固，觀我兵勢，勝則從而圖變，譎詐多端，不可親信……。」〔註95〕至興元元年（西元784年）四月，吐蕃援軍與渾瑊軍會於武功，崔漢衡勸吐蕃出兵助渾瑊，尚結贊曰：「邠軍不出，將襲我後。」韓遊瓌聞之，派兵三千往會瑊軍，吐蕃方出兵。〔註96〕由此可知，吐蕃多疑成性，並無誠意助唐伐朱泚。因此吐蕃破韓旻後，不但接受朱泚之金帛賄賂，且未依約與唐共取長安，即大掠而去。

　　昏愚之德宗，仍欲倚吐蕃以復長安，聞吐蕃撤兵甚憂，以問陸贄。贄反以吐蕃撤兵實可欣賀，上奏曰：「吐蕃遷延顧望，反覆多端，深入郊畿，陰受賊使，致令群帥進退憂虞，欲捨之獨前，則慮其懷怨乘蹕；欲待之合勢，則苦其失信稽延。戎若未歸，寇終不滅。」〔註97〕誠一語道破當時吐蕃之心態及時勢。也

〔註91〕《舊唐書》卷一九六下，〈吐蕃傳〉。
〔註92〕另見《舊唐書》卷十二，〈德宗本紀〉及《舊唐書》一三四，〈渾瑊傳〉。
〔註93〕《舊唐書》卷一九六下，〈吐蕃傳〉。另見《通鑑》卷二三〇，德宗興元元年（784）4月條。
〔註94〕《通鑑》卷二三〇，德宗興元元年二月，戊申。
〔註95〕同前註。
〔註96〕《通鑑》卷二三〇，德宗興元元年四月，庚戌條。
〔註97〕《通鑑》卷二三一，德宗興元元年五月條。

因吐蕃眾遭天疫,引兵而去,未依約與唐共復長安,加上李泌反對,德宗拒絕以伊西、北庭之地與吐蕃,吐蕃大怨,遂於貞元二年(西元 786 年)八月,大舉寇涇、隴、邠、寧等州,掠人畜,艾禾稼,李唐西境爲之騷然,終於結束了爲期六年的和平,唐蕃之間又恢復敵對之態勢。

至於此期間,吐蕃與回紇之間的關係,史無明言,但以當時回紇正與唐交惡,而吐蕃方睦於唐,雙方關係定然不協。德宗爲求討滅朱泚,收復長安,許吐蕃於克城之日,以伊西、北庭兩地予之。當時伊西、北庭兩地正與回紇,沙陀等相依,對抗吐蕃之入侵,回、蕃在西域鏖戰不已。若李唐眞以伊西、北庭予吐蕃,則回紇與吐蕃之間,定然爭戰得更形激烈,因李唐聲明放棄伊西、北庭兩地後,回紇勢必爭取其已染指之地。李唐既臨時取消決定,吐蕃憤怨不已,於是更積極地攻打該地,《新唐書》卷四十〈地理志〉云:「貞元三年(西元 787 年),吐蕃攻沙陀、回紇,北庭、安西無援,遂陷。」《舊唐書·吐蕃傳》及《唐會要》卷七三安西都護府,均言明北庭都護府乃於貞元六年(西元 790 年)陷於吐蕃,回紇相頡于迦斯數救北庭,雙方交戰相當激烈,因此回紇與吐蕃在北庭之爭戰,影響其國內局勢相當深遠,二者均蒙受其害。

第三節　吐蕃背盟

吐蕃自太宗貞觀八年(西元 634 年),遣使入唐,雙方首次接觸以後,一直是李唐西陲的巨蠹大患。其所採行之擴張政策,和強悍無比的武力,確於藏族史中所僅見。然只有擴張政策和強悍的武力,相信在當時,無法同時與亞洲數強爲敵。吐蕃以高明無比的政治手腕,配合其強大的武力,遂能行其擴張政策。李唐就在吐蕃的政治手腕,配合其武力下,喪失了不少領土,國力亦爲之斲傷。因此李唐在代宗以前的皇帝,對吐蕃均懷有相當的戒心,絕對不信任吐蕃的求和。吐蕃自高宗以降,即以談談打打,邊談邊打的手段,使李唐吃了不少虧,甚至訂了盟約之後,根本不當一回事,無信守盟約之誠心。如玄宗開元二年(西元 714 年),吐蕃相坌達延上書宰相,請載盟文定境於河源(今青海南),玄宗命姚崇報書,遣解琬往會;吐蕃亦遣尚欽藏悉臘相盟。但在和盟之中,坌達延將兵十萬寇臨洮(今甘肅臨潭縣西南),入攻蘭、渭;幸唐將王晙、薛訥等力戰,方擊退吐蕃。〔註98〕

〔註98〕詳見《新唐書》卷二一六上,〈吐蕃傳〉。

另肅代宗時期，吐蕃一面遣使請和，一面又侵取李唐之國土，終至河湟之地，盡陷於其手中，因此凡與吐蕃接觸過的，或同時代有所聞的，均對吐蕃之誠信，有所懷疑，如陳子昂云：「夫蕃戎之性，人面獸心，親之則順，疑之則亂，蓋易亂難安，古所莫制也。」〔註99〕又云：「臣聞吐蕃桀黠之虜，君長相信而多奸謀。」〔註100〕《曲江張先生文集》卷十，〈勅安西節度王斛斯書〉云：「吐蕃與我盟約，歃血未乾，已生異心，遠結凶黨，而甘言緩我，欲待合謀，連衡若成，西鎮何有……然則此蕃姦計頗亦陰深，外示存約，內實伺便，事儻不濟，即云無負。」代宗在〈命郭子儀等出師制〉中云：「彼（吐蕃）亦嘗遣聘臣來修舊好，玉帛之禮纔至於上國，燧燧之候已及於近郊。」〔註101〕誠是由感而發之言。吾人更可從《唐國史補》之記載中，得知吐蕃實是桀黠之族，欲達目的，不擇手段，詭譎異常，其載：「吐蕃自貞元末失維州，常惜其險，百計復之，乃選婦人有心者約曰，去為維州守卒之妻，十年兵至，汝為內應，及元和中，婦人已育有數子，蕃寇大至，發火應之，維州復陷。」〔註102〕《白氏長慶集》亦云：「所未化者其唯西戎乎？討之，則疲頓師徒；捨之，則侵軼邊鄙；許和親，則啓貪而厚費，約盟誓，則飾詐而不誠。」〔註103〕面對一個甚具謀略之敵人，德宗居然與之前後數次訂下盟約，且毫無戒心，無怪乎後人慨嘆曰：「德宗多疑，而信吐蕃如父子，信乎疑者必貪，貪者之必愚也。」〔註104〕

一、吐蕃之謀略

吐蕃與李唐既因朱泚事件之索酬問題，再度恢復敵對之態勢。吐蕃大相尚結贊即心生怨憤，思對李唐重施故技，以便侵取李唐之土地財帛。當時李唐兩河罷兵，國內平靖，對吐蕃之戰力，增強不少，復有李晟、馬燧、渾瑊等名將，李唐對吐蕃之戰略形勢，要比肅、代時期堅穩得多，且數敗吐蕃。

〔註99〕《陳伯玉文集》卷八，上西蕃邊州安危事件三條。
〔註100〕書同前，卷九，〈諫雅州討生羌書〉，另見《舊唐書》卷一九〇，〈文苑中〉，〈陳子昂傳〉。
〔註101〕《唐大詔令集》卷一〇七，代宗大歷九年四月，命郭子儀等出師制。
〔註102〕李肇：《唐國史補》卷之下，頁445，文載《學津討原》。另見《李文饒全集》卷十二，論太和五年八月將故維州城歸降，准詔却執送本蕃就戮人，吐蕃城副使悉怛謀狀。
〔註103〕《白氏長慶集》卷四七，〈策林三〉，禦戎狄，徵歷代之策陳當今之宜。
〔註104〕明、李東陽：《新舊唐書雜論》，頁19，文載學海類編（二）。

　　貞元二年（西元 786 年）八月丙戌，德宗詔渾瑊將萬人，駱元光將八千人屯咸陽（今陝西長安縣東之渭城故城）以備之。又命馬燧以河東軍擊吐蕃，燧至石州（今山西離石縣治），河曲六胡州皆降。〔註 105〕李晟更積極治理涇州，兼備耕以積粟，攘却西蕃，表右龍武將軍李觀爲涇原節度使，吐蕃深畏之。李晟常言：「河隴之陷也，豈吐蕃力取之，皆因將帥貪暴，種落攜貳，人不得耕稼，展轉東徙，自棄之耳。」由此可知其謀略有方。李晟更傾家財賞降者，以懷來之。並奏封降虜浪息曩爲王，每蕃使至，必盛裝金帶置於座，以示寵異，因此蕃人皆相指目，榮羨異常。〔註 106〕此舉有類心理作戰，作爲對吐蕃之政治號召。同時於貞元二年（西元 786 年）九月，吐蕃爲王佖敗於汧城，尚結贊僅以身免，以唐軍士不識，始免被俘。〔註 107〕同年十月，吐蕃復爲李晟擊敗於摧沙堡（今甘肅固原縣西北），其將扈屈律悉蒙被斬，蓄積被焚。至貞元三年（西元 787 年），尚結贊各留千餘人於鹽、夏州，自己退屯於鳴沙（今甘肅中衛縣），但因自冬入春，羊馬多死，糧運不繼，又聞李晟克摧沙，馬燧、渾瑊等各舉兵臨之，因之大懼。而且吐蕃內部亦問題重重。《通鑑考異》云：「初，吐蕃既得河湟之地，土宇日廣，守兵勞弊。」〔註 108〕且貴族之間鬥爭已極爲激烈，尚結贊之得爲大相，乃兩個貴族集團勢力逐漸消長之結果。〔註 109〕南詔王異牟尋遺韋皋書云：「天禍蕃庭，降釁蕭墻，太子弟兄流竄，近臣橫汙，皆尚結贊陰計以行屠害，平日功臣，無一二在。」〔註 110〕由此可知，吐蕃內部政局不穩定，其對唐之武力，當必受影響。因此尚結贊不得不策劃一謀略，計取李唐，一舉除掉唐之李晟、馬燧、渾瑊三位名將，打擊李唐民心士氣，以便遂行其奪取李唐土地財貨之欲。

　　尚結贊深知李唐之國情和政局，《舊唐書》卷一二三〈李晟傳〉云：「蕃相尚結贊頗多詐謀，尤惡晟，乃相與議云：『唐之名將，李晟與馬燧、渾瑊耳。不去三人，必爲我憂。』乃行反間，遣使因馬燧以請和，既和，即請盟，復因盟以虜瑊，因以賣燧。」由此可知其謀略之大概，及其對李唐政局之瞭解。尚結贊利用張延賞與李晟不合，與德宗厭戰心理，謀藉張延賞之手，廢除李

〔註 105〕《通鑑》卷二三二，德宗貞元二年十二月，丙寅條。
〔註 106〕《舊唐書》卷一三三，〈李晟傳〉。
〔註 107〕《通鑑》卷二三二，德宗貞元二年九月，乙巳條。
〔註 108〕《資治通鑑考異》卷十七，建中元年四月條，引建中實錄。
〔註 109〕王忠：《新唐書吐蕃傳箋證》，頁 100。
〔註 110〕《新唐書》卷二二二上，〈南詔傳〉。

晟掌兵權。貞元二年（西元 786 年）尚結贊入鳳翔境內，無所俘掠，以兵二萬直抵城下曰：「李令公召我來，何不出犒我？」經宿，乃引退。〔註111〕此舉係縱反間，欲使李唐誤會李晟陰結吐蕃謀叛，同時不斷造離間之言，張延賞等又騰謗於朝，無所不至，逼使李晟涕泣目腫，欲削髮為僧，終為德宗以百姓及其與吐蕃有怨為藉口，留李晟於京師，除去兵權。〔註112〕

吐蕃謀略之第一步驟已成功，繼而遣使卑辭厚禮求和於馬燧，且請脩清水之盟而歸侵地，使者相繼於路，使馬燧誤信其言，成為唐廷中之同情吐蕃者，數次上言德宗，力主與吐蕃談和訂盟，甚至與蕃使論頰熱俱入朝，盛言蕃情可保，請許其盟，與張延賞沆瀣一氣。德宗亦因心恨回紇，欲與吐蕃合，遂許與吐蕃和盟，吐蕃謀略之第二步驟順利達成。最後要求以渾瑊為和盟使，〔註113〕求盟於原州（今甘肅固原縣）土棃樹，後應唐之要求，改為涇川附近之平涼川（今甘肅平原縣西北），並決定於貞元三年（西元 787 年）閏五月十五日，舉行和盟儀式，李唐均應其請求。

至此吐蕃已經完成其極為狡猾的謀略，只要訂盟之日一到，就能遂行其陰謀。當時李唐內部反對和盟之人，不在少數。如數次使蕃之韋倫曾云：「吐蕃豺虎野心，不可事信約，宜謹備邊。」〔註114〕李晟奏曰：「戎狄無信，不可許。」宰相韓滉亦附和李晟之議，並請調軍食予晟，以擊吐蕃。〔註115〕韓遊瓌亦云：「吐蕃弱則求盟，強則入寇，今深入塞內而求盟，此必詐也！」〔註116〕連德宗認為是書生不知邊計的柳渾亦曰：「戎狄豺狼也，非盟誓可結。今日之事，臣竊憂之！」〔註117〕然而德宗卻一意孤行，沒有接納這些忠言，一步一步地墮入吐蕃設好的圈套當中。李晟見事已無挽回之餘地，泣謂所親曰：「吾生長西陲，備諳虜情，所以論奏，但恥朝廷為犬戎所侮耳！」〔註118〕可見其早知李唐必中吐蕃之狡計，其憂國之心情可想而知。

〔註111〕《通鑑》卷二三二，德宗貞元二年九月，乙巳。
〔註112〕《通鑑》卷二三二，德宗貞元二年十二月，丙寅；同卷德宗貞元三年三月，丁酉、丁未諸條。
〔註113〕《資治通鑑考異》卷十九，貞元三年四月條：「……按尚結贊本怒渾瑊，故欲劫而執之，然則求瑊主盟乃吐蕃意，非由唐出也。……」
〔註114〕《新唐書》卷一四三，〈韋倫傳〉。
〔註115〕《舊唐書》卷一三三，〈李晟傳〉。
〔註116〕《通鑑》卷二三二，德宗貞元三年三月，丁酉。
〔註117〕同前註。
〔註118〕同前註。

二、吐蕃平涼劫盟

　　唐、蕃既議定盟誓之日期與地點，雙方均準備剋期舉行。李晟仍告誡將出發之渾瑊，深為之備，不可輕忽。張延賞上奏曰：「晟不欲盟好之成，故戒瑊以嚴備。我有疑彼之形，則彼亦疑我矣，盟何由成！」德宗因此召渾瑊，切戒以推誠待虜，勿自為猜貳以阻虜情。〔註119〕渾瑊得德宗之詔示後，即顯得十分輕率，絲毫不為戒備，其紮營之防禦工事，亦甚為草率，駱元光謂之曰：「本奉詔令，營於潘原堡，以應援侍中，竊以潘原去盟所六十七里，蕃情多詐，侍中儻有急，何由知之？請次侍中為營以虞其變。」〔註120〕渾瑊以違旨為由止之。駱元光不聽，仍營於渾瑊之後，並構築深固之濠柵，後來渾瑊得脫的原因，就在於駱元光的「厚為之備」。

　　貞元三年（西元 787 年）閏五月十五日，渾瑊與尚結贊會於平涼，雙方約定以兵三千人列於壇之東西，散手四百人至壇下，各遣遊軍相覘伺。蕃軍精騎數萬埋伏於壇西，蕃之遊軍貫穿於唐軍之中，出入無禁。渾瑊將梁奉貞率六十騎為遊軍，纔至壇所，即為蕃軍所執，瑊渾然不知。結贊又謂瑊曰：「請侍中以下服衣冠劍珮以俟命。」蓋誘其下馬，將劫持之。瑊與崔漢衡、監軍特進宋鳳朝等皆入幕次，坦無他慮。至此，渾瑊及參與會盟之李唐文武官吏，皆成為吐蕃之甕中鱉。尚結贊以擊鼓三通為號，蕃眾即展開劫盟行動，殺宋鳳朝、瑊判官鄭叅等於幕中，渾瑊自幕後出，偶得他馬，跨而奔歸，伏鬣入其銜，馳十餘里，銜方及馬口，故矢過其背而不傷，蕃軍追騎雲合。唐將卒皆東走，吐蕃縱兵追擊，或殺或擒，崔漢衡、中官俱文珍、劉延、李清朝、漢衡判官鄭叔矩、瑊判官路佖、袁同直、大將軍扶餘準、馬寧、神策將孟日華、李至言、樂演明、范澄、馬弇等六十餘人，皆為吐蕃所擒，其餘將士及夫役死者四、五百人，被俘者千餘人，咸被解奪其衣。渾瑊因駱元光發伏陣以待，及瑊將辛榮以數百人據北皋，與賊血戰，吐蕃追兵始止，得免被俘。吐蕃將唐俘，盡驅而西，人負一木，以繩三束之，係其髮而牽之。夜則踣於地，以髮繩各繫一橛，又覆蓋以毛罽，守衛者臥其上，以防其逃逸。囚漢衡、叔矩於河州（今臨夏），辛榮於廓州（今巴燕縣南黃河北岸），扶餘準於鄯州（今西寧）。尚結贊意本在擒渾瑊，特準備金飾桎梧待渾瑊，幸渾瑊得脫，此為其計謀唯一不得逞之處。

〔註119〕同前註。
〔註120〕《舊唐書》卷一九六下，〈吐蕃傳〉。

　　尚結贊又縱反間，放中官俱文珍、渾瑊將馬寧及馬燧之姪馬弇歸唐，臨走時謂馬弇曰：「胡以馬為命，吾在河曲，春草未生，馬不能舉足，當是時，侍中渡河掩之，吾全軍覆沒矣！所以求和，蒙侍中力。今全軍得歸，奈何拘其子孫！」此話之目的，在於使俱文珍具以告德宗，馬寧報與渾瑊知，李唐上下必為之大譁，馬燧勢必不保其兵權，甚至有與吐蕃連謀之嫌。德宗正中吐蕃之奸計，聞其言後，遂惡馬燧，於是奪其兵權，罷其副元帥、節度使之職，僅為司徒兼侍中，賜妓樂，奉朝請而已。另張延賞也慚懼，謝病不視事。德宗初聞此巨變，欲出幸以避吐蕃，為大臣所諫止，繼而遣使以詔書遺尚結贊，結贊不納。正好吐蕃之戍鹽、夏者，饋運不繼，人多病疫思歸，結贊以三千騎迎之，悉焚其廬舍，毀其城，驅其民而去。同年（西元 787 年）七月德宗下詔罪己，詔曰：

> 乃者吐蕃犯塞，毒我生靈，俶擾隴東，深入河曲。朕以兵戈粗定，傷夷未瘳，務息戰伐之謀，遂從通知之請。亦知戎醜，志在貪婪，重違修睦之辭，乃允尋盟之會。果為隱匿，變發壞宮，縱犬羊凶狡之群，乘文武信誠之眾，蒼黃淪陷，深用惻然。此皆由朕之不明，致其至此。既無德於萬眾，亦有愧於四方，宵旰貽憂，何嗟而及。

觀此詔書，誠然是語重心長，悔恨交加。由此可知，平涼劫盟對德宗心理影響之大，因此，同年（西元 787 年）八月，吐蕃尚結贊遣使齎表歸還崔漢衡、孟日華、劉延邕時，即下詔不納吐蕃使者，僅受漢衡等及蕃表，而返其人。德宗欲以德懷吐蕃，務息西陲兵患之願望，已完全破滅。〔註 121〕

　　李唐受吐蕃愚弄後，將領多被俘虜，士卒損失千餘人，馬燧兵權為之解除，渾瑊慚憤，其餘將士亦氣憤李晟之遭解兵權，不肯為朝廷所用，復遭劫盟之打擊，亦皆喪氣。加以自尚結贊撤去鹽夏戍兵後，李唐京師已不受威脅。德宗不僅無志於恢復河湟，亦不積極佈署防務，防戍僅用一千一百人而已，幾等於盡撤守備。〔註 122〕爾後吐蕃入侵，恣意擄掠，如入無人之境，而且手段比諸前期，更為殘忍。由平涼劫盟之過程，吾人可知吐蕃政治手腕之高明，不但使李唐名將大臣為之反側不安，遭朝廷罷解兵權，且整個李唐上下，士

〔註 121〕平涼劫盟之過程，請參見《舊唐書》卷一三三〈李晟傳〉，同書卷一三四〈馬燧〉、〈渾瑊傳〉，同書卷一九六下，〈吐蕃傳〉。《新唐書》卷二一六下，〈吐蕃傳〉。及《通鑑》卷二三二，德宗貞元三年條等。

〔註 122〕《舊唐書》卷一九六下，〈吐蕃傳〉云：「於是遣決勝軍使唐良臣以眾六百人戍潘原堡，神策副將蘇太平率其眾五百人戍隴州。」

氣爲之瓦解，使原本對吐蕃不利的局勢，一轉而爲對吐蕃有利之形勢。當時與吐蕃有着密切關係的南詔王異牟尋，曾遺書韋皋云：「吐蕃陰毒野心，輒懷搏噬，有如婾生，實汙辱先人，辜負部落⋯⋯往退渾王爲吐蕃所害，孤遺受欺；西山女王，見奪其位；拓拔首領，並蒙誅刈；僕固志忠，身亦喪亡。每慮一朝亦被此禍。」〔註123〕按退渾爲吐谷渾，西山女王謂蘇毗國王，拓拔首領謂黨項之附吐蕃者，僕固志忠乃懷恩子，類此所有歷代附吐蕃者，均受其害，由此可推知吐蕃爲虎狼無信。亦可見與吐蕃交往之南詔王異牟尋，也因吐蕃之反覆無信，頗不自安。

是故湯承業氏評吐蕃之國策及政治手腕爲：「侵略土地以資強大，乃是吐蕃之既定國策；而以和盟掩護偷襲，又是吐蕃之傳統伎倆⋯⋯以和盟爲騙局、爲糖衣，實際上專門奪取土地。」〔註124〕又評吐蕃之民族性云：「吐蕃只認力量，不知信義」、「吐蕃之族性，只要有機會行騙，則絕不放棄機會；只要有力量侵掠，也絕不等閑力量。」〔註125〕站在受害者之立場，當然此種說法，不可謂之謬誤，但似嫌情緒化。實則國際政治上，兵不厭詐，沒有道義可言，只講實力和利害關係，不遵守條約者，或以訂和約爲掩飾手段，進行其他目的者，比比皆是。就吐蕃與李唐之平涼刦盟而言，只能說吐蕃的政治手腕高明，而李唐之主政者，不識當時之情勢，昧於知人，一再上當，致蒙鉅大損害，此只能怨自己之無能，不能專咎於吐蕃之謀略。總之，此事件之最大意義，殆如王忠氏所云，平涼刦盟事件對唐、蕃之間的文化交流，影響尤爲重大，因有大批漢族大臣學者沒蕃，使得藏族接受漢族傳統文化歷久未衰，且唐代漢族文化對吐蕃之影響，無處不見其顯著痕跡。〔註126〕觀諸今日漢藏之融合情形，誠斯言哉。

第四節　李唐聯回抗蕃政策之確定

李唐自吐蕃平涼刦盟後，全朝上下士氣低落，德宗甚至有數度出幸避吐蕃之意圖，均爲大臣所諫阻。〔註127〕德宗曾於貞元二年（西元786年）十二

〔註123〕《新唐書》卷二二二，〈南詔傳〉。
〔註124〕湯承業：《李德裕研究》，頁326～337。
〔註125〕書同前，頁327及頁329。
〔註126〕王忠：《新唐書吐蕃傳箋證》，頁110。
〔註127〕《通鑑》卷二三二，德宗貞元三年四月，辛未。

月甲戌，因吐蕃寇邊，下詔避正殿，詔曰：

> 朕嗣守丕構，姑務息人，頃以西蕃載申信約，蓋欲惠康庶士，協靜封陲，而戎狄無厭，大棄明義，入我河曲，害我生靈，鹽夏兩州淪陷蕃醜，哀此蒸庶，家業流離，去父母之邦，捐骨肉之愛，緣朕薄德，俾人罹殃，興言疾懷，若墜焚約，側身惕慮，豈敢遑寧，所宜省躬，深自咎戒，今視朝避正殿十五日……庶答天譴，用惕深衷。

〔註128〕

却盟事發後，德宗亦下錄陷蕃官子孫詔，詔中頗有譴責自己之詞語：「此皆由朕之不明，致其若此……既無德於萬眾，實有媿於四方，宵旰貽憂，何嗟而及。」〔註129〕由此二詔中，可知德宗內心之憂急與歉疚。李唐對吐蕃實處在一種和戰兩難、進退維谷之窘況。當時之吐蕃，自却盟以後，對李唐之寇略行動，轉趨活絡，而且殺伐甚重，手段極為殘暴。貞元三年（西元 787 年）九月戊申，吐蕃之眾自潘口東分為三道，其一趨隴州，其一趨汧陽之東，其一趨釣竿原，並相繼屯於所趨之地，連營數十里，京師震恐，士庶奔駭。同年（西元 787 年）九月丁巳，吐蕃大掠汧陽（陝西隴縣治），吳山、華亭（皆屬隴州地），老弱者殺之，或斷手鑿目，棄之而去；驅丁壯萬餘悉送安化峽西（屬秦州清水縣界），將分隸於羌、渾，乃告之曰：「從爾輩東向哭辭鄉國。」眾大哭，其時一慟而絕者數百人，投崖谷死傷者千餘人，〔註130〕慘絕人寰，聞者痛心。是月吐蕃又陷華亭、連雲堡（在涇州西界）。甲戌，吐蕃驅二城之民數千人及邠、涇人畜萬計而去，置之彈箏峽西。自是涇、隴、邠等吐蕃所至，俘掠殆盡。貞元四年（西元 788 年）五月，吐蕃三萬騎寇涇、邠、寧、慶、麟（陝西神木縣）等州，焚彭原縣廨舍，所至燒盧舍，人畜沒者約二、三萬，計凡二旬方退。吐蕃甚至逼迫陷蕃之唐人，厚其資產質其妻子，由蕃將率領，於盛夏入寇。〔註131〕因此吐蕃寇略李唐之慘烈，在德宗貞元三年（西元 787 年）至四年（西元 788 年）間，達於極至。李唐勢必要轉變對外政策，

〔註128〕《欽定全唐文》卷五一，德宗，以吐蕃入寇避正殿詔。另見《新唐書》卷七，〈德宗本紀〉。

〔註129〕《唐大詔令集》卷六五，錄陷蕃官子孫詔。另見《舊唐書》卷一九六下，〈吐蕃傳〉。

〔註130〕《舊唐書》卷一九六下，〈吐蕃傳〉。《通鑑》卷二三三，德宗貞元三年九月，丁巳條。

〔註131〕《通鑑》卷二三三，德宗貞元四年四月，辛未條。《舊唐書》卷一九六下，〈吐蕃傳〉。

全力對抗吐蕃之入侵。

　　當唐、蕃之間，於德宗即位後，往還頻仍之時，回紇與李唐之關係，却幾乎呈現停頓狀態。至李唐正爲吐蕃之大肆寇略，而陷於和戰兩難之窘況，回紇適時於貞元三年（西元 787 年）八月，遣首領默啜達干、多覽將軍合闕達干等來貢方物，且請和親。〔註 132〕據《通鑑》所載李泌之言，此時回紇之所以遣使請和親，乃由於合骨咄祿可汗（即頓莫賀，唐冊封爲忠貞可汗）與李泌有舊交的緣故，《通鑑》卷二三三德宗貞元三年（西元 787 年）載：「臣曩在彭原，今可汗爲胡祿都督，與今國相白婆帝皆從葉護而來，臣待之頗親厚，故聞臣爲相而求和。」石萬壽氏則認爲當時回紇在政治上，因頓莫賀新立，急需借天可汗的聲威來鎮壓登里可汗的舊勢力，因此欲早日迎娶唐公主，以鞏固其統治權；在經濟上，因德宗即位後，雙方之絹馬交易中斷，唐絲不再輸入回紇，因此爲重獲絹馬交易之利，必須與李唐恢復友好關係；在宗教上，因頓莫賀可能爲薩滿教徒之首，而登里可汗及九姓胡係奉摩尼教，此二宗教衝突結果，導至登里可汗及九姓胡的遭難，爲轉移國內宗教之衝突，必須求和於李唐；在軍事上，自吐蕃陷河隴後，唐絲改由回紇道輸出，德宗甫登基立即與吐蕃修好，欲以伊西、北庭之地予蕃，此舉等於警告回紇，李唐可隨時切斷東西絲道，打擊回紇在東西貿易上的控制權，因此回紇不得不向李唐示好，以維護絲路的安全。〔註 133〕基於以上諸種因素，回紇勢必要與李唐恢復友好關係，正好此時唐、蕃之間已交惡，戰事連縣，李唐亟需外力之援助，而且又是頓莫賀之舊交李泌爲相，對回紇而言，此時正是向李唐求和親的最好時機。

　　但德宗因在陝州，遭登里可汗之侵辱，隨從韋少華、魏琚受鞭笞致死，仍懷恨於心，不肯與回紇和親。李泌早於貞元三年（西元 787 年）七月，在答覆德宗府兵之策時，順便提及其不用中國之兵，而能使吐蕃自困之策略，因深知德宗素恨回紇，致不言及內容。至同年（西元 787 年）八月，回紇遣使求和親，會邊將告乏馬，李泌乘機展開說服德宗之工作，主張「北和回紇，南通雲南（南詔），西結大食、天竺」之策略，而且以聯合回紇爲當務之急，亦即恢復肅代時期所秉行的「聯回抗蕃」之政策。並以「數年之後，馬賤於今十倍」誘使德宗應允。德宗以陝州之恥，韋少華等之受辱而死，堅不允其

〔註 132〕《舊唐書》卷一九五，〈廻紇傳〉。
〔註 133〕詳見石萬壽：《唐廻關係新論》，頁 195〜197。

策。經李泌反覆陳說，德宗仍不許。李泌憂急憤而死諫曰：「陛下既不許回紇
和親，願賜臣骸骨。」德宗爲之動容，李泌乃將前因後果，詳爲德宗解析，《通
鑑》卷二三三德宗貞元三年九月丁巳條載：

> 上曰：「朕不惜屈己與之和，但不能負少華輩。」對曰：「以臣觀之，
> 少華輩負陛下，非陛下負之也。」上曰：「何故？」對曰：「昔回紇
> 葉護將兵助討安慶緒，肅宗但令臣宴勞之於元帥府，先帝未嘗見也。
> 葉護固邀臣至其營，肅宗猶不許。及大軍將發，先帝始與相見……
> 陛下在陝，富於春秋，少華輩不能深慮，以萬乘元子徑造其營，又
> 不先與之議相見之儀，使彼得肆其桀騖，豈非少華輩負陛下邪？死
> 不足償責矣。且香積之捷，葉護欲引兵入長安，先帝親拜之於馬前
> 以止之，葉護遂不敢入城。當時觀者十萬餘人，皆歎息曰：『廣平王
> 眞華夷主也！』然則先帝所屈者少，所伸者多矣。葉護乃牟羽之叔
> 父也。牟羽（即登里可汗）身爲可汗，舉全國之兵赴中原之難，故
> 其志氣驕矜，敢責禮於陛下，……而天威所臨，豺狼馴擾，可汗母
> 捧陛下於貂裘，叱退左右，親送陛下乘馬而歸。陛下以香積之事觀
> 之，則屈己爲是乎？不屈爲是乎？陛下屈於牟羽乎？牟羽屈於陛下
> 乎？」……泌曰：「臣以爲回紇不足怨，驛來宰相乃可怨耳。今回紇
> 可汗殺牟羽，其國人有再復京城之勳，夫何罪乎！吐蕃幸國之災，
> 陷河隴數千里之地，又引兵入京城，使先帝蒙塵於陝，此乃必報之
> 讎，況其贊普尚存，宰相不爲陛下別白言此，乃欲和吐蕃以攻回紇，
> 此爲可怨耳。」

李泌並述其政策之內容，及策必成之原因：

> 回紇和，則吐蕃已不敢輕犯塞矣。次招雲南，則是斷吐蕃之右臂也。
> 雲南自漢以來臣屬中國，楊國忠無故擾之使叛，臣于吐蕃，一日不
> 思復爲唐臣也。大食在西域爲最強，自蔥嶺盡西海地幾半天下，與
> 天竺皆慕中國，代與吐蕃爲仇。

最後李泌請以回紇向唐稱臣，爲德宗子，每使來不過二百人，印馬不過千匹，
無得攜中國人及商胡出塞等五事爲條件，與回紇建立和親關係，德宗方才放
棄個人恩怨，允許與回紇和親。〔註134〕

〔註134〕詳見《通鑑》卷二三三，德宗貞元三年九月，丁巳條。《新唐書》卷二一七上，
　　　　〈回鶻傳〉。

　　貞元三年（西元 787 年）九月，德宗遣回紇使者合闕將軍歸，許以咸安公主妻可汗，歸其馬價絹五萬疋，回紇得唐許婚，甚喜，於貞元四年（西元 788 年）九月，遣其妹骨咄祿毗伽公主及大臣妻並國相，跌跌都督以下三千餘人來迎可敦，執禮甚恭曰：「昔爲兄弟，今爲子壻，半子也。若吐蕃爲患，子當爲父除之！」因嘗辱吐蕃使者以絕之，〔註 135〕回、蕃關係於此正式斷絕。回紇並曾於貞元七年（西元 791 年），吐蕃寇靈州時，出兵助唐，擊敗吐蕃。同年九月，遣使來獻俘。十二月甲午，又遣使獻所獲吐蕃酋長尙結心。〔註 136〕可見回紇不但全部接受李泌所提之五個條件，且立即與吐蕃發生爭戰，牽制吐蕃入寇李唐之舉動。雖然吐蕃仍時予入寇，並未如李泌所預測：「回紇和，則吐蕃已不敢輕犯塞矣。」但若無李泌之死諫，與反覆剴切地剖析當時之情勢，打開德宗心中的死結，則無法恢復「聯回抗蕃」之政策，聯回抗蕃政策無法推行，則回紇與吐蕃可能不會在西域鏖戰如此激烈，吐蕃既未在西域受創，則不會向南詔征重賦、調用軍隊，雙方仍將聯合一致對付李唐。即因「聯回抗蕃」之策，得以先推行，因此回紇不論係爲自己，或幫助李唐，均傾全力與吐蕃爭取北庭，雙方激戰連年，吐蕃受創，不得不向南詔征重賦并調用軍隊，南詔不堪其擾，方始加速了雙方之交惡，彼此相猜防，間隙日漸加深，讓李唐有機可乘，得以說服南詔共擊吐蕃，南詔也因此下定決心，付諸行動，攻擊吐蕃之腹心，獲得極大的牽制效果。因此，若沒有先聯絡回紇，則根本無法拉攏南詔，由敵國變成與國，轉變了唐、蕃間的形勢。

　　李唐對吐蕃之戰略，也因此改爲「南攻北守」，一面命劍南西川節度使韋皋聯絡南詔，搗吐蕃腹心；一方面命朔方大將楊朝晟先後築鹽州等城以資防守。至此李唐才由劣勢漸轉居上風，適此時之吐蕃，亦疲敝不堪，國勢寢弱，已不能成爲唐之大害。此皆爲李泌之高瞻遠矚，富於國際政治知識，明瞭國際情勢，才能訂下如此高明之策略。李泌早於貞元五年（西元 789 年）三月甲辰薨逝，〔註 137〕其以生命力主之「聯回抗蕃」政策，一直爲李唐所奉行，也因李唐秉持此政策，使得回紇、吐蕃皆因連年相互爭戰，國勢爲之削弱不少，不能再爲害李唐。吾人可由此看到一個偉大政治家的風範，和其忠心謀國，對國家所作的貢獻，李泌誠可謂爲救時良相。

〔註 135〕《通鑑》卷二三三，德宗貞元四年九月，庚申。
〔註 136〕《通鑑》卷二三三，德宗貞元七年冬，十月，甲午條。
〔註 137〕《舊唐書》卷十三，〈德宗本紀下〉。

第五節　吐蕃四面受敵

　　李唐自採聯合吐蕃四周外族，以圍困吐蕃之策略後，與吐蕃之戰事，逐漸居於上風，一轉前期常喫敗仗之劣勢。此固然是因李唐執行此一政策所致，實亦是吐蕃在其贊普墀松德贊領導下，過度擴張，於德宗貞元年間，曾先後與亞洲諸強——李唐、回紇、南詔、大食作戰，致國力大爲損耗。自古以來，任何國家之對外戰爭，均避免兩面作戰，以免無法兼顧全局，致力分勢弱。而吐蕃却先後在不同地方，與四強作戰，縱使能維持於一時，亦勢必走向墮敗一途。事實上，導致吐蕃勢弱的最大因素，還是在其內部政局問題上。

　　吐蕃之政局在新舊任贊普接續時期，經常處於不穩定之情勢中，信奉棒教的貴族試圖乘新任贊普未穩固之時，掌控朝政，控制贊普，然而貴族非僅一家，彼此傾軋鬥爭，更與吐蕃之舊有宗教——棒教沆瀣一氣。《通典》載云：「設官父死子代，絕嗣即近親襲焉。非其種類，輒不相服。」〔註138〕又〈玄宗賜吐蕃贊普書〉云：「更聞權在強臣，遂復違約失順，干戈未息。」〔註139〕文中「強臣」即指掌權之貴族而言。因此吐蕃在松贊幹布、墀松德贊等名主在位時，均力排這些貴族的影響力，並致力於宣揚與提拔佛教，藉以打擊棒教，鞏固王室之權勢。尤其是墀松德贊在位時，從印度聘來阿難陀等從事翻譯經典，又聘尼泊爾之寂護入藏宣揚佛法，建桑耶寺（bSam-Yas）於邏些東南百餘里，當時亦有李唐僧徒往吐蕃宣教。其中尤以聘請烏仗延那（Udyana 在克什米爾西北 Ghazni 河谷）之蓮華生入藏弘法，影響最大。是故在此期間，不但建立了僧伽制度，且奉佛教爲國教。〔註140〕但舊教與貴族之權勢，並未徹底排除，彼等只是暫時蟄伏，到墀松德贊末期，又復興起。王忠氏云：「及棄松得贊（即墀松德贊）晚年，吐蕃向外發展基本上停止，內部矛盾始又逐漸激化。」〔註141〕此時之大相尚結贊，屠害異己，獨攬大權，又形成與論欽陵任大相時期相同形勢，因此贊普威權愈爲失墜，爾後之贊普或遭刺殺，贊

〔註138〕《通典》卷一九〇，〈邊防六〉，〈西戎二〉，吐蕃。
〔註139〕《欽定全唐文》卷四十，玄宗，賜吐蕃贊普書。
〔註140〕參閱歐陽無畏教授：〈喇嘛教〉，頁 38～39，文載《西藏研究》。
　　　　See Giuseppe Tucci, "The Tombs of The Tibetan Kings". PP.71-72
　　　　See Hoffmann Helmut. "Tibet A Handbook" P45.
　　　　See David Snellgrove, Hugh Richardson, "A Cutural History of TIBET" P78
〔註141〕王忠：《新唐書吐蕃傳箋證》，頁 123。

普位繼承發生紛爭，最後貴族立未具王室悉補野氏血胤者。〔註142〕由此觀之，吐蕃之勢弱，其內部政治的問題，是爲最大因素。是以陳寅恪氏云：「吐蕃之國勢自貞元時開始衰弱。」〔註143〕然而，吐蕃無法再爲患李唐，與其先後與亞洲諸強作戰，牽制其兵力有關：

就吐蕃與回紇之間而言。回紇於貞元三年（西元787年）九月，得李唐之允許和親後，即於貞元四年（西元788年），正式與吐蕃斷絕外交關係，雙方隨即在西域，展開北庭爭奪戰。按安西、北庭係於安史之亂期間，吐蕃盡陷河隴後，與李唐失去聯絡，不知存亡。直至德宗建中二年（西元781年），安西、北庭留後李元忠及郭昕遣使，經由回紇諸蕃入奏，李唐方知音信。〔註144〕而此期間之安西北庭，即與沙陀、三姓葛祿、白服突厥〔註145〕等，依附於回紇，共同抵抗吐蕃之入侵，使吐蕃久攻不下。然而，回紇之統治手腕極爲貪婪，吐蕃又行重賂，因此沙陀、三姓葛祿、白服突厥等均背叛回紇，轉而投向吐蕃，並助吐蕃攻打北庭，回紇大相頡于迦斯（ilügäsi 中國史料上載頡干迦斯，「干」爲「于」之筆誤）數度將兵救之。《舊唐書》卷一四五〈廻紇傳〉載：

> 初，北庭，安西既假道於廻紇以期奏，因附庸焉。廻紇徵求無饜，北庭差近，凡生事之資，必強取之。又有沙陀部落六千餘帳，與北庭相依，亦屬於廻紇，肆行抄奪，尤所厭苦。其先葛祿部落及白服突厥素與廻紇通和，亦憾其侵掠。因吐蕃厚賂見誘，遂附之。於是吐蕃率葛祿、白服之眾去冬（貞元五年十二月）寇北庭，廻紇大相頡于迦斯率眾援之，頻敗。吐蕃急攻之，北庭人既苦廻紇，乃舉城

〔註142〕同上書，頁122～124。
〔註143〕陳寅恪：〈外族盛衰之連環性及外患與內政之關係〉，頁110。文載《唐代政治史述論稿》。
〔註144〕《舊唐書》卷十二，〈德宗本紀上〉，同書卷一二〇，〈郭昕傳〉。另《新唐書》卷二一七上，〈回鶻傳〉：「貞元二年（西元786年），元忠等所遣假道回鶻，乃得至長安。」今從《舊唐書》。
〔註145〕《舊唐書》卷一九五，〈廻紇傳〉、《唐會要》卷七三及《通鑑》卷二三三均作「服」。僅《新唐書》卷二一七上，〈回鶻傳〉作「白眼突厥」。《突厥集史》卷一〇云：「按今土耳其有所謂黑眼族，余以爲作『白眼』者是也。」就作者所知，土耳其所謂之「黑眼族」，可能是指點戛斯族，即今克爾克孜（Kirkiz）。《新唐書》卷二一七下，〈回鶻傳〉云：「點戛斯，古堅昆國也……黑瞳者，必曰陵苗裔也。」由此可知突厥族中亦有黑瞳者。若以土耳其有「黑眼族」，而取其相對之意，認爲應作「白眼突厥」，似有牽強附會之嫌，按「眼」可能爲「服」字之筆誤。

降焉，沙陀部落亦降。……（貞元）六年秋，（頡于迦斯）悉其國丁
壯五萬人……將復焉，俄為所敗，死者大半。頡于迦斯收合餘燼，
晨夜奔還……自是安西阻絕，莫知存亡，唯西州之人，猶固守焉。

由以上記載可知，雙方戰事相當慘烈，回紇傾國兵眾而至，吐蕃雖數次擊退
頡于迦斯之援軍，並攻陷北庭，但就實力而論，回紇實為吐蕃強敵，吐蕃數
敗回紇，勢必付出相當代價。貞元七年（西元 791 年）八月，吐蕃寇靈州時，
即為回紇所敗而夜遁，〔註 146〕另《通鑑》卷二三四德宗貞元十年載云：「先是，
吐蕃與回鶻爭北庭，大戰，死傷甚重，徵兵萬人於雲南。」準此，回、蕃之
北庭爭奪戰，均造成雙方相當大的損害。對吐蕃影響尤大者，是因與回紇爭
戰，死傷過重，而征兵於南詔，迫使「內雖附唐，外未敢叛蕃」之南詔，下
定決心，聯結李唐以對抗吐蕃，並付諸行動。

就吐蕃與南詔之間而言。南詔於天寶十載（西元 751 年），臣於吐蕃，次
年（西元 752 年）正月一日，吐蕃於鄧川封閣羅鳳為贊普鍾（即贊普弟）、南
國大詔，並改元為贊普鍾元年。〔註 147〕雙方關係尚為兄弟之國，經常合兵入
侵李唐，南詔且常為吐蕃寇邊之先驅。至大曆十四年（西元 779 年），南詔導
吐蕃三路取成都，為李晟所敗，傷亡者眾。吐蕃怒而殺誘導使之來者，異牟
尋懼，築羊苴咩城，吐蕃封之為日東王，〔註 148〕吐蕃開始以臣禮處南詔，雙
方也開始有所芥蒂。

《通鑑》卷二三二德宗貞元三年記云：

初，雲南王閣羅鳳陷巂州，獲西瀘令鄭回。回，相州人，通經術，閣
羅鳳愛重之，其子鳳迦異，及孫異牟尋、曾孫尋夢湊皆師事之。每授
學，回得撻之。及異牟尋為王，以回為清平官，清平官者，蠻相也，
凡有六人，而國事專決於回。五人者事回甚卑謹，有過，則回撻。

雲南有眾數十萬，吐蕃每入寇，常以雲南為前鋒，賦斂重數，又奪
其險要，立城堡，歲徵兵助防，雲南苦之。回因說異牟尋復自歸於
唐曰：「中國尚禮義，有惠澤，無賦役。」異牟尋以為然，而無路自
致，凡十餘年。及西川節度使韋皋至鎮，招撫境上群蠻，異牟尋潛
遣人因群蠻求內附。皋奏：「今吐蕃棄好，暴亂鹽、夏，宜因雲南及

〔註 146〕《通鑑》卷二三三，德宗貞元七年八月，丙午條。
〔註 147〕南詔德化碑，轉載自王吉林：《唐代南詔與李唐關係之研究》，頁 206～207。
〔註 148〕《通鑑》卷二二六，代宗大曆十四年冬，十月，丁酉條。

八國先羌有歸化之心，招納之，以離吐蕃之黨，分其勢。」上命皋
先作邊將書以諭之，微觀其趣。

由以上記載可知，南詔因前寇蜀之役，三路俱敗，爲吐蕃所怒，而以臣禮待
之，又重賦於南詔，奪其險要，徵兵助防，導至南詔極端不滿，鄭回適時勸
導異牟尋歸唐，因此異牟尋心生貳意，欲轉投李唐，此時正是韋皋擔任西川
節度使，執行李泌所擬之策略，爭取南詔成爲與國，共攻吐蕃。韋皋於貞元
四年（西元 788 年）十月，製造吐蕃與南詔間之猜疑，並擊破吐蕃於清溪關
外，〔註149〕使南詔認清聯唐抗蕃有利無害。貞元五年（西元 789 年）二月丁
亥，再遣異牟尋書曰：「回鶻屢請佐天子共滅吐蕃，王不早定計，一旦爲回鶻
所先，則王累代功名虛棄矣。且雲南久爲吐蕃屈辱，今不乘此時依大國之勢
以復怨雪恥，後悔無及矣。」〔註150〕類此勸誘南詔附唐之行動，經歷了六年，
至貞元九年（西元 793 年），異牟尋方決計歸唐，遣使分三路奉表長安，表明
心跡。此時吐蕃又因與回紇爭奪北庭，死傷甚眾，徵兵於南詔，迫使南詔展
開了實際行動，打擊吐蕃。貞元十年（西元 794 年），南詔乘吐蕃徵兵時，自
將數萬人躡其後，晝夜兼行，襲擊吐蕃，大破吐蕃於神川（今雲南金沙江），
取鐵橋（雲南中甸縣西北）等十六城，虜其五王，降其眾十餘萬。〔註151〕自
此以後，南詔與吐蕃兵戎相見，由與國轉變爲敵國。同年（西元 794 年）異
牟尋攻吐蕃，奪獲昆明城（今之鹽源）獲得新鹽池，並與李唐相犄角。貞元
十六年（西元 800 年）吐蕃謀擊南詔，因楊萬波、籠官拔顫城降，先贊普義
子懼殉先贊普之卒亦降，另《舊唐書》載：「……吐蕃酋帥兼監統曩貢臘城等
九節度嬰嬰，籠官馬定德與其大將八十七人，舉部落來降。」〔註152〕因此吐
蕃軍爲之勢衰不振，南詔又置毒水中，蕃兵多死，無功而還。〔註153〕由此可
知，自南詔與李唐相犄角後，吐蕃受牽制尤多，已感無力對南詔用兵，因此
對李唐之軍事活動，轉趨劣勢，數度爲韋皋所敗。

就吐蕃與大食之間而言。按大食先，本波斯邊鄙之民，後叛其國，侵鈔
邊境，拂菻與波斯發兵捕之，爲其所敗，遂割據兩國之間，勝兵至數十萬後，
於高宗龍朔（西元 661～663 年）初滅波斯，破拂菻，南侵婆羅門，并諸國，

〔註149〕《通鑑》卷二三三，德宗貞元四年冬，十月，戊子條。
〔註150〕《通鑑》卷二三三，德宗貞元五年，春，二月，丁亥條。
〔註151〕《通鑑》卷二三四，德宗貞元十年春，正月條。
〔註152〕《舊唐書》卷一九六下，〈吐蕃傳〉。
〔註153〕《新唐書》卷二二二上，〈南詔傳〉。

勝兵至四十萬，康、石等國皆往臣之，〔註154〕成為西亞之強權，並積極向中亞發展。至高仙芝於怛邏斯城，為其所敗後，中亞諸國多受大食所支配，李唐已無力再於中亞角逐。唯吐蕃正謀於此地區擴張，與大食發生直接衝突，而且吐蕃之兵力，已越過帕米爾高原，直抵烏滸水（Oxus River），並命名烏滸水北之湖為「Al-Tubbat」（Little Tibetan Lake），〔註155〕對大食產生直接威脅。因此德宗建中（西元780～783年）之後，大食由訶論（Harun al-Rashid）繼立為哈利發（Caliph 西元786～809年天方教之大主教），〔註156〕欲阻止吐蕃繼續擴張，與吐蕃在中亞展開了競逐。《舊唐書‧大食傳》云：「牟栖卒，弟訶論立。貞元中，與吐蕃為勍敵。蕃軍太半西禦大食，故鮮為邊患，其力不足也。」〔註157〕《唐會要》卷一百云：「貞元二年（西元786年），與吐蕃為勁敵，蕃兵大半西禦大食，故鮮為邊患，其力不足也。」〔註158〕《新唐書‧大食傳》亦有相同之記載。〔註159〕準此，德宗貞元年間，大食與吐蕃在中亞之競逐，牽制了大半的吐蕃軍隊，對吐蕃軍力影響，不可謂不大，因此上述史料均言明，吐蕃受此影響，已無力再寇唐邊。

正如上文所述，吐蕃於貞元年間，同時與亞洲三個強國作戰，復因內部政局不穩定，因此使得吐蕃與李唐之間的局勢，大為轉變。德宗貞元年間宰相韓滉曾云：「吐蕃盜有河湟，為日已久。大曆以前，中國多難，所以肆其侵軼。臣聞其近歲以來，兵眾寖弱，西迫大食之強，北病廻紇之眾，東有南詔之防，計其分鎮之外，戰兵在河隴五、六萬而已。」〔註160〕由韓滉之言，即可明瞭當時吐蕃捉襟見肘之窘況。而李唐亦適時改變對吐蕃之攻守戰略。貞元九年（西元793年）二月，德宗下詔築鹽州城（今寧夏鹽池縣北），並命韋皋於劍南用兵，以轉移吐蕃兵力。韋皋遣大將董勔、張芬出西山及南道，破俄和城通鶴軍。吐蕃南道元帥論莽熱率眾來援，為唐軍所破，殺傷數千人，焚定廉故城（今四川

〔註154〕《舊唐書》卷一九八，〈大食傳〉。《新唐書》卷二二一下，〈大食傳〉，《唐會要》卷一○○，大食國。

〔註155〕See Shakabpa W.D. "Tibet, A Political History." P.44.

〔註156〕岑仲勉：《隋唐史》，頁277。

〔註157〕《舊唐書》卷一九八，〈大食傳〉。

〔註158〕《唐會要》卷一○○，〈大食國〉。

〔註159〕《新唐書》卷二二一下，〈大食傳〉：「貞元時，與吐蕃相攻，吐蕃歲西師，故鮮盜邊……。」

〔註160〕《欽定全唐文》卷四三四、韓滉、請伐吐蕃疏。另見《舊唐書》卷一二九，〈韓滉傳〉。

理番縣北），凡平柵堡五十餘所。〔註161〕吐蕃受此打擊，曾於貞元十三年（西元797年）遣使求和，爲德宗所拒。貞元十六年（西元800年）吐蕃大批將領帥眾降唐，〔註162〕吐蕃贊普以其眾外潰，遂北寇靈朔，陷麟州（今陝西神木縣北），德宗仍秉「北守南攻」之策，令韋皋出兵深入蕃界。〔註163〕貞元十七年（西元801年）韋皋分兵十路〔註164〕進攻吐蕃。同年（西元801年）十月，韋皋破蕃兵十六萬，拔城七、軍鎮五、戶三千、擒生六千、斬首萬餘級，進圍維州，迫使吐蕃寇靈朔之軍，由論莽熱率領。南下解維州之圍，爲韋皋所破，生擒論莽熱，虜眾十萬，殲夷者半。〔註165〕爾後吐蕃雖仍多次入寇，但已無法給予李唐嚴重威脅。可見李唐結合吐蕃周遭之外族，以爲環攻包圍之計，加上本身戰略之適時改變，於鹽州、方渠（今甘肅環縣治）、合道（甘肅環縣西南七十里）、本波（甘肅環縣西四十五里）等處築城，以資防守，由韋皋率軍自劍南入吐蕃腹心，因此吐蕃已無法構成李唐之心腹大患。其國勢亦日漸衰頹，至武宗會昌年間（西元841～846年），因天災內亂頻仍，佛教遭摧殘，王室失系統，吐蕃遂陷入黑暗時期，爲時約及百年之久。

第六節　回紇勢力衰頹

　　回紇國勢在登里可汗即位時，可謂達於極盛。每年有李唐賞賜絹帛五萬匹，且與李唐作數量頗巨之絹馬交易，另外藉和親與援唐所獲之報酬，使回紇得自李唐之財物不可勝紀，其與李唐之間的文化交流，亦隨著政、軍、經

〔註161〕《舊唐書》卷一九六下，〈吐蕃傳〉。

〔註162〕同註152。

〔註163〕《舊唐書》卷一四〇，〈韋皋傳〉。

〔註164〕《舊唐書》卷一四〇，〈韋皋傳〉。其進兵路線爲：鎮靜軍使陳洎等，統兵萬人，出三奇路（四川灌縣西）。威戎軍使崔堯臣兵千人，出龍溪（四川汶川縣內）石門路南。維、保二州兵馬使仇冕、保霸二州刺史董振等，兵二千，趨吐蕃維州城（四川理番縣）。中北路兵馬使邢玼等四千，趨吐蕃棲雞老翁城。都將高倜，王英俊兵二千趨故松州（四川松潘縣）。隴東兵馬使元膺兵八千人，出南道雅（四川雅安縣），邛（四川邛崍縣）、黎（四川漢源縣南）嶲（四川越嶲縣）路。又令鎮南軍使韋良金兵一千三百，續進雅州（四川雅安縣）。經略使路惟明等，兵三千趨吐蕃租，松等城。黎州經略使王有道兵二千人，過大渡河，深入蕃界。嶲州經略使陳孝陽，兵馬使何大海，韋義等，兵四千進攻昆明城（四川鹽源縣）諾濟城（四川通江縣）等，共分十路進軍吐蕃。

〔註165〕《舊唐書》卷一四〇，〈韋皋傳〉。

方面之接觸，而日漸頻繁。但回紇接觸李唐農業文化，並未學得深厚精華部份，反受農業文化文弱與浮華習性之影響，對其國勢與民族性產生了極大的反作用。《通鑑》載云：「初，回紇風俗朴厚，君臣之等不甚異，故眾志專一，勁健無敵。及有功於唐，唐賜遺甚厚，登里可汗始自尊大，築宮殿以居婦人，有粉黛文繡之飾；中國為之虛耗，而虜俗亦壞。」〔註166〕另李德裕的描述其腐化狀況，亦頗為入微：「其在京師也，瑤祠雲構，甲第碁布，棟宇輪奐，衣冠縞素。交利者風偃，挾邪者景附。其翎侯貴族，則被我文繢，帶我金犀，悅和音，厭珍膳，蝎蠹上國，百有餘年。」〔註167〕由以上記載可知，在如此風氣下，其尚武勇悍之性格耗損無遺，而致頹靡好逸，此正是匈奴謀臣中行說與突厥名臣暾欲谷憂慮之所在。《史記‧匈奴傳》載：

> 匈奴好漢繒絮：食物。中行說曰：「匈奴人眾，不能當漢之一郡，然所以彊者，以衣食異，無仰於漢也，今單于變俗，好漢物，漢物不過什二，則匈奴盡歸於漢矣。」其得漢繒絮以馳草棘中，衣袴皆裂敝，以示不如旃裘之完善也。得漢食物皆去之，以示不如湩酪之便美也。」〔註168〕

此為匈奴謀臣之遠見，意在使匈奴免受農業文弱文化之影響。突厥暾欲谷也以同樣的觀點，諫正毗伽可汗（Bilge kağan 西元716～734年）。《舊唐書‧突厥傳》載：

> 小殺又欲修築城壁，造立寺觀。暾欲谷曰：「不可。突厥人戶寡少，不敵唐家百分之一，所以常能抗拒者，正以隨逐水草，居處無常，射獵為業，又皆習武。強則進兵抄掠，弱則竄伏山林，唐兵雖多無所施用，若築城而居，改變舊俗，一朝失利，必將為唐所併。且寺觀之法，教人仁弱，本非用武爭強之道，不可置也。」小殺等深然其策。〔註169〕

由此可見突厥亦極力排拒築城造寺，嚴守舊俗，因應其生活環境，避免受農業文化之影響。但回紇國內並無類中行說、暾欲谷等之謀士，因此毫無忌諱地從李唐大量引進衣飾、飲食，甚且建築宮殿，極盡奢靡腐化，其武力亦隨

〔註166〕《通鑑》卷二二六，德宗建中元年六月，辛丑條。
〔註167〕《李文饒文集》卷二，紀功，幽州紀聖功碑銘。
〔註168〕《史記》卷一一〇，〈匈奴列傳〉。
〔註169〕《舊唐書》卷一九四上，〈突厥傳〉。

著開始衰頹。

據阿不都拉教授云：「葛勒可汗是回鶻可汗信奉摩尼教的第一人，其後摩尼教就流行於回鶻全國，摩尼教的僧侶也在回鶻政府中任職。」〔註170〕另九姓廻鶻可汗碑中載有「將睿息（一作思）等僧入國，闡揚二祀，洞徹三際，況法師妙達明門，精通（一作研）七部，才高海岳，辯若懸河，故能開正教於廻鶻。以菇葷屛潼酪爲法……應有刻畫魔形，悉令焚爇，祈神拜鬼，並擯斥而受明教。薰血異俗，化爲蒸飯之鄉。宰殺邦家，變爲勸善之國。」〔註171〕準此可知，摩尼教曾盛行於回紇。

按摩尼教是一種融合宗教，擷取祆教、基督教、佛教等教義而成。其主要立論學說爲明（Licht）、暗（Finsternis）兩元論（Dualismus）。理論上合於明暗者，即爲善（Gut）、惡（Böse）兩性。善、惡兩性，時相爭鬥；明、暗兩元，亦皆有物質的存在。善性及神性者，皆屬於明質。摩尼教的最高理則，在於投向明質而求脫離暗質。其教徒須守素食、禁酒、戒殺等教規。〔註172〕凡此教義與教規，均與游牧民族之習性相違，因此日人田坂興道曾撰〈關於回紇迫害摩尼教運動〉一文，即闡明回紇國內宗教之衝突，與排斥摩尼教之運動。〔註173〕而發生於大曆十四年（西元779年），頓莫賀達干「乘人之心」擊殺登里可汗，並盡屠九姓胡二千人之事件，就有學者認爲是回紇國內宗教衝突的結果。〔註174〕由此可知，宗教問題不但影響了回紇民族性，甚且動搖回紇內部之穩定，頓莫賀殺登里可汗，開了篡弒可汗的惡例，此後回紇內部就常處於不安定之情勢中。貞元三年（西元787年），回紇完全接受李泌之五條件，即「稱臣、稱子、使團不超過二百人，售馬不過千匹，不攜唐人商胡出塞」，就此五條件而言，已經把回紇與李唐的對等國關係，降爲臣屬關係，

〔註170〕阿不都拉：〈維吾爾的源流與文化〉，頁205，文載《新疆研究》。

〔註171〕據俄國學者Radloff之考訂，九姓廻鶻可汗碑立於西元800至805年之間，碑文用漢文、突厥文、康居文等書寫，係爲保義可汗所立。另有胡秋原氏認爲立於元和九年（西元814年）羅振玉氏認爲立於保義可汗故世之後。詳見劉師義棠：《維吾爾語文研究》，頁33～34。有關碑文請參閱李符桐之〈回鶻史序文〉。及《羅雪堂先生全集》初編四冊。另見《羽田博士史學論文集》，〈歷史篇〉，〈唐代回紇史〉，頁305～310。

〔註172〕劉師義棠：《中國邊疆民族史》，頁361。

〔註173〕詳見田坂興道：〈回紇に於ける摩尼教迫害運動〉。文載《東方學報》、東京、第十一冊。

〔註174〕同前註。另見石萬壽：《唐廻關係新論》，頁197及頁201。

而回紇毫不猶豫地接受如此屈辱之條件，由此可證明回紇內部不穩，與其國勢之逐漸衰頹。

影響回紇國勢最大的，還是回紇與吐蕃於北庭之鏖戰，並由此爭戰所引發的連串篡弒事件，與權相之把政，使得回紇無法再與吐蕃、李唐等爭強。《通鑑》卷二三三德宗貞元六年載：

> 回鶻忠貞可汗之弟弒忠貞而自立，[註175]其大相頡于迦斯西擊吐蕃未還，夏，四月，次相帥國人殺篡者而立忠貞之子阿啜為可汗，年十五。

同卷同年載：

> 回鶻頡于迦斯與吐蕃戰不利，吐蕃急攻北庭……六月，頡于迦斯引兵還國，次相恐有廢立，與可汗皆出郊迎，俯伏自陳擅立之狀，曰：「今日惟大相死生之。」盛陳郭鋒所齎國信，悉以遺之。可汗拜且泣曰：「兒愚幼，若幸而得立，惟仰食於阿多，國政不敢豫也。」虜謂父為「阿多」，頡于迦斯感其卑屈，持之而哭遂執臣禮，悉以所遺頒從行者，己無所受。國中由是稍安。

由以上記載可知，因大相頡于迦斯引重兵往援北庭，忠貞可汗之弟乘機弒忠貞而自立，國人不服，次相又殺之，立忠貞子阿啜，頡于迦斯由北庭鎩羽而歸，次相與阿啜畏懼其握有兵權，皆卑屈事之，尤以阿啜乃可汗之尊，居然拜而泣謂頡于迦斯為「阿多」（阿多，即阿爹 ata，父執輩）並欲以國政讓與頡于迦斯，權相勢傾，回紇內部亂象已呈。《通鑑》卷二三三德宗貞元六年（西元 790 年）載：

> 秋，頡于迦斯悉舉國兵數萬，將復北庭，又為吐蕃所敗，死者大半。
> 莒祿乘勝取回鶻之浮圖川（在烏德鞬山西北），回鶻震恐，悉遷西北部落於牙帳之南以避之。

由此可知，回紇數次援救北庭失敗，傷亡甚為慘重，日人田坂興道及森安孝夫認為，北庭及西州地當東西交通要道；回紇援救北庭失敗，即意味著回紇喪失東西交通之要地，對游牧汗國生存的基礎，與國家財政的根本，發生了動搖，[註176]對回紇國勢打擊甚大，回紇幾一蹶不振。據九姓廻鶻可汗碑之

〔註175〕《新唐書》卷二一七上，〈回鶻傳〉載：「可汗為少可敦葉公主所毒死……可汗之弟乃自立。」今從《通鑑》之記載。
〔註176〕田坂興道：〈中唐に於ける西北邊疆の情勢に就いて〉，頁 587，文載《東方

記載，懷信可汗（西元795～805年）全力西征吐蕃，以打通東西交通，結果收復北庭，騰里可汗（西元805～808年）曾大敗吐蕃於龜茲，以鞏固絲路交通的安全。至保義可汗（西元808～821年）時，曾大敗吐蕃於眞珠河，亦於元和三年（西元808年）六月，攻佔吐蕃的涼州。〔註177〕但回紇之中興僅此十數年，《舊唐書・吐蕃傳》載：「尙綺心兒云：『迴紇，小國也，我以丙申年（西元816年）踰磧討逐，去其城郭二日程，計到即破滅矣，會我聞本國有喪而還。迴紇之弱如此。』」〔註178〕可見吐蕃眼中之回紇，是何等弱小。也因此可知回紇在德宗貞元年以後，國勢開始寢弱，至西元840年以後，因循游牧汗國之缺點——恒以一氏族、部族統制其他部族，尤各保其獨立性，凝結未固，內爭一起，外患即來，可汗繼襲無法定制，其統兵之宰相，更能左右國政等諸般因素，加諸天災不斷，而遭受國破族人四散之命運。

綜合前文所述，德宗時期之三邊關係變化最多，也最具戲劇性。吾人可從此期間之三邊關係演化過程，得知外交政策之擬訂，實關係著國家命脈，尤其在面對諸強環視之時，更必需審愼，且應顧及全局，從長計議。德宗時的李唐，其內政可謂紊亂不堪，雖其即位初期之數年，對外戰爭完全停止，按理，李唐應可在此數年之間，予民休養生息，在內政上做溫和漸進的改革，並鞏固國防，但德宗在藩鎮問題上的處置，太過激烈，加上任賢不永，剛愎多疑，又喜歛財，任用非人，因此引發了一場連續六年的內戰。設若德宗的外交政策，在初期又發生問題，則李唐可能在內外夾擊下，陷於絕境。所幸當時之回紇與吐蕃的國勢，已大不如前，故李唐得以延續祚命。

德宗之初期外交政策，可謂相當正確與成功。其終止與回紇之絹馬交易，並漸與回紇疏遠，不啻予回紇當頭棒喝，李唐並非一定仰賴於回紇，此舉使李唐減輕了經濟負擔，也避免外交政策一面倒於回紇，所帶來的後遺症。另方面與吐蕃終止戰爭行爲，也應屬上策，李唐可從新佈署防務，擬訂戰略，並乘與吐蕃和平時期，調集軍隊收復河湟失土。按當時吐蕃軍力，因同時與大食、回紇相戰，又需提防南詔，致勢力分散，李唐應可克盡全功，奈何德宗不知變通，只一味欲與吐蕃談和，而不知以談和爲手段，尋取有利時機收

學報》、東京、第十一冊。森安孝夫：〈增補ウイグルと吐蕃の北庭爭奪戰及びその後の西域情勢について〉，頁202，文載《アジア文化史論叢》3。

〔註177〕眞珠河之戰，見九姓廻鶻可汗碑 XVII 行，涼州事見《通鑑》卷二三七，憲宗元和三年六月，癸亥。

〔註178〕《舊唐書》卷一九六下，〈吐蕃傳〉。

復失土，德宗無此圖，終爲吐蕃所愚弄，德宗受此巨創，方恢復「聯回抗蕃」之政策，終其在位，與回紇、吐蕃爭強，才稍搶得上風。而此時期之回紇、吐蕃，皆產生政治不穩定之致命傷，走向了日後敗亡的命運。

第六章　結　論

　　李唐自玄宗以後，因連續遭遇安史之亂，僕固懷恩叛唐，朱泚竊位，藩鎮連兵等戰亂的影響，國力大不如前。加諸此後的三位皇帝——肅、代、德宗，才能亦甚爲平庸，甚且在個性上亦具有重大的缺失，而種下崩潰的惡因。導至唐朝崩潰的諸多因素中，應以藩鎮之連兵、宦官之擅權爲最。此二因素又多與外患有所因果。唐玄宗爲要因應國防需要，備禦外患，將「徵兵制」改爲「募兵制」，并將大部份軍力集中於邊區，以胡人任邊將，造成邊區與內地隔閡現象，又因玄宗晚年耽於宴樂，任用非人，遂引發了安史之亂。李唐爲鎮壓強藩，對內採用與皇室最親狎的宦官；並以藩鎮制藩鎮之策，廣立藩鎮，對外則引進外援爲之助力，但又無完善與妥當之計劃，同時又置重臣的諫言於不顧，因此一藩未平，另一強藩又起，進而強藩與宦臣沆瀣一氣，彼此勾結，使得李唐內政一直沒有起色。在對外援之報酬問題上，亦迭有爭執，幾乎造成外援與國內反動勢力相配合，漁利朝廷。所幸李唐適時轉變了對外政策，才免除外援轉變爲禍國淵藪之可能性。在爾後對外交涉方面，遂能稍獲上風。

　　然而肅、代、德宗未能治癒李唐內政之痼疾，反而倒行逆施，加重了李唐的沈疴。筆者認爲其中最主要的癥結，就在於肅宗之不能用李泌剿安史叛眾的戰略。按李泌之計劃，李震氏認爲是一種間接路線的戰略，的確是必勝的萬全之計；但貫徹這種計劃必需較多的時間，因安祿山的基地在范陽，其進軍計劃是速戰速決，由北平沿平漢線南下，至鄭州乃轉而西向，沿著今隴海路指向洛陽長安。這種千餘公里的孤軍深入，十分危險，李泌的戰略指導

計劃，即針對安祿山戰略最脆弱的一環而策定的。〔註 1〕設若肅宗採取李泌計，則唐軍能保有太原及潞澤（今山西長治及晉城縣是唐節度使區之一）地區，隨時可以寸斷安祿山千餘公里的戰略軸線；朔方鐵騎自靈武東進，至晉北綏南地區後與太原李光弼軍協同，一下井陘至正定北攻；一自大同經蔚縣入居庸關以夾攻范陽；這是自古對北平用兵最卓越的進軍戰略，安祿山的老巢范陽，在這種攻勢下是勢所必覆的。這時郭子儀又自涇渭洛地區（今陝北）直驅今晉西南，則長安洛陽二都形勢，俱在控制之下；這也是自古在此地區用兵最為卓越的戰略，則安祿山在長安洛陽之軍，勢必全部被殲，而無倖免。〔註 2〕如此安史餘孽不會再盤踞河北，藩鎮之禍不致拖長，李唐無需引進外援，也無需以宦官監軍，勢必於短期間內恢復元氣，不但不會予吐蕃任何可乘之機，回紇亦勢必遵循親善於唐之外交政策，也許中國下半部歷史便非如此矣。〔註 3〕就因肅宗的急功近利，未用李泌之議，不但誤了國家，也誤了唐室。〔註 4〕無怪乎，論者認為肅宗實唐室最昏庸的一位皇帝。〔註 5〕

回紇繼突厥之後，興起於大漠南北，終其有國之時，與中原朝廷常保持親密的關係，並有密切合作之記錄，為歷代與中原朝廷關係最為親善的北方游牧邊族。在中唐時期，其所以未與西邊之吐蕃聯手侵唐，或乘機南下牧馬，除了因具有傳統的友好關係外，尚具有下列數點原因：一、地緣的關係：漠北與西域形勢相連，歷史上凡在蒙古高原興起之部族，勢必向西域發展，一則以爭取外圍的後援力量與活動空間，一則以獲取東西貿易之利權，此為回紇與吐蕃之基本矛盾所在。二、文化的角度：就回紇游牧經濟之性格而言，必須依存於農業社會，因游牧社會必須與農業社會「互通有無」，而游牧社會之間，無法作「互通有無」之活動，因此在經濟供求關係上，聯合農業社會遠比游牧社會來得合算，何況同是游牧民族，其利益相衝突，因此回紇要傾向於李唐。三、唐以前的漠北游牧民族，均與南方農業朝廷競逐西域，從未遭遇到第三支力量，但吐蕃勢力膨脹後，即北上進取西域，加上西方大食之覬覦，這種現象對回紇而言，實與前期經驗迥異，因此傾向於李唐，謀求解決之道。至於李唐之請回紇入援

〔註 1〕 李公治：〈中國歷代名將評傳〉，李泌，頁 82～83。文載《軍事雜誌》四十卷
　　　　11 期。
〔註 2〕 同前註。
〔註 3〕 錢穆：《中國歷史精神》，頁 61。
〔註 4〕 同註 1。
〔註 5〕 呂思勉：《隋唐五代史》，頁 239。

問題，在歷史上爭論頗多。郭元振云：「是以古之賢人，皆不願夷狄妄想，非是不欲其力，懼後求請無厭，益生中國事。」〔註6〕《新唐書・回鶻傳》贊曰：「肅宗用回紇矣，至略華人，辱太子，笞殺近臣，求索無倪。」〔註7〕范祖禹云：「唐之人主，好結戎狄，以求其援，肅宗姑務欲速，不爲遠謀……至於後世則倚戎狄以成功，與之共事，未有不爲患者也。」〔註8〕孫甫云：「中國有事，藉夷狄之力，未有不爲患者也。」〔註9〕蘇轍云：「自古與夷狄同事，未有不爲患者。唐借回鶻之力，以定安史之亂，而破吐蕃，其後凌竄中國無所不至，僅免於亂。」〔註10〕王夫之云：「用夷者未有免於禍者，用之輕重而禍有深淺耳！」〔註11〕另有學者多人均與上述之看法雷同。〔註12〕但事實上，唐朝由於國內外情勢之轉變，社會動盪不安，借助外援，確有其必要，因此劉師義棠、傅樂成教授及岑仲勉氏均撰文認爲，此舉實乃明智之舉，其政策絕對正確，〔註13〕而問題就出在借用外援的權謀與報酬上。誠如陳援庵氏所云：「身之所論，大抵重在自強自治，不與人以可乘之機。縱不得已而求助於人，亦必愼所與而毋貽拒虎進狼之悔，斯可謂善於交鄰者矣。」〔註14〕李唐若能用李泌之戰略，再借助外援，不但可加速其功效，而且報酬問題亦可迎刃而解，因回紇既屬天可汗組織一員，李唐實力仍存，回紇定不會提出任何要求。但李唐反以利誘回紇，又不採李泌議，一錯再錯，終演變至不可收拾之局面，其責任實應由李唐主政者負擔，不可專咎於回紇。事實上，李唐之招引回紇入援，雙方加強了和親、互市及文化交流，使得回紇能吸收大量南方農業社會之文化，促使血胤混合，觀其語文與

〔註 6〕 《舊唐書》卷九七，〈郭元振傳〉。

〔註 7〕 《新唐書》卷二一七下，〈回鶻傳〉。

〔註 8〕 范祖禹：《唐鑑》卷十一，肅宗，頁 307～308。

〔註 9〕 孫甫：《唐史論斷》卷中，陸贄論吐蕃疾疫退軍。文載學海類編（二）。

〔註 10〕 蘇轍：〈論與夷狄同事〉，文載新刊《唐荊川先生稗編》卷九七。

〔註 11〕 王夫之：《讀通鑑論》卷十二、肅宗，頁 564。

〔註 12〕 參閱沈忱農：〈唐代利用外援及其影響〉，文載《中興評論》第四卷第 1、2 期。魯立剛：《讀通鑑私記》，依人成事終受其殃，頁 165。其云：「夫以夷制夷，政治家每詡爲得計，……凡不能自強而欲從中取巧，依人成事者，無不自食其果。唐雖辛而不亡，然人民苦矣。」

〔註 13〕 參閱劉師義棠：〈安史之亂與唐回聯軍之探討〉，文載《政大民族社會學報》第 15 期。及〈回鶻與唐朝婚姻關係及其影響之研究〉，文載《維吾爾研究》。傅樂成：〈廻紇馬與朔方兵〉，文載《邊疆文化論集》。岑仲勉：《隋唐史》，頁 298。

〔註 14〕 陳援庵：《通鑑胡注表微》，〈邊事篇〉第十五，頁 286。

中文之互借關係，〔註15〕即知其受農業文化相當深刻，也因此進入了中國民族的大熔爐之中。

吐蕃自松贊幹布主政後，達成了散布在青康藏高原地區之民族在歷史上的第一次統一，其勢力迅速興起，在近乎二百年的時間裡，始終對李唐採取擴張侵擾的政策，探究其原因，則有下列數項：一、吐蕃既統一了青康藏高原的氐羌諸族，站在其族利益代表人的立場，必須與中原農業朝廷從事無休止的戰事，此乃由歷史上，中原農業民族與氐羌諸族之長期衝突所致。二、就其所生存的地理環境而言，因地勢高亢、空氣稀薄、溫度太低，難於發展事業，人民的生活困苦而落後，因此必須不斷向外遷徙，以舒解人口增加與食糧不足的壓力。觀諸歷史，西藏地區之民族，僅出不進，康定以西就少有胡化的華人。〔註16〕由此推知，吐蕃為尋求更好的生存環境，必須向溫暖地區遷徙；或因其所居之地，高度過大，寒冷季節太長，雨量太少，每於嚴冬降臨之前，必須向溫暖地區遷移，與農業民族接觸之時，因生活習慣不同而發生衝突，〔註17〕長年不斷，李唐苦無適當解決之法，西陲邊患亦就持續了將近二百年之久。三、就吐蕃內部的政體而言，雖名為君主，實仍為部落聯合組織，其貴族小王均賦有相當實權，有時足與贊普抗衡，因此贊普為要籠絡貴族小王，或補償為其征服的其他氐羌諸族，必須向外擴張獲取利益，以維持國內的團結。而地方上的貴族小王，亦以侵寇李唐之土地財富，作為鞏固自己地位的策略。基於以上理由，吐蕃始終採取擴張政策，再加上其強悍無比的武力，配合高超的政治手腕，誠然在中古時期的亞洲歷史舞台上，大放異彩。也因與李唐和戰不定，雙方交往頻仍，文成公主與金城公主之和蕃，輸入了大量的中原文化，且雙方使節、戰俘等均曾長期拘留於兩地，尤以吐蕃平涼刦盟時，大批唐朝之大臣學者為吐蕃所擒，對唐、蕃文化交流之影響相當深遠。〔註18〕由此可知，藏族之融入中國民族之一，早於唐朝已奠下基礎。

總之，三邊關係在肅宗時期，似未明顯構成，但李唐上下極力拉攏回紇，

〔註15〕參閱劉師義棠：〈回鶻與唐朝婚姻關係及其影響之研究〉，文載《維吾爾研究》。陳師慶隆：〈從借字看突厥、回紇的漢化〉，文載《中央研究院歷史語言研究所集刊》第四十七本第三分。另參閱拙著：〈中土同音同義字之探討〉，文載《中國邊政》第 73 期。

〔註16〕蔣師君章口諭。

〔註17〕蔣師君章：《中國邊疆與國防》，頁 10。

〔註18〕王忠：《新唐書吐蕃傳箋證》，頁 110。

對內助平反叛，對外似仍未用以牽制外患，然而爲吐蕃阻隔於西域之李唐駐軍，已與回紇相依附，以求自保，形成「聯回抗蕃」政策之先聲。在代宗時期，因回紇有功於李唐，且國力已很顯然地超越於李唐之上，因此亟欲轉變與李唐從屬關係爲對等關係，甚且有取而代之的想法，只是回紇的勢力，因一直無法取得西域，受了相當的影響，且因華化，風俗奢靡，武力跟著衰頹，因此到登里可汗被弒之後，其國勢亦隨之轉走下坡。吐蕃之勢力在此時期最爲壯大，不但曾佔領長安十三日，且數度迫使李唐訂下屈辱之和盟，獲地不少，李唐則因僕固懷恩叛唐事件，促使回紇與吐蕃雙方提早發生戰爭，杜絕了回、蕃聯手侵唐之可能性，造成回紇與吐蕃不解的世仇。到了德宗時期，德宗以其私人恩怨，登基之後，立即扭轉一面倒於回紇的外交政策，並主動與吐蕃結束戰爭狀態，使李唐獲得數年和平時期，但由於對內政策之誤失，李唐內部反而動亂頻仍，失去了休養生息之機會，對唐國力影響匪淺。且德宗不察國際局勢之瞬息萬變，仍一昧地摒絕回紇，傾向於反覆無常的吐蕃，致爲吐蕃所乘，造成平涼刧盟，文武大臣六十餘人陷蕃，對李唐元氣打擊頗鉅。所幸，李泌適時提出聯合吐蕃週邊外族，以爲包圍環攻之計，其中以聯結回紇最爲優先，同時亦因吐蕃過份擴張，先後與亞洲四強作戰，復因內部政局不穩，致使國勢衰頹，李唐才漸由劣勢轉爲均衡，在韋皐苦心經營下，數敗吐蕃，從此吐蕃無法爲患，回紇亦因與吐蕃力爭北庭，爲吐蕃所敗，引發國內政局之動盪，亦無力與唐、蕃爭雄。三者相互傾軋的結果，三敗俱傷。李唐因人口眾多，地大物博、且具有牢固的政治組織與社會文化基礎，因此直到西元 907 年，始爲朱溫所篡奪。回紇則早於西元 839 年前後，遭遇天災人禍，以至國破，族人奔散，大部份移轉至西域營定居生活。吐蕃於西元 842 年，因朗達瑪遭暗殺以後，進入黑暗時期，爲時約四百餘年，佛教文化遭受毀壞，社會進步停滯。

　　唐、回、蕃三者雖同遭敗亡之命運，但却是三民族彼此融化成偉大中國民族之一段歷史過程。因此筆者大膽地提出個人之看法：「李唐、回紇、吐蕃三者之傾軋，應是中國民族在歷史上的一場兄弟鬩牆記。」

參考書目

一、史　料

1. 《史記》，司馬遷撰，鼎文書局印行，台北。
2. 《漢書》，班固撰，藝文印書館，台北。
3. 《後漢書》，范曄撰，藝文印書館，台北。
4. 《魏書》，魏收撰，藝文印書館，台北。
5. 《隋書》，魏徵等撰，藝文印書館，台北。
6. 《舊唐書》，劉昫撰，鼎文書局印行，台北。
7. 《新唐書》，歐陽修，宋祈等撰，鼎文書局印行，台北。
8. 《貞觀政要》，吳兢撰，河洛出版社，民國 64 年，台北。
9. 《通典》，杜佑撰，新興書局，民國 52 年，台北。
10. 《資治通鑑》，司馬光撰，逸舜出版社，台北。
11. 《資治通鑑考異》，司馬光撰，商務印書館四部叢刊史部，台北。
12. 《冊府元龜》，王欽若編，中華書局，民國 61 年，台北。
13. 《唐會要》，王溥撰，世界書局，民國 57 年，台北。
14. 《玉海》，王應麟撰，華聯出版公司，台北。
15. 《欽定全唐文》，董誥等編，滙文書局，台北。
16. 《唐大詔令集》，宋敏求編，鼎文書局，民國 61 年，台北。
17. 《文獻通考》，馬端臨編撰，新興書局，民國 52 年，台北。

二、專　書（以姓氏筆劃爲排列順序）

1. 《讀通鑑論》，王夫之，商務印書館人人文庫本，台北。

2. 《唐代南詔與李唐關係之研究》，王吉林，中國學術著作獎助委員會，民國 65，台北。

3. 《新唐書吐蕃傳箋證》，王忠，科學出版社，1958 年 9 月。

4. 《唐代藩鎮與中央關係之研究》，王壽南，嘉新文化基金會，民國 58，台北。

5. 《唐語林》，王讜，廣文書局，台北。

6. 《韃靼千年史》，巴克爾（E. H. Paker）著，黃靜淵譯，商務印書館人人文庫本，台北。

7. 《白氏長慶集》，白居易，商務印書館四部叢刊本，上海。

8. 《北亞游牧民族與中原農業民族間的和平戰爭與貿易之關係》，札奇斯欽，正中書局，民國 61 年，台北。

9. 《唐德宗奉天定難及其史料之研究》，任育才，中國學術著作獎助委員會，民國 59，台北。

10. 《中國經濟史研究》，全漢昇，新亞研究所出版，香港。

11. 《新舊唐書雜論》，李東陽，商務印書館叢書集成本。

12. 《邊疆歷史》，李符桐，蒙藏委員會編印，民國 51 年，台北。

13. 《回鶻史》，李符桐，文風出版社，民國 52 年，台北。

14. 《唐國史補》，李肇，學津討原本，新文豐出版公司印行，台北。

15. 《會昌一品集》，李德裕，商務印書館叢書集成初編本，上海。

16. 《李文饒文集》，李德裕，商務印書館四部叢刊本，上海。

17. 《中國歷史戰爭史》，李震，黎明文化事業公司，民國 65 年，台北。

18. 《隋唐史》，岑仲勉，文昌書局，香港。

19. 《隋唐五代史》，呂思勉，九思出版有限公司，民國 66 年，台北。

20. 《地理學論文集》，沙學浚，商務印書館，民國 61 年，台北。

21. 《本事詩》，孟啓，龍威祕書本，正光書局，民國 58 年，台北。

22. 《西藏民族政教史》，法尊，縉雲山編譯處印行，民國 29 年。

23. 《史通纂要》，胡一桂，商務印書館四庫全書珍本四集，台北。

24. 《古代北西中國》，姚大中，志成出版社，民國 60 年，台北。

25. 《唐代夷狄邊患史略》，侯林伯，商務印書館人人文庫本，台北。

26. 《唐鑑》，范祖禹，商務印書館人人文庫本，台北。

27. 《中國通史集論》，查時傑編，常春樹書坊，民國 62 年，台北。

28. 《西藏史地大綱》，洪滌塵，正中書局，民國 36 年，上海。

29. 《唐史論斷》，孫甫，學海類編本，文源書局印行，台北。

30. 《邊疆問題論文集》，高長柱，國防研究院出版，民國 52 年，台北。

31. 《民族發展底地理因素》，恩格倫（O. D. Von Engeln）著，林光徵譯，商務印書館人人文庫本，台北。

32. 《西藏之寫真》，麥唐納（Macdonald, David）著，鄭寶善譯，蒙藏委員會印行，民國 24 年，南京。

33. 《邊疆文化論集》，凌純聲等撰，中華文化出版事業委員會，民國 42 年，台北。

34. 《陳伯玉文集》，陳子昂，商務印書館四部叢刊本，上海。

35. 《唐代政治史述論稿》，陳寅恪，商務印書館人人文庫本，台北。

36. 《通鑑胡注表微》，陳援庵，華世出版社，民國 63 年，台北。

37. 《張說之文集》，張說，商務印書館四部叢刊本，上海。

38. 《唐代前期的邊防》，康樂，台灣大學文史叢刊，民國 68 年，台北。

39. 《陸宣公奏議》，陸贄，商務印書館人人文庫本，台北。

40. 《新民族史觀》，彭友生，商務印書館人人文庫本，台北。

41. 《漢唐史論集》，傅樂成，聯經出版事業公司，民國 66 年，台北。

42. 《隋唐五代史》，傅樂成，長橋出版社，民國 66 年，台北。

43. 《隋唐五代史》，傅樂成，華岡出版社，民國 60 年，台北。

44. 《西藏研究》，廣祿，中國邊疆歷史語文學會，民國 49 年，台北。

45. 《新疆研究》，廣祿，中國邊疆歷史語文學會，民國 53 年，台北。

46. 《蒙古研究》，廣祿，中國邊疆歷史語文學會，民國 58 年，台北。

47. 《政治地理學原理》，蔣師君章，作者出版，民國 65 年，台北。

48. 《中國邊疆與國防》，蔣師君章，黎明文化事業公司，民國 68 年，台北。

49. 《中國邊疆民族史》，劉師義棠，中華書局，民國 58 年，台北。

50. 《維吾爾研究》，劉師義棠，正中書局，民國 64 年，台北。

51. 《突回研究》，劉師義棠，國立政治大學學報叢書編審委員會，民國 79 年，台北。

52. 《唐代政教史》，劉伯驥，中華書局，民國 43 年，台北。

53. 《中國歷史精神》，錢穆，國民出版社，台北。

54. 《唐代文化史》，羅香林，商務印書館，民國 44 年，台北。

55. 《歷史之認識》，羅香林，亞洲出版社，民國 44 年，香港。

56. 《羅雪堂先生全集初編四》，羅振玉，文華出版公司，民國 57 年，台北。

57. 《羅雪堂先生全集三編六》，羅振玉，文華出版公司，民國 59 年，台北。

58. 《隋唐五代史》，藍文徵，商務印書館，民國 67 年，台北。

59. 《論與夷狄同事》，蘇轍，新刊唐荊川先生裨編，新興書局，台北。

60. 《杜陽雜編》，蘇鶚，學津討原本，新文豐出版公司，台北。

三、期刊論文

1. 〈唐廻關係新論〉，石萬壽，《成功大學歷史系歷史學報》第三號。

2. 〈廻紇大事繫年〉，石萬壽，《政大邊政研究所年報》第 8 期。

3. 〈吐蕃音義考〉，任乃強，《康導月刊》五卷 4 期。

4. 〈七、八、九世紀唐朝與吐蕃〉，朱寶唐，《中國邊政》24 期。

5. 〈跋突厥文闕特勤碑〉，岑仲勉，《輔仁學誌》六卷 1、2 期。

6. 〈唐代吐蕃國〉，李方晨，《反攻雜誌》314 期。

7. 〈中國歷代名將評傳・李泌〉，李公治，《軍事雜誌》四十卷 11 期。

8. 〈天寶之亂的本源及其影響〉，李樹桐，《師大歷史學報》第 1 期。

9. 〈唐代利用外援及其影響〉，沈忱農，《中興評論》四卷 1、2 期。

10. 〈突厥分裂的原因及其影響〉，林師恩顯，《人文學報》第 3 期。

11. 〈唐朝對回鶻的和親政策研究〉，林師恩顯，《政大邊政所年報》第 1 期。

12. 〈藏族考源〉，姚薇元，《邊政公論》三卷 1 期。

13. 〈李唐氏族之推測〉，陳寅恪，《史語所集刊》三本一分。

14. 〈李懷光之叛〉，陳寅恪，《清華學報》十二卷 3 期。

15. 〈藏族名稱之商榷〉，黃子翼，《邊政公論》一卷 7、8 期。

16. 〈西藏環境與藏人文化〉，張印堂，《邊政公論》七卷 1 期。

17. 〈唐代華化蕃胡考〉，馮承鈞，《東方雜誌》二七卷十七號。

18. 〈唐代夷夏觀念之演變〉，傅樂成，《大陸雜誌》二五卷 8 期。

19. 〈唐代宦官與藩鎮之關係〉，傅樂成，《大陸雜誌》二七卷 6 期。

20. 〈蒙古之突厥碑文導言〉，湯姆森（V. Thomsen）著，韓儒林譯，《禹貢半月刊》七卷 1、2、3 合期。

21. 〈突厥文苾伽可汗碑譯釋〉，湯姆森（V. Thomsen）著，韓儒林重譯，《禹貢半月刊》六卷 6 期。

22. 〈突厥文暾欲谷碑譯文〉，湯姆森（V. Thomsen）著，韓儒林重譯，《禹貢半月刊》六卷 7 期。

23. 〈安史之亂與唐回聯軍之研討〉，劉師義棠，《政大民族社會學報》第 15 期。

24. 〈新唐書回鶻傳考註〉，劉師義棠，《政大邊政所年報》8 期。

25. 〈回紇可汗汗位繼襲之研討〉，劉師義棠，《政大邊政所年報》10 期。

26. 〈匈奴政治制度的研究〉，謝劍，《史語所集刊》四一本二分。

27. 〈吐蕃支配時期之敦煌〉，藤枝晃著，黎本眞節譯，《大陸雜誌》二六卷、7 期。

28. 〈吐蕃名號源流考〉，譚英華，《東方雜誌》四三卷四號。

29. 〈唐代天可汗制度考〉，羅香林，《新亞學報》一卷 1 期。

四、外文部份

1. 〈回紇に於ける摩尼教迫害運動〉，田坂興道，《東方學報》十一冊，東京

2. 《羽田博士史學論文集》，羽田亨，東洋史研究會，昭和三二年，日本。

3. 《中國經營西域史研究》，伊瀨仙太郎，嚴南堂書局，昭和三四年，京都。

4. 《古代チベット史研究》，佐藤長，同朋舍，昭和五二年，京都。

5. 〈增補ウイグルと吐蕃の北庭爭奪戰及びその後の西域情勢について〉，森安孝夫，《アジア文化史論集》，山川出版社，1977 年，東京。

6. Bacot, J & Thomas, F. W., "Documents de Touen-Houang Relatifs a L'histoire Du Tibet" Paris, 1940.

7. Hoffmann, Helmut, "Tibet：A Handbook" Uni. Indiana, Us. 1968.

8. Li, Tieh-Tseng, "The Historical Status of Tibet" Uni. Columbia U.S. 1956.

9. Richardson, Hugh. Edward, "Ancient Historical Edicts at Lhasa and The Mu Tsung／Khri Gtsug Lde Brtsan treath of A.D. 821-822 From The Inscription at Lhasa," London, Royal Asiatic Society of Great Britain And Ireland 1952.

10. Roerich, George N., "The Blue Annals" According to Gos Lo-tsa-ba Gan-nu-dpel as Deb-Ther Snon-po, Delhi, 2nd, india, 1976.

11. Shakabpa, W.D., "Tibet, A Political History" N.Y. U.S. 1967.

12. Shen, Tsung-Lien & Liu, Shen-chi, "Tibet And The Tibetan" N.Y. U.S. 1973.

13. Snellgrove, David & Richardson, Hugh, "A Cutural History of Tibet" Washington, U.S. 1968.

14. Stein, R.A., "Tibetan Civilization" translated by Driver J. E. Stapleton, with original drawings by Tendzin Lobsang, California, U.S. 1972.

15. Thomas, F.W., "Tibetan Literary Texts and Documents Concerning Chinese Turkestan London, The Royal Asiatic Society, 1935, 1951, 1955.

16. Tucci, Giuseppe., "The tombs of The Tibetan Kings", Roma, 1950.

17. Tucci, Giuseppe., "Tibet, Land of Snow" London, England. 1973.

18. Hayat Kücük Ansiklopedi, Hayat Yayinlari, Istanbul, 1972-1974.

19. Nizazil Aksit, Emin Oktay., "Tarih, Lise I. Sinif" Istanbul 1959.

圖一　李唐、回紇、吐蕃形勢圖

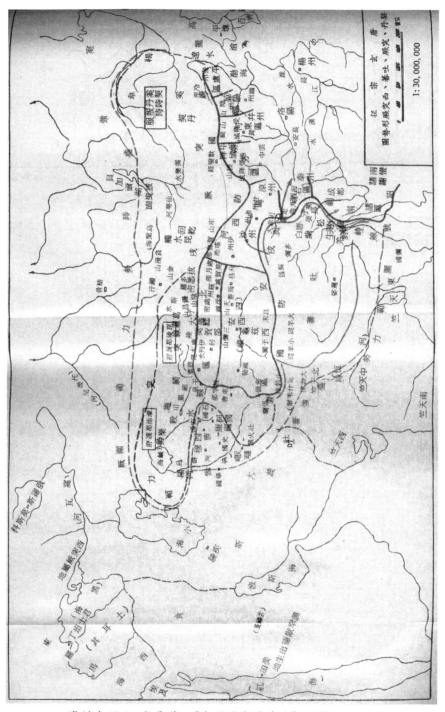

資料來源——李震著：《中國歷代戰爭史》附圖 9～312

圖二　唐代疆域圖

資料來源：張步天著《中國歷史地理》（長沙：湖南大學出版社，1988）頁 41。

圖三　吐蕃地圖

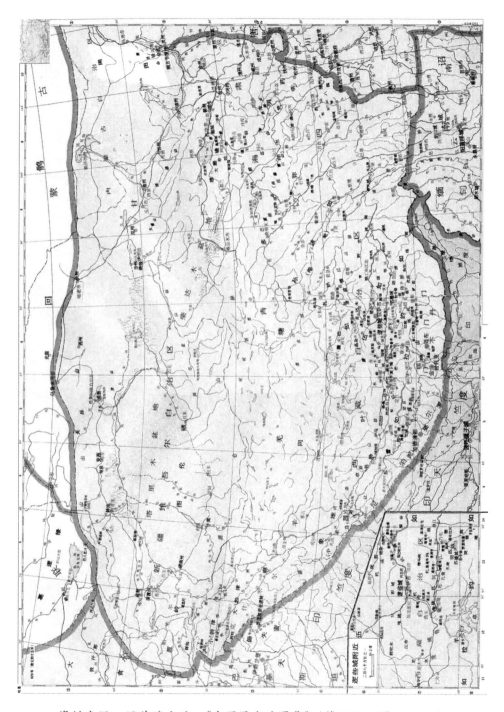

資料來源：譚其驤主編：《中國歷史地圖集》（第五冊，頁 76～77）

表一　李唐、回紇、吐蕃相關元首一覽表（西元 747～816 年）

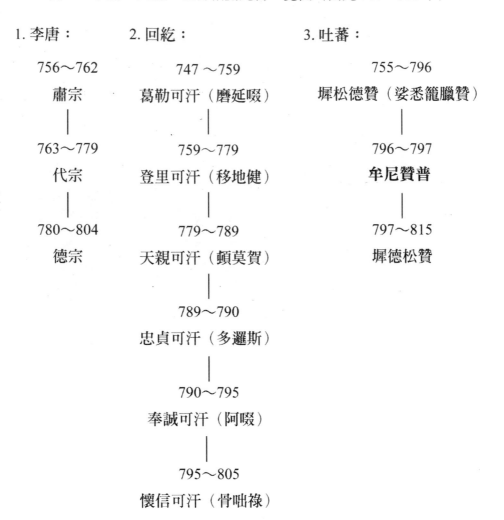

1.李唐：　　2.回紇：　　3.吐蕃：

756～762　　747～759　　755～796
蕭宗　　葛勒可汗（磨延啜）　　墀松德贊（娑悉籠臘贊）

763～779　　759～779　　796～797
代宗　　登里可汗（移地健）　　牟尼贊普

780～804　　779～789　　797～815
德宗　　天親可汗（頓莫賀）　　墀德松贊

789～790
忠貞可汗（多邏斯）

790～795
奉誠可汗（阿啜）

795～805
懷信可汗（骨咄祿）

註：本表僅爲元首傳襲順序，未涉及世系關係。

表二　李唐、回紇、吐蕃三邊關係表（西元 756～804 年）

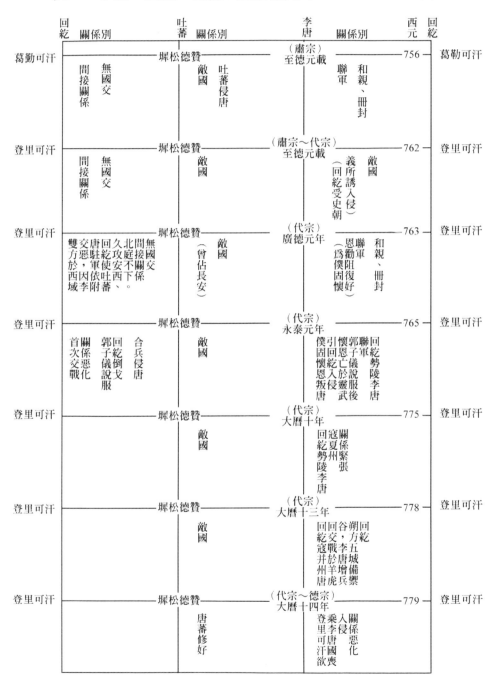

回紇	關係別	吐蕃	關係別	李唐	關係別	西元	回紇
葛勤可汗	間接關係 無國交	犀松德贊	吐蕃侵唐 敵國	（肅宗）至德元載	和親、冊封 聯軍	756	葛勤可汗
登里可汗	間接關係 無國交	犀松德贊	敵國	（肅宗～代宗）至德元載	敵國 義所誘入侵（回紇受史朝）	762	登里可汗
登里可汗	雙方交惡 唐回紇駐軍於西域因依李附蕃。久北庭攻安西下。間接關係 無國交	犀松德贊	敵國（曾佔長安）	（代宗）廣德元年	和親、冊封 恩勸阻復好 聯軍（為僕固懷恩）	763	登里可汗
登里可汗	首次交戰 關係惡化 回紇倒戈 郭子儀說服 合兵侵唐	犀松德贊	敵國	（代宗）永泰元年	僕固懷恩叛唐 引回紇入侵 懷恩亡於靈武後 郭子儀說服 回紇勢陵李唐 聯軍	765	登里可汗
登里可汗		犀松德贊	敵國	（代宗）大曆十年	回紇勢陵李唐 寇夏州 關係緊張	775	登里可汗
登里可汗		犀松德贊	敵國	（代宗）大曆十三年	回紇寇并州 回紇交，于唐 谷渾羊虎 朔方李城增備 回紇五城備禦戰	778	登里可汗
登里可汗		犀松德贊	唐蕃修好	（代宗～德宗）大曆十四年	入侵 乘李唐國喪 登里可汗欲 關係惡化	779	登里可汗

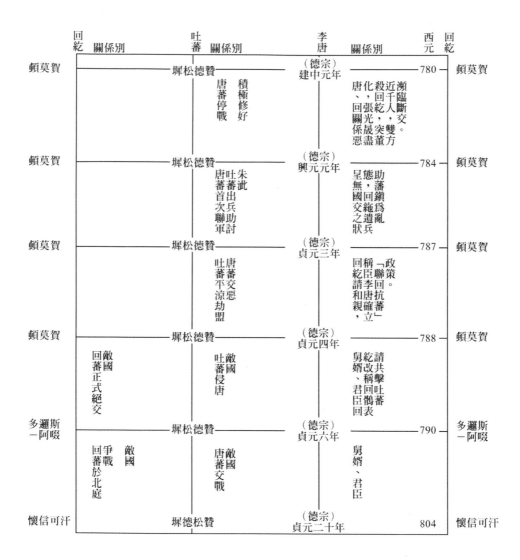

回紇	關係別	吐蕃	關係別	李唐	關係別	西元	回紇
頓莫賀		牟松德贊	唐蕃停戰 積極修好	（德宗）建中元年	唐化近瀕臨斷交、殺千人、，雙方董、，回紇張光晟突、盡惡回關係	780	頓莫賀
頓莫賀		牟松德贊	唐蕃首次聯軍討朱泚出兵助討	（德宗）興元元年	助藩鎮為亂、態呈無國交之狀、回紇絕之遣兵	784	頓莫賀
頓莫賀		牟松德贊	吐蕃平涼劫盟唐蕃交惡	（德宗）貞元三年	「政策聯抗蕃」。回紇稱臣請和、李唐確立、親	787	頓莫賀
頓莫賀	敵國 回蕃正式絕交	牟松德贊	敵國 吐蕃侵唐	（德宗）貞元四年	舅甥請共擊吐蕃、改稱回鶻、君臣回表	788	頓莫賀
多邏斯－阿啜	敵國 回蕃爭戰於北庭	牟松德贊	敵國 唐蕃交戰	（德宗）貞元六年	舅甥、君臣	790	多邏斯－阿啜
懷信可汗		牟德松贊		（德宗）貞元二十年		804	懷信可汗